宽容

Tolerance

（美国）房龙 著

李桂德 译

时代出版传媒股份有限公司
安徽文艺出版社

图书在版编目（CIP）数据

宽容/(美)房龙(Van Loon,H.W.)著;李桂德译.—合肥：安徽文艺出版社,2011.3

（理想图文藏书·房龙作品）

ISBN 978-7-5396-3642-9

Ⅰ.①宽… Ⅱ.①房… ②李… Ⅲ.①思想史—世界 Ⅳ.①B1

中国版本图书馆CIP数据核字(2011)第019821号

出 版 人：朱寒冬　　丛书统筹：岑　杰

特约编辑：苗水芝　　责任编辑：岑　杰

图片解说：大雅堂　　装帧设计：视觉共振工作室

出版发行：时代出版传媒股份有限公司　www.press-mart.com

安徽文艺出版社　www.awpub.com

地　　址：合肥市翡翠路1118号　邮政编码：230071

营 销 部：(0551) 3533889

印　　制：天津海德伟业印务有限公司 电话：022-29937888

开本：889×1194　1/32　印张：15.875　字数：340千字

版次：2011年6月第1版　2021年5月第2次印刷

定价：49.00元

一个伟大的人有两颗心：一颗心流血，一个心宽容。

——孟德斯鸠

译者前言

《宽容》这本书，我在改革开放前就读过，只是不知道书名和作者而已，因为手头那本书缺头少尾，残破不堪，尽管如此，也能在书中读到不少内容。我抄录了一些段落，现在还保存在我的笔记本里，其中有两句话我记忆尤深：

生活意味着进步，进步意味着磨难。

无知的人，只因他无知，就已经是一个非常危险的人物了。

这两句话在往后的生活中一直在鞭策着我。

改革开放后，书店里的书渐渐地多了。20多年前的一天，当我在书店翻阅这本书的时候，我觉得它很熟悉，读起来很亲切，那种感觉真是“似曾相识燕归来”。封面是书名《宽容》，作者房龙；封底有文学大师郁达夫的评语：

房龙的笔有一种魔力……无论大人小孩，读他书的人，都觉得娓娓忘倦了。

郁达夫说得一点不错。随意摘录一段看看：

童年时代，我们喜欢往池塘里扔石子，那是一件很有趣的事情。石子溅起亮晶晶的水花，溅出一个美丽的圆圈，圆圈在水面上伸展，渐渐扩大，煞是好看。如果手边有砖头（有时正好有），便把核桃壳和火柴盒组建成“无敌舰队”，放入水中，让它们在人造的惊涛骇浪中沉浮。有时投掷的石块太重，投掷者一不小心失去了平衡，连人一起投进了水中，那天晚上他就只好忍饥挨饿在床上熬一夜了。

在专门为成人保留的世界里，类似的消遣随处可见，但结局就惨重得多了。

我们做孩子的时候，几乎都做过往水里扔石头的事情，读到这段文字，我们自然而然地想起了童年的往事。这段往事把你引入历史上的一场大动乱之中，等你读完这一章节，你回头想一想，这个比喻还真贴切。

房龙的语言别开生面，自有独到之处，让人读了觉得趣味盎然。请看他是怎样描写历史人物的：

伊拉斯谟性情温顺，却参加了当时所有的文字大论战。他的有力武器是幽默。他把幽默这炮弹用他的远程大炮准确无误地向敌人轰击，厉害无比，打得他的敌人晕头转向，闻风丧胆。

奇怪的是，北海东岸一个泥泞脏乱的小镇上，竟然会生得出这样一位天才人物。15世纪时，这片潮湿的土地尚未成为独立富强的国家，只有一些微不足道的小公国，它们那时还处于文明社会的边缘。这里到处都弥漫着鲱鱼味，鲱鱼是他们的主要出口商品。如果有客人来到这里，那个客人多半是个航船触礁的倒霉鬼，无路可投才到这里来，勉强找个安身之处，暂时歇一阵子。

他是个倒霉透顶的人，一生下来就不顺当，只因他未经合法婚姻许可就被生了出来。中世纪的人头脑古板，不像我们现代人这样开放，对这种事情可以满不在乎。他们对这件事很遗憾，这种事情根本就不该发生，他们对此非常不满，心烦意乱。好在他们的头脑也很简单，不像我们现代人这样灵活，随便灵机一动就可以轻而易举地收拾这个不该出来的家伙，一了百了。他们没有想到要去惩罚摇篮里这个小生命，无论怎么说也不是这个孩子的错。

我买《宽容》这本书不是慕名而买的，一本书是谁写的并不是最重要的事情，最重要的事情是这本书能不能吸引你。等你对这本书有了兴趣以后，你就会对这个作者有兴趣了。

亨德里克·威廉·房龙（Hendrik Willem Van Loon , 1882—1944），荷裔美国作家和历史学家。他善于撰写历史著作，一位芝加哥的书评家预言，要是历史都这么写的话，不久历史书将名列畅销书榜。就是爱挑错儿的历史教授也不禁发出感叹：在房龙的笔下，历史上死气沉沉的人物都成了活生生的人。

房龙是一个真正的作家，真正的作家说的都是心里话，而不是场面上的话，场面上的话说了等于没说。我们往下再来欣赏他的几段文字：

现代心理学教会了我们一些关于我们自己的东西。其中之一就是，我们所做的任何事情，几乎都不会只有一种动机。无论是把100万美元捐赠给一所新建的大学，还是拒绝把一个铜板施舍给饥肠辘辘的流浪汉；无论是宣称真正的精神自由只有生活在外国才能获得，还是发誓永远不离开本国；无论是坚持把黑的说成是白的，还是把白的说成是黑的，总会有各种各样的动机促使我们去做这些事情。至于真正的动机是什么，大家都是瞎子吃汤圆——心里有数。我们不敢把肚里的汤圆和盘托出，一五一十地告诉人家，因为我们害怕有损自己的光辉形象。为了完全彻底地维护自己的光辉形象，有时还会装瞎装到底，索性自己都不去看它。我们有一种迎合大众的本能，善于根据大众的价值观精心选出一个普遍看好的理由，然后修饰一番，公之于众："这就是我做这件事的真正动机。"

这种搞法虽然在大多数情况下瞒得过大多数人，但是，有一个人是不可能被瞒得过的，那个人就是他自己。

大家对这个尴尬的事实都心照不宣，因此也就不以为然。自从有了文明以后，人们一直配合默契，从来不会当面点醒别人。自己心里是怎样想的，那完全是自己的事情，只要外表庄重严肃，不露破绽，也就心安理得了。大家都自觉自愿地遵守这条游戏规则："你相信我的谎言，我也相信你的谎言。"

房龙说这些话的时候，心情是很沉重的：

无论写什么书都会有危机感，有时在前50页就已出现，有时一路写下去都觉得平安无事，直到快要完稿时，危机感才显现出来。

这也并不奇怪，一本不冒风险的书，就像一个孩子没有出过天花一样。关键问题恐怕就在这里。

这本书才写不久，危机感就出来了，因为在1925年这种特权时代，写一本论述宽容理念的书不但吃力不讨好，而且显得荒唐可笑。我真想把伯里、莱基、伏尔泰、蒙田和怀特等人的书付之一炬，连同我自己的著作一起烧掉算了。

此话怎讲?

原因有很多。其一，作者每天写作，与自己要写的东西朝夕相处，形影不离，时间久了，难免不会觉得有些枯燥厌倦。其二，这本书毫无实用价值，写了我怕也是白写。其三，我担心不喜欢宽容的同胞们会把这本书倒过来看，对正面的题材不屑一顾，对反面的题材津津乐道，为自己的不宽容找到了历史依据而沾沾自喜，扬扬得意。

有人说房龙的《宽容》是一部不宽容史，这话没有说错。这本书从原始社会一直写到第一次世界大战结束，列举了大量不宽容的历史事件。看到那一幕又一幕惨无人道的场景，我的心在颤抖，我的手是发软的，我含着眼泪把那些我们不愿看到的历史事件如实地翻译过来，因为那是历史事实，我们不能回避。巴金写了《十年一梦》，季羡林写了《牛棚杂忆》，都是不宽容史。无论是房龙还是巴金，无论是季羡林还是写过这类文章的人，他们都有一个共同的心愿，但愿这种不宽容的事情今后不要再发生了。

我们是向往宽容理想的人，我们理应更多地关注那些为宽容而奋斗的先辈，这也正是房龙所说的正面题材。这些正面题材有很多，例如伊拉斯谟：

伊拉斯谟最大的愿望就是要做一盏指路的明灯，用知识之光把前进的道路照亮，让人们清楚地看到，“愚蠢”和“无知”是最大的路障。

他在历史大动荡时期，既没有招致新教狂热分子的打击，也没有遭遇宗教法庭的火刑，在狂风暴雨中安然无事地走了过来。这可以说是善于避祸，也可以说是贪生怕死，没有献身精神。这是他一生中最有争议的地方。

后人提起英勇献身的烈士，景仰之情便会油然而生，殉道者视死如归的壮举，不能不使人由衷地敬佩。

“为什么这个荷兰人不挺身而出支持路德，不和改革者们并肩战斗？”至少有12代的知识分子对此疑惑不解。

问题其实很简单：“他为什么要这样？”

他天生就不是一个暴力主义者，对暴力不感兴趣。他从来就没有把自己视为任何运动的领袖人物。他不是那种自以为是的人，他不会把他自己的任何观点强加于任何人。但是，他有他自己的看法，有自己的主见，他不是一个随波逐流的人。他认为，重新装修住房时，把过时了的东西、不适用的东西和垃圾废料清理出去就行了，不一定非要把整座旧房子拆掉不可。激进派嘲笑他中庸保守，对他嗤之以鼻，不屑一顾。他们一意孤行，非要闹个地覆天翻不可。结果是，一个暴君被推倒，两个暴君又站了起来。

像所有真正的伟人一样，他认为，拯救世界在于拯救每一个人的灵魂，在于唤醒每一个人的良知。人人有了良知，整个世界自然就会和谐美满。

他试图用文化交流的方式来消除各种社会弊端。

房龙的创作态度十分严谨。在这本书的第一章他就提醒自己：

这是奉献给宽容的一本书。

然而，宽容这个命题太宽泛。

偏离主题的引力会很大，我们一旦偏离了方向，那就只有上帝才知道我们要走到哪里才会停留下来了。

语言是人类最具欺骗性的发明之一。有时，我们会把无知导致的漠不关心误认为宽容。

就《宽容》这本书的目的，我不妨援引《不列颠百科全书》给出的定义。这本书第26卷1052页这样写道："宽容（源于拉丁文toleare——容忍）：容许别人有行动和判断的自由，耐心而公正地容忍不同于自己或传统观点的见解。"

话题既已挑明，房龙告诉我们：

不宽容的原因有三种：懒惰、无知和自私自利。

第二种不宽容为害更甚。无知的人，只因他无知，就已经是一个非常危险的人物了。

回想过去的生活，自己做了很多失败的事情，那都是无知造成的。

《宽容》这本书使我明白了人生最关键的道理，也使我学到了许多有用的知识。可以说，这本书是我学习西方哲学史、宗教史和社会发展史的启蒙老师。读了这本书，不能不叹服房龙那博大精深的历史知识以及他对一些历史事件独到的见解。可想而知，一个人如果没有把这些历史事件看得很透彻的话，就不可能用那么洒脱的语言把这些事情讲得明明白白。他在写作的时候把握了一个原则：

千万不能说教！

生命短暂，说起教来就会没完没了。

用100个单词还不能把话说清，这话还是不说为好。

正因为他把握了这个原则，所以他的语言十分简练，生动活泼，平易流畅，有声有色，具有强烈的感染力。

贾岛诗云：“十年磨一剑，霜刃未曾试。”我翻译《宽容》这本书，没有10年也有8年。房龙的书读起来十分轻松，译起来有相当的难度。好比一首世界名曲，要是唱不出韵味，别人听了就会说，世界名曲怎么那样难听？房龙的《宽容》是一部历久不衰的世界名著。名著自有名著的风格。我几经易稿，仍然感觉自己的语言功力尚未达到房龙那样潇洒自如的程度，不肯轻易拿去发表，恐怕有辱作家的声誉。出版一部译著，一定要对得起读者，要对得起作者，要对得起自己。

李桂德

2010年8月18日

目录

房龙

宽　容

（美国）房龙　著

序

在寂静无知的山谷里，人们过着高枕无忧的生活。

亘古不变的山脉向四面八方伸展。

知识的小溪缓缓流过残存的深谷。

这条小溪来源于古老的山脉。

这条小溪流失于未来的沼泽。

它流量不大，不像江河那样滚滚而流，但对于需求简陋的村民来说，这已经足够了。

入夜，村民们饮过牲口，灌满了水桶，便心满意足地坐下来，心安理得地过他们的生活。

垄断知识的老人们被请了出来。他们整天都在幽暗的角落里打发日子，沉思于晦涩难懂的古老的书页之中。

他们喋喋不休地把莫名其妙的教条强加给他们的儿孙，可是孩子们心里却惦念着从远方带来的多姿多彩的石块。

那些教条自相矛盾，令人费解。

但是，那些教条写于1000年前，久远得连哪个部族传下来的都不知晓。正因它是久远的，所以它是神圣的。

《无知的山谷》丨房龙

《孤独的游子》 | 房龙

在无知的山谷里，只要是古老的，就是令人敬畏的。若是谁不认同祖先的古训，谁就会被正统人士鄙视。

于是，他们墨守成规，但求相安无事。

他们担惊受怕，若是得不到他们该得到的那一份园中的果实，那该如何是好?

夜深人静的时候，小镇狭窄的街巷里，有人悄悄地讲起了一些朦胧的往事，那些男女同胞们不敢质疑的往事。

他们走出去了，再不见他们的踪迹。

那几个为数不多的人，他们试图爬过遮天蔽日的高高的石壁。

他们的白骨躺在悬崖峭壁下。

时光流逝，年年岁岁，岁岁年年。

在寂静无知的山谷里，人们过着高枕无忧的生活。

黑暗中爬出来一个人。

他的手指已被磨破。

他的脚用破布包裹着，漫漫长路渗出的鲜血染红了脚布。

他踉踉跄跄地挣扎到最近那间草屋门边，敲响了门。

接着，他便昏了过去。在颤抖的烛光下，他被抬进了小屋。

清晨，全村都已知道：“他回来了。”

邻居们站在他身旁，摇着头。他们知道，结局总是这样的。

失败和屈服等待着那些敢于走出这山脚的人。

村子的一个角落里，老人们摇头晃脑，低声说着严酷的话语。

他们并非天性残忍，只是，律法就是律法。此人竟敢背离长老的意愿，罪不可赦。

他的伤势一旦好转，他就必须接受审判。

他们何曾不想饶恕他。

他们没有忘记他母亲那双闪烁着奇异光芒的眼睛，没有忘记30年前他父亲消失在沙漠中的悲剧。

然而，律法就是律法；律法必须要遵从。

垄断知识的老人就是执法者。

归来的游子被他们拖到菜市口。人们毕恭毕敬地站在周围，一声不吭。

饥渴交加的游子虚弱无力，老人们叫他坐下。

他傲然挺立。

他们不准他说话。

但是，他偏要说。

他转过身，背朝长老，面向不久前还是他志同道合的同胞。

“听我说，”他恳求道，“听我说，欢呼吧。我刚从远山那边归来。我的双脚踏上了新鲜的泥土。我的双手感受了异乡人民的触摸。我亲眼看见了奇妙的景象。

“小时候，我父亲的园子就是我整个的世界。

“其实，自古以来就山外有山，人外有人。

“我只要问一声山外有些什么东西，别人就摇头不止，嘘声连连。我坚持要问个究竟，于是就被带到这石壁旁，让我看看躺在悬崖下的白骨，这就是那些反叛上帝者的下场。

“‘这是一个骗局！’我情不自禁地叫嚷道，‘上帝从来就爱惜勇敢的人！’垄断知识的老人走过来，捧着他们那本圣书，对着我念念有词。他们说，律法制定了天地间的一切。山谷是我们的，归我们所有。飞禽走兽和花果鱼虾是我们的，由我们做主。但是，

《新的家园》丨房龙

《可怕的冬天》丨房龙

山脉是上帝的。山外的一切我们都不该知道。过去不该知道，现在不该知道，直到永远都不该知道。

“他们一派谎言。他们欺骗着我，一如欺骗着你们。

“山那边有牧场，有丰盛的水草，男人女人和我们一样都是血肉之躯。经过1000年的努力，他们建立了繁荣的城市。”

他话音刚落，一阵惊恐的吼叫随之响起。

“亵渎！”老人们狂叫道，“亵渎，对圣灵的亵渎！他罪不可赦！他理性全失。他竟敢藐视1000年前写下的律法。他罪该万死！”

他们举起沉重的石头。

他们把他击毙。

他的尸体被扔到山崖脚下，用以警示所有质疑祖先智慧的人。

不久之后，发生了一场特大的干旱。知识小溪枯竭了。牲口渴死了。田地里的庄稼颗粒无收，饥荒在无知山谷里漫延。

然而，垄断知识的老人们不慌不忙。最终一切都会好起来的，他们预言说，因为这些都写在他们至高无上的圣书里。

再说，他们需要的食物微乎其微。他们太老了。

冬天来了。

村子荒芜了。

半数以上的村民死于饥饿。

幸存者唯一的希望就在山那边了。

但是，律法说：“不！”

律法必须要遵守。

反叛终于在一天晚上开始了。

绝望把勇气给了那些因胆小怕事而沉默不语的人。

老人们力不从心地反对着。

他们被推到一边。他们在发着命运的牢骚。他们哭诉着儿孙不孝。然而，当最后一趟车离开村子时，他们拦住车夫，缠着他把他们带走。

投奔未知世界的旅程开始了。

那位游子归来，至今已有多年。要找到他指引的那条道路已不容易。

第一个圆锥形石堆路标被找到之前，无数的人已经饿死在路上。

找到了路标，前行的路就好找得多了。

细心的先驱者早已用火烧出了一条清晰可辨的道路。这条道路穿过森林，在无边无际的荒野乱石中间伸延。

这条道路有条不紊地通向新家园的绿油油的草地上。

人们相视无言。

“到底还是他对了。”他们说，“他是对的，老人们是错的……

“他说的是实话，老人们说的是谎言……

“他的尸骨躺在山崖脚下腐烂，而这些老人们却坐在我们的车上，念着他们那本早已过了时的旧经。

“他救了我们，我们却把他杀死……”

他们解开拉车的牛马，把牛羊赶进了牧场。他们建造了自己的房屋，规划了自己的土地。他们从此过上了长治久安的幸福生活。

几年后，人们筹划着要把先驱者的英骨埋葬在供养智慧老人的一座新大厦里面。

一支庄严肃穆的队伍重返早已荒无人烟的山谷，而先驱者的遗骨却已消失。

《纪念碑》| 房龙

讽刺罗马教廷面对公众批评无能为力的漫画

那尸体被饥饿的野狗拖进了它的洞穴。

后来，一块小石头安放在那条小路（现在已是一条康庄大道）的尽头。石头上刻着那个人的名字。他最先向未知世界的黑暗和恐怖挑战，他的人民由此而引入了新的自由。

它向世人明示，那是由感恩戴德的子孙所立。

这种事情发生在人类的开端，发生在现在。我们希望，总有一天这种事情不要再发生了。

对女巫处烤刑

第1章
无知的专横

公元527年，弗雷维厄斯·阿尼西厄斯·查士丁尼[1]登上了东罗马帝国皇帝的宝座。

这个塞尔维亚的农夫不学无术，胸无点墨。正是由于他的无知的专横，古雅典的哲学学派终于被打压下去。也正是他的无知的专横，惟一的一座埃及寺庙被关闭了。自从信仰新基督教的僧侣侵入尼罗河谷之后，这座寺庙仍然保存了数百年。

寺庙坐落在一个名叫菲莱的小岛上，不远处是尼罗河的第一个大瀑布。几乎从人类开始记事以来，这儿就是朝拜女神爱西斯[2]的圣地。奇怪的是，非洲、希腊和罗马诸神都已不幸消失，惟有这个女神依然存在。直到公元6世纪，这里一直是理解古老神圣的象形文字的惟一去处。为数不多的教士锲而不舍地从事着在其他地方早已被忘却了的工作。

可是，由于一个号称“皇帝陛下”的文盲农夫的一声令下，寺庙和相邻的学校被强征为国家财产，塑像和神像被送进了君士坦丁堡[3]的博物馆，教士和文字专家被送进了监狱。等到这些教士和文字专家相继被虐待致死以后，具有悠久传统的象形文字艺术便随之失传了。

多可惜啊！

假如查士丁尼（这个瘟神！）稍稍手下留情，把几位象形文字老专家护送到类似“诺亚方舟”的安全地方，历史学家的工作

1　查士丁尼（483—565），公元527年，继承叔父的权位，正式成为罗马皇帝。他统治期间人民负担非常沉重，在宗教政治上他也极不宽容，他的不宽容政策并未达到统一帝国的目的。

2　爱西斯，埃及最著名的女神，头上饰有一只伸开双翅的鹰，耳坠是一只竖立的眼镜蛇。她保佑婚姻、生育、健康。古希腊人、古罗马人都对她非常崇拜。

3　君士坦丁堡，土耳其的城市伊斯坦堡的旧名，现在则指伊斯坦堡金角湾与马尔马拉海之间的地区。原名“拜占庭”，罗马帝国皇帝君士坦丁一世于公元330年5月11日定都此地。

就会顺利得多了。虽然（多亏了商博良的天才）我们总算又拼写出古怪的埃及文字，而这些古老文字传递给后人的内在含义，我们却难以理解。

这样的事情在古代社会各民族中时有发生。

巴比伦人脸上的胡须十分奇特，他们的行为往往也十分怪异。他们留给我们整座整座刻满宗教文字的砖场，那时他们虔诚地感叹“谁能体会天国中上帝的忠言”，那是一种什么样的心情？他们把神灵的律法和训条刻在圣城花岗石柱上，不断祈求神灵的庇佑，力图解释神灵的旨意，对于这些，他们有何感想？他们时而是宽容的君子，鼓励教士研究天国，探索陆地和海洋；时而又是残忍的凶手，对被他们视为不是很循规蹈矩的邻居进行无情斗争，残酷打击。而那些所谓的规矩，在今天看来，实在是不屑一顾。这又是为什么？

直到如今，我们还是不能明白。

我们派遣考察队去尼尼微，在西奈沙漠上挖坑打洞，发掘古迹，破译出来的楔形文字书版铺在地面上就有好几英里长。在美索不达米亚[1]和埃及各地，我们想方设法要找到那把打开神秘的智慧宝库大门的钥匙。

突然间，我们无意中发现，宝库的后门一直敞开着，随时都可以进去。

这扇小小的方便之门既不在阿卡达，也不在孟菲斯附近。

它在丛林深处。

它被异教徒寺庙的木柱给遮住了。

1　美索不达米亚，发源于底格里斯河和幼发拉底河流域之间，在今伊拉克共和国境内。

楔形文字也叫钉头文字或箭头字，是亚洲西部的古代文字，公元前 3000 年左右由美索不达米亚南部苏美尔人创造。多刻写在石头和泥版（泥砖）上。

楔形文字

我们的祖先外出劫掠时，遇到了一些异族人，那些人被他们称之为“野人”或“野蛮人”。

这是一场很不愉快的会面。

可怜的异族人误解了白人的动机，高举着长矛和弓箭表示欢迎。

他们迎来的却是来访者回敬的枪林弹雨。

从那以后，就难得有机会进行心平气和、不带偏见的思想交流了。

野蛮人总是被说得一无是处，说他们肮脏懒惰，游手好闲，崇拜鳄鱼和枯树，他们遭灾受难那都是活该。

到了18世纪，来了一个转机。让·雅克·卢梭透过朦胧的伤感泪水来思考世界，同时代的人被他的思想感动得纷纷抛洒热泪。

野蛮人是他们喜欢谈论的一个话题。在他们看来（尽管他们从未见过野蛮人），野蛮人的不幸是其生存环境所致，而野蛮人身上却体现了人类的各种美德。3000年的腐败文明制度已经使所谓的文明人丧失了这些美德。

今天，在这样一个特定的调查领域里，我们至少会看得更明白一些。

我们研究原始人就像研究较高级的家养动物，二者之间就算有所差别，这差别也不太大。

通常情况下，我们的努力都会得到应有的回报。通过对野蛮人的仔细研究，我们了解到尼罗河谷和美索不达米亚半岛的早期社会。除上帝的惠顾外，野蛮人正是我们自己在恶劣环境中的自让·雅克·卢梭（1712—1778）是法国启蒙思想家、哲学家、教育家、文学家。本图是 1957 年法国发行的纪念明信片和邮票。

纪念卢梭的明信片

我表现。认识了野蛮人，我们就会认识到人类在最近5000年里形成的某些不可思议的天性，而如今这些天性不过是藏在一层薄薄的礼仪和习惯的外壳之下而已。

这些发现常常使我们感到自豪，时而又使我们有些遗憾。一方面，了解到我们已经摆脱了的恶劣环境，欣赏了我们已经完成的许多业绩，使我们有新的勇气面对手中的工作。另一方面，我们还有不足之处，我们应当对落伍的异族兄弟更加宽容一些。

这本书不是人类学手册。

这是奉献给宽容的一本书。

然而，宽容这个命题太宽泛。

偏离主题的引力会很大，我们一旦偏离了方向，那就只有上帝才知道，我们要走到哪里才会停留下来了。

因此，我打算用半页的篇幅着重说明我所指的宽容。

语言是人类最具欺骗性的发明之一，所有定义必然武断。因此，才疏学浅的学生应该求助于一本其权威性被大多数人认可的书。

我说的这本书是《不列颠百科全书》。

这本书第26卷1052页这样写道："宽容（源于拉丁文toleare——容忍）：容许别人有行动和判断的自由，耐心而公正地容忍不同于自己或传统观点的见解。"

也许还有其他定义，但就《宽容》这本书的目的，我不妨援引《不列颠百科全书》给出的定义。

话题既已挑明，回头再从野蛮人说起。让我告诉你，我从已有记载的最早期的社会形态中所发现的宽容。

一般而言，人们以为原始社会很简单，原始语言很单调——只是咕哝几声而已，原始人的生活很自由，而这自由的生活只是当社会变得“复杂”后才消失的。

近50年来，探险家、传教士和医生在中非、北极地区和波利尼西亚[1]展开调查，调查显示出截然相反的结论。原始社会非常复杂，原始语言的形式、时态和变格比俄语和阿拉伯语还要多，原始人不仅是现实的奴隶，也是过去和未来的奴隶；一句话说到底，他们是凄凉悲惨的生灵——生于忧患，死于恐惧。

人们通常把野蛮人想象成一群红肤色人悠闲自得地漫步在草原上，寻找着野牛和战利品。我要说的是，实际情况并非如此。

怎么会是那样子呢？

我读过许多充满奇迹的书。

但是奇迹缺少了一个：人类存活下来的奇迹。

这些手无寸铁的哺乳动物为什么能抵挡得住细菌、柱牙象、冰雪和酷热的侵袭而最终成为万物的主宰？这个话题在本章暂且不谈。

然而，有一点可以肯定，一个人是不可能单独生存下来的。

为了生存下来，无论是谁，都必须把自己的个性融入到复杂的部落生活之中。

原始社会只有一个信条，那就是压倒一切的生存欲望。

生存下去极其困难。

因此，任何其他意愿都必须服从于这个至高无上的要求——活

1　波利尼西亚意为“多岛群岛”，位于太平洋中部，180° 经线以东，南纬30° 至北纬30° 之间。

下去。

个人微乎其微，群体至关重要。部落是活动的堡垒，是生存的保障，它自成一体，只为自己，而且必须排外，才有安全可言。

然而，实际情况要比我们设想的更为复杂。刚才所言，只是世界的表面现象，那些早期阶段的表面现象比起不为人所知的世界，实在是简单得多了。

为了充分理解这一点，我们不要忘记，原始人与我们有所不同，他们不懂因果法则。

假如我一不小心坐在有毒的常青藤上，我会怪自己疏忽大意，派人去请医生，让孩子赶快除掉那些东西。因果法则告诉我，有毒的常青藤会引起皮疹，医生会给我上药止痒，清除毒藤可以防止类似的事情再次发生。

地道的野蛮人反应就大不一样了。他不会把皮疹和毒藤联系起来。他生活的天地是一个分不清楚过去、现在和未来的天地。所有死去的首领仍然活着，变成了神；所有死去的邻居仍然活着，变成了精灵。他们仍然是家族中的成员，只是看不见而已。他们与活着的人朝夕相处，时时陪伴左右，在一起吃饭，在一起睡觉，在一起行走，还要负责守家护院。和他们关系亲疏与否，是活着的人必须认真考虑的事情，如果有失妥善，就会大祸临头。活人不可能时时处处都会善待所有的在天之灵，因此，活着的人时时刻刻都得提心吊胆，生怕遭到神的报复，降祸于他。

所以，但凡遇到意外之事，他不会去查找事情发生的根本原因，而是以为看不见的神在显灵了。当他发现手臂上的皮疹时，他不会说："该死的毒藤！"只会喃喃自语道："我得罪了神，这下显灵了。”他跑去找巫师，要的不是消毒药，要的是消灾符，而这张符必须强过恼怒的神（不是毒藤）施放在他身上的那张才行。

至于那使他受苦的毒藤，他却置之不顾，随它继续蔓延生长。要是有个白人碰巧走来，用煤油把那丛毒藤烧掉，他反而会骂那白人惹是生非。

在这样一个社会中，人们认为一切事情都由神灵操纵把持，社会要维持下去，就必须遵从能使神灵息怒的律法。

在野蛮人眼里，律法确实存在，那是祖先创立，一代一代传下来的。一代人最神圣的职责就是原封不动地把它继承下来，然后完整无缺地把它传给下一代。

这在我们看来是很荒唐的。我们坚信的是：进步、发展和不断的改进。

但是，“进步”只是近代才形成的概念，而所有低级社会形态都有一个共同的特点：人们认为现状完好，犯不着去改变什么。他们以为他们的世界是最完美的世界，那是因为他们从未见过外面的世界。

假如上面所说属实，那么，怎样才能使这律法和既定的社会形式千秋万代，永不变色呢？

答案很简单。

一经发现对现行制度和律法持异议者，立即绳之以法，绝不手软。说白了，就是靠严厉的专横制度。

如果以为我说野蛮人最不宽容是在侮辱他们，那是误会，我的话还没有说完；他们所处的生活环境，要求他们绝不可以宽

《东西方交流》| 房龙

《忌讳》| 房龙

容。现行制度和律法是人心稳定和人身安全的保障，人心一旦动摇，整个部落就会岌岌可危。维护部落安全的律法神圣不可侵犯，对敌视现行制度和律法的人宽容，就是对整个部落犯罪，那是滔天大罪。

但是，这个问题值得一提，就那么极少数的几个人，怎么可以把一整套口口相传的律法维持下来呢？而如今，我们拥有大量的军队，大批的警察，想要推行几条普通的法律都感到困难重重。

答案还是很简单。

野蛮人的搞法要比我们聪明得多。他们很精明，算计出靠武力行不通的事，换一种搞法却简单易行。

他们发明了一个理念，叫做“忌讳”。

也许“发明”一词有点词不达意，这种东西靠一时灵感是难以产生的。它们是在漫长岁月中积累和实践的产物。不管怎样，非洲和波利尼西亚的野蛮人自从有了“忌讳”，不知省去了多少麻烦。

“忌讳”这个词起源于澳大利亚。我们或多或少都知道它意味着什么，我们的世界也充满了忌讳。有的事情不能做或者不能讲，诸如吃饭时谈论刚刚做完的外科手术，把汤匙搁在咖啡杯里之类。不过，我们的忌讳本质上并不严厉。它们不过是礼仪手册中的一些无足轻重的条文，不会伤害我们个人的幸福。

对原始人而言，则大不一样，忌讳至关重要。

它的意思很明确，某些超然于这个世界的人或物，用希伯来语说，是“神圣”，是不可以触及和谈论的。这是祖宗立下的规矩。 谁敢以身试法，谁就会即刻死去，永劫不复。

忌讳是教士的发明，还是为了维护忌讳才产生了教士制度，这个问题一直还没有弄明白。传统比宗教更加久远，忌讳很可能在巫师来到这个世界之前就已存在。而巫师一出现，就成为忌讳理念的坚强柱石，卓有成效地使忌讳成为史前的“禁物”象征。

我们最初听到巴比伦和埃及的名字时，那些国家还处于忌讳的发展时期。后来在新西兰发现的忌讳已从原始粗糙状态正式转变为约束人类的否定式准绳。诸如“你不能……”这一类的法令，就像我们大家熟悉的“十诫”中的六条一样。

无需多言，宽容的概念在那些国度的早期时代是完全陌生的。

有时，我们会把无知导致的漠不关心误认为宽容。

但是，我们从未发现国王和教士愿意（哪怕是一丝一毫）让别人履行“行动或判断的自由”，或者“耐心而公正地容忍不同于自己或传统观念的见解”，而这已经成为我们时代的理想。

这本书的兴趣不在于史前历史或者通常说的“古代史”。

人的个性发现以后，为宽容而斗争才开始。

个性发现是所有现代发现中最伟大的发现，这个功劳归于希腊人。

《打碎〈十诫〉石板的摩西》丨荷兰丨伦勃朗

《希腊》| 房龙

第2章
希腊人

地中海[1]一个偏僻的角落，一个小小的岩石半岛，在近两个世纪中，为我们在政治、文学、戏剧、雕塑、化学、物理等方面所进行的实验建立了一个完整的框架。此外，还有其他方面，那就只有上帝才知道了。所有这些怎么会发生在一个偏僻的岩石半岛上呢？多少世纪以来，这个问题困惑了多少代人；任何哲学家都会时不时地思考这个问题，力图找到一个答案。

高傲的历史学家有别于化学、物理、天文和医学方面的专家。他们总是以一种居心叵测的蔑视态度来看待试图发现应被称之为“历史法则”的种种努力，认为研究蝌蚪、细菌和流星与人类领域的研究毫不相干。

如果我没搞错的话，在我看来，这种法则一定存在。确实，我们发现的太少，但是，我们付出的也不多。我们总是忙于积累事实，却无暇把它们煮一煮，让它们液化、蒸发，从中提取些许智慧的结晶。这些结晶于我们这种特殊类型的哺乳动物该是大有裨益的。

我诚惶诚恐地步入这个新的研究领域，借助科学家的一纸名言，提出下列历史原理。

根据现代科学家的经典理论，当所有物理和化学的成分都达到形成第一个细胞的必要的理想比例时，生命（区别于无生命物体的生物）便开始了。

把这段话翻译成历史学术语，即是：“当所有种族、气候、经济和政治条件达到或接近理想比例时，不完善的世界就会自然而然地进化到高级形式的文明世界。”

1　地中海是亚、非、欧三洲之间的广阔水域，世界上最大的陆间海。

试举几个反面例子为证。

智力还处于穴居人阶段的种族不会繁荣，即使在天堂也不会。

如果他们出生在爱斯基摩人的圆顶小屋里，把他们绝大部分的光阴打发在冰天雪地上守候海豹洞，那么，伦勃朗就不会绘画，巴赫就不会作曲，普拉克西特利斯就不会雕像。

如果达尔文不得不在兰开夏的棉纺厂谋生，他就不可能在生物学上有所建树。如果亚历山大·格雷厄姆·贝尔是个受人摆布的奴隶，生活在偏僻的罗曼诺夫村庄里，他就不可能发明电话。

埃及是第一个被发现有高级文明形式的地方，这里气候宜人。但是，这里的原始居民体格不很健壮，又缺乏进取心，政治和经济环境明显的糟糕。巴比伦和亚述[1]也是一样。后来迁居到底格里斯河和幼发拉底河流域的闪米特[2]族身强力壮，精力充沛，气候也不成问题，而政治和经济环境却差远了。

巴勒斯坦的气候更是不值一提，农业落后，在横穿国土连接亚非的车道以外的地区，商业寥寥无几。况且，巴勒斯坦的政治完全受控于耶路撒冷寺院里的教士，这当然无助于个人进取心的发挥。

腓尼基的气候倒是没有什么可挑剔的，人的身体素质也强，经商条件又好。但是，这个国家经济严重失衡，一小撮船主控制了所有的经济命脉，建立了牢固的商业垄断体系。蒂尔和西顿的政权在早期就落入了富豪手中。穷人丧失了所有个体生产经营的基本条件而变得僵化冷漠。由于统治者目光短浅，自私自利，其

1　亚述，指亚洲西南部古国。

2　闪米特人，又称闪族人或塞姆人，是起源于阿拉伯半岛的游牧民族，相传诺亚的儿子闪即为其祖先。阿拉伯人、犹太人都是闪米特人。

结果是，分享了迦太基走向毁灭的命运。

简言之，早期的各个文明中心都缺少成功的必要因素。

公元5世纪，和谐的奇迹终于在希腊出现了。它只维持了一个短暂的时期。说来也怪，它不是发生在希腊本土，而是在爱琴海[1]彼岸的殖民地。

我在另一本书中描述了那些著名的岛屿在沟通欧亚大陆时所起到的桥梁作用。远在尚无文字记载的时候，埃及、巴比伦和克里特[2]的商人就已通过那些岛屿来到了欧洲。主要枢纽在小亚细亚西海岸的一个狭长地带上，这个地方叫做爱奥尼亚。他们来欧洲经商，把亚洲思想也带了过来。

特洛伊战争前几百年，这片长90英里、宽仅数英里的多山地带被来自希腊大陆的一些部落征服。他们在那里建立了许多殖民城市，著名的有：以弗所、福凯亚、埃利色雷和米利都。在这些城市周围，成功的条件终于发展到一种理想的比例，文明程度达到一个很高的水平。后世的文明只是有时相当于这个水平，却从来没有超过这个水平。

首先，这些殖民地居住着来自十多个国家的最活跃最具进取心的人。

其次，这里拥有来自新旧世界和欧亚大陆之间贸易的大量财富。

第三，殖民地政府给予广大自由居民充分发挥个人才能的机会。

---

1 爱琴海，地中海的一部分，位于希腊半岛和小亚细亚半岛之间。

2 克里特位于希腊东南的地中海海域，距希腊本土130公里，是希腊最大的岛屿。

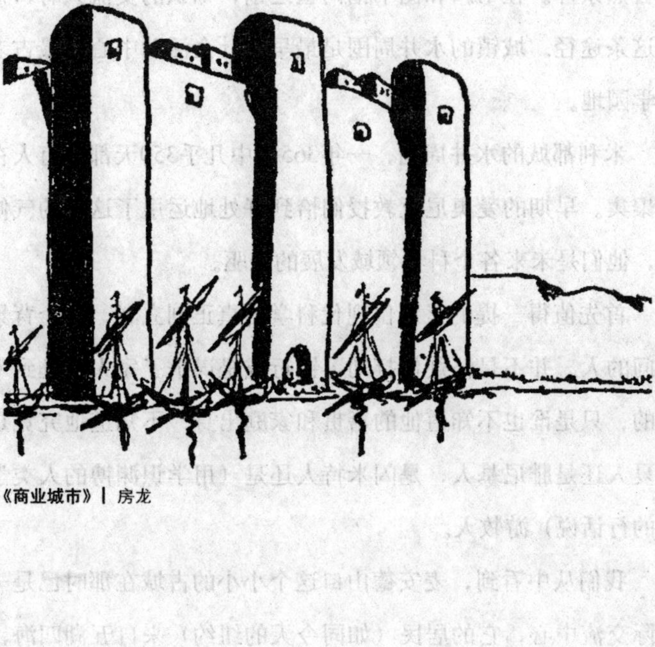

《商业城市》| 房龙

如果说在这里为什么没有提到气候，那是因为在一个专门从事商业的国家里，气候无关大局。不管下雨还是天晴，造船的照样造船，卸货的照样卸货，只要港口不被冰冻，只要城镇不被水淹，居民们就不会对每天的气象预报有什么兴趣。

然而，爱奥尼亚的天气却为知识阶层的发展提供了十分有利的自然条件。在书籍和图书馆问世之前，知识的交流只有口口相传这条途径。城镇的水井周围是最早的社会活动中心和最古老的大学园地。

米利都城的水井周围，一年365天中几乎350天都会有人在这里聚集。早期的爱奥尼亚教授们恰到好处地运用了这里的气候优势，他们是未来各个科学领域发展的先驱。

首先值得一提的是那位现代科学的真正创立者，一个背景有疑问的人。并不是怀疑他打劫了银行或是谋杀了家人才逃到米利都的，只是谁也不知道他的籍贯和家庭出身，不知道他究竟是皮奥夏人还是腓尼基人，是闪米特人还是（用学识渊博的人类学专家的行话说）游牧人。

我们从中看到，麦安德山口这个小小的古城在那时已是一个国际交流中心，它的居民（如同今天的纽约）来自五湖四海，东西南北。因此，人们互相之间的交往，只看对方自身所表现出来的价值，不大在意出身家世。

这本书既不是数学史论，也不是哲学手册，把泰勒斯的思想放在这里讨论有点不大合适，然而必须特别指出的是，他倡导对当时盛行于爱奥尼亚的各种新思想采取宽容态度。那个时候，罗马只是穷乡僻壤中一条小河旁的一个泥泞脏乱、默默无闻的小城镇；犹太人还在亚述做俘虏；欧洲的北部和西部是苍凉的荒原。

为了进一步理清这一文明进程发展的脉络，我们有必要了解希腊的将领们渡过爱琴海掠夺特洛伊城财富以来，希腊发生的一些变化。那些名声远播的英雄只是原始文明初级阶段的产物。他们是一群精力过盛的孩童，把生活视为漫长而光荣的拼搏，沉醉在角斗、赛跑以及诸如此类的各项运动中；我们现在这些人，要不是为了面包和香蕉日夜操劳的话，又何尝不想像他们那样过日子？

这些豪爽的勇士和诸神的关系坦率质朴，彼此之间并无多大距离。奥林匹斯山上的诸神于公元前10世纪就掌管希腊了，所以，他们的形象和人类一样是地地道道的凡人模样。至于人与神何时何地又为何分手，这是个一直没有解开的谜。不过，云层上面的诸神一直没有忘记他们地面上的臣民，彼此间的情谊从未间断过。显而易见，希腊的宗教具有亲切的个性色彩和独特的个性魅力。

凡是有教养的希腊小朋友都知道，掌管天地万物的宙斯力大无穷，权力无边，满脸的大胡子显得十分威严；他一动怒就会打雷闪电，天摇地动，好像世界末日就要来临一样。然而，等到他们逐渐长大，能够自己阅读古代传说，他们进一步了解到，诸神并不像儿时听说的那么可怕。他们都有各自不同的个性特点；他们彼此之间互相开玩笑，搞恶作剧；他们各执己见，各占一边，争吵不休。所以，在希腊，每每发生争论，都会让人联想到诸神在天国发生的争吵。

宙斯和凡人一样也有缺点，但他仍然是一个伟大的神，是众神之中最强有力的统治者，是不可以随便冒犯的。不过，他也“通情达理”（该词的含义，华盛顿的说客们最是心知肚明）。他确实通情达理，只要走对了路子，不愁他不通融。然而，最难能可贵的是，他很幽默，对他自己和他统治的世界显得很洒脱。

也许，宙斯算不上一个最理想的神，但是，这个神却带来了一个非常明显的好处。古希腊从来就没有过什么铁定的教规，规定人非要把什么视为真理或者谬误不可。因为没有现代意识的“信条”，没有森严的教理，更没有靠绞刑架强行传教的职业教士，所以，古希腊全国各地的民众都可以根据自己对生活的理解来修正宗教思想和伦理观念。

住在奥林匹斯山脚下的赛萨利人对奥林匹斯诸神十分崇敬。他们彼此相邻不远，喊一声就可以听见。住在遥远的拉科尼亚湾村庄里的阿索庇人就不像赛萨利人那样崇敬诸神了。雅典人仗着有守护神雅典娜的保护，认为犯不着对她的父亲宙斯毕恭毕敬。住在远离通商要道山谷里的阿卡迪亚人牢牢抓住信仰单纯这个纲，凡是对其信仰稍有不敬的言行都会使他们大皱眉头。福基斯的居民全靠前来特尔斐朝圣的香客发财致富，他们认定阿波罗（在此供人朝拜因而带来滚滚财源的神）是众神之中最伟大的神。远道而来的香客们为了朝拜他，就是掏空了钱包也是值得的。

其后，信仰惟一神的犹太人在世界民族之林独树一帜。要不是犹太人当时都集中居住在一个城市里，就不可能积聚强大的势力击败所有与之争雄的朝圣地，继而对宗教的垄断长达近1000年之久。

希腊的情况跟犹太人就不一样了。雅典人和斯巴达人都想使

《希腊传说》| 房龙

自己的城市成为希腊人公认的首都。但是，他们都未能使自己的梦想成为现实，反而为此白白地打了许多年内战。

在这样一个崇尚个性自由的国度里，独立思考精神的发展不愁找不到用武之地。

《伊利亚特》和《奥德赛》有时被称为“希腊人的圣经”。它们不属于“经类”书籍，只是普通读物，从来就没有登堂入室到“圣书”行列。它们讲述了一些英雄人物惊心动魄的历险故事，大家都很乐意认为，这些英雄人物就是他们的嫡系祖先。这两本书穿插了一系列的宗教故事，因为诸神们无一例外都是“不扫自家门前雪，专管他人瓦上霜”的主。他们各助一方，以观看凡人在他们的地盘上打斗为乐事。

至于荷马的著作是否直接或间接地从宙斯、密涅瓦[1]和阿波罗那里获得灵感，希腊人从来就没有把这个问题放在心上。荷马的书是文学史上的佳作，是漫长冬夜里令人喜爱的读物。掩卷遐想，孩子们还会为自己的民族感到骄傲自豪。

在这样一个城市里产生了泰勒斯这个人物。这里有探讨知识的环境，有精神自由的天地，有来自世界各地的船只，有东方的财富和丝绸，有衣食无忧、喜笑颜开的居民。泰勒斯就在这个城市工作和学习，在这个城市结束他的生命。米利都人大都知道泰勒斯，就像纽约人大都知道爱因斯坦一样。要是问起一个纽约人，爱因斯坦是谁，他会告诉你，不就是那个叼着烟斗拉着小提琴留着长头发的家伙嘛，他写过一篇文章，谈论一个人在一趟火车上从这头走到那头的事情，这篇文章刊登在星期天的报纸上。

1　密涅瓦是罗马神话中的智慧女神，即希腊神话中的雅典娜。

就是这个叼着烟斗拉着小提琴的怪人抓住了常人视而不见的真理的火花，从而推翻了（至少是在很大程度上改变了）60个世纪以来形成的科学结论。而这一具有深远影响的事情，千千万万闲散的纽约居民却毫无兴趣，无关痛痒；只有在他们钟爱的击球手频频受挫而想要推翻万有引力法则时，数学这门学科才会引起他们的兴趣。

古代史教科书通常都印有："米利都的泰勒斯（公元前640—公元546),现代科学的奠基人。"我们从中几乎可以想象出《米利都学报》上的大标题："本地毕业生发现了科学的奥秘"。

泰勒斯究竟在何时，在何处，又是如何革故鼎新的，我不能确切地告诉你，但是，可以肯定地说，他生活的环境并不是一个完全没有知识的真空，他的学问不可能闭门造车就造出来。公元前7世纪，前人已在科学领域大有作为，为后人积累了大量数学、物理学和天文学资料。

巴比伦的星象学家已经在探索天空。

埃及的建筑师经过精心计算，把重达百万吨的花岗石放到金字塔墓室的顶部。

尼罗河谷的数学家认真研究了太阳的运行规律，预测出旱季和雨季，给农民提供了日历，使农业生产得以有序进行。

然而，即便是那些解开了各种自然难题的人，仍然把自然力量形成的自然现象视为诸神意志的直接体现，认为这些无形的神掌管着季节、海潮和星球运行，如同总统内阁成员掌管着农业部、邮政部和财政部。

泰勒斯就不这样认为。然而，像那时最有教养的人一样，他泰勒斯是古希腊第一个有名字记载的自然科学家和哲学家。其哲学观点是『水生万物，万物复归于水』，他认为世界的本原是水。

泰勒斯

不喜欢抛头露面，不喜欢在公众场合说长论短。如果水果贩子在海边遇到日食，被这异常现象吓得趴在地上呼天喊地，祈求宙斯保佑，那是他自己的事情。泰勒斯不会劳神去向他们解释一个连小学生都知道的自然常识，告诉他们公元前585年5月25日某时某刻，月亮会运行到太阳和地球中间，米利都城会经历几分钟相对的黑暗。

这次日食的确发生过。那天下午波斯人和吕底亚人正好在打仗，因为光线不足，交战双方只好偃旗息鼓，停止了厮杀。这一事件被普遍认为是吕底亚人的诸神（依照几年前阿迦隆山谷战役的先例）施展神功，突然间遮住日光，在关键时刻帮他们自己那边的臣民一把。然而，泰勒斯就不这样认为。

所以说，泰勒斯伟大就伟大在这里。他敢为人先，步入一个新的起点，认为一切自然现象都是自然规律使然；自然规律不以人的意志为转移，和人所想象的神灵毫不相干。他认为，如果那天下午只有狗在以弗所大街上互相厮咬，只有人在哈利卡纳苏斯操办婚事之类的非历史性重要事件，日食照样发生不误。

泰勒斯从自己的科学观察中推断出一个合乎逻辑的结论，把万物归结于一个普遍的必然规律，从而推测（从某种程度上说是正确的）万物起源于水，水包围着整个世界，大概从世界存在的第一刻起就是这样。

可惜的是，我们没有找到泰勒斯亲笔留下的任何东西。那时他完全有条件使自己的思想形成文字（因为希腊人已从腓尼基人那里学会了字母），不知为什么，他的文稿一页也没有留存下来。他这个人和他的思想仅仅在他同时代人的书中有断断续续的记载。有幸的是，从这些片段中，我们得以知道泰勒斯是一个商人，在地中海一带走南闯北，见多识广。说到这里顺便提一句，早期的哲学家多数是商人，这是那个时代的一大特色。哲学家是“智慧的情侣”。他们从来就没有闭眼不看这样一个事实：生活的秘密要在生命中寻找；他们从来没有忽视这样一个危险：“为智慧而求智慧”，如同“为艺术而艺术”或者“为食物而吃饭”。

他们认为，人类自身有各种各样的品质，有好的，有坏的，有中性的；人是衡量万事万物的最高尺度。因此，他们一有空就耐心细致地研究人这奇怪的动物，按照人本身具有的品质，而不是按照自己设想的“他应该是……”

能够客观待人，也就能够与人和睦相处。友好的交往扩大了他们的影响力，这可要比直接说教效果好多了。

他们很少墨守成规，不用刻板的教条束缚自己的生活。

他们想要表明的是：人生真正的幸福取决于心灵深处的宁静平和，而心灵的平静则有赖于对客观世界真正的理解。哲学家们的言行举止赢得了大家的赞许，从而使他们能够更加自由地从事研究、探索和调查，甚至可以涉足于在世人眼里只有上帝才能涉足的领域。泰勒斯就是这样一位先驱，他把漫长的生命投入到务实求真的工作之中，给这个世界带来了新的福音。

尽管他分解了希腊人眼中的完整世界，尽管他细致入微地考究了方方面面的敏感问题，并对自古以来被大多数人视为一贯正确的真理公开提出质疑，他仍然侥幸地避免了劫难，得以寿终正寝。就算当时有人咄咄逼人地要他检讨他的异端邪说，我们至今也没有找到有关这方面的记载。

《哲学家》| 房龙

一经泰勒斯指明了道路，其他人便纷至沓来，追随而去。

例如，阿那克萨哥拉，36岁时离开小亚细亚来到雅典，随后便在希腊的各个城市里做“诡辩家”或私人教师。他精通天文。在授课时，他说太阳并不是普遍认为的那样——由一位天神驾驶的神车，而是一个又红又烫的火球，比整个希腊都要大上千万倍。

这些狂言妄语没有给他惹来什么麻烦，他既没有遭天打也没有被雷劈。于是，他又更上一层楼，把他的理论提高到一个新阶段。他大胆放言，说月亮上面有山脉和山谷，甚至还提示，无论什么东西，自始至终都源于某种“原始物质”，自有天地以来一直都是这样。

这一回他可是步入了险境，因为他探讨的话题涉及到人们的普遍常识。在他之后有不少科学家也与此相似。太阳和月亮是遥远的星球，一般的希腊人并不在乎哲学家用什么名字称呼它们。但是，这位教书匠居然说一切事物都是由一种不知所云的“原始物质”发展变化而来的，他显然是太能胡说八道了。如此断言与都喀隆和佩拉的事迹恰好相反，是丢卡利翁和皮拉在大洪水后把石头碎片变成了男人和女人，使世界重新有了居民。希腊所有的小孩子，无论是男孩子还是女孩子，从小就知道这个故事。否定这个最神圣的故事，对现存社会的安全无疑是一个极大的威胁，这势必会导致孩子们怀疑长辈的智慧，那是绝对不能容忍的。阿那克萨哥拉由此而成了雅典父母们的众矢之的。

在君主制和共和制早期，城邦的统治者尚能维护一名宣讲不被人理解的学说的教师，使其免遭无知无识的雅典农民愚蠢的敌视。但是，雅典的民主政体羽翼丰满之后，个性自由就不再像以

《天文学家》丨房龙

往那样了。再说，阿那克萨哥拉是独裁者伯里克利的得意门生，而伯里克利在当时又很不得人心。于是，对这位天文学家的合法起诉，正好是一箭双雕，既平了民愤，又打击了那位城邦的老独裁者。

一个名叫奥菲特斯的教士在做行政长官时提出过一条法律："凡是不信奉国教或擅自评议圣物的人，应立即法办。"根据这条被通过的法律，阿那克萨哥拉被送进了监牢。好在城邦的开明势力略胜一筹，阿那克萨哥拉缴纳了一小笔罚金就被放了出来。此后，他移居小亚细亚，于公元前428年在兰姆伯塞克斯逝世。

这一事件表明，科学理论不是官方轻易能够压制下去的。虽然阿那克萨哥拉被迫离开了雅典，他的思想却留了下来。两个世纪以后，亚里士多德受其思想的影响，并以它为基础，运用到他自己的许多科学推理之中。历经1000年黑暗时期以后，亚里士多德的思想传递给伟大的阿拉伯医学家伊本·艾哈迈德。这位医学家在西班牙南部摩尔大学将其思想传递给在校师生的同时，结合自己的观察写了大量的著作。这些书很快就越过比利牛斯山，传送到巴黎和布伦的高等学府，并被译成拉丁文、法文和英文，深为西欧人和北欧人所喜爱。如今它们已成为初等科学读本必不可少的组成部分，像乘法口诀表一样有益无害。

回头再说阿那克萨哥拉，在他受审之后几乎整整一代人的时光里，希腊的科学家获准可以教授有别于公共信仰的学说。可惜好景不长，时光移至公元前5世纪即将结束的时候，不该发生的事又发生了。

这一次被迫害的是一位流浪教师，名叫普罗塔哥拉，来自希

《伯里克利》| 古希腊雕塑

伯里克利（约公元前 495—公元前 429），古代雅典政治家、军事家，古希腊文化的推崇者和倡导者。

腊北部伊奥尼亚阿布拉村。这里是“微笑哲学家”德谟克利特的出生地。这位哲学家因为宣称“一个社会只有在给绝大多数人带来最大幸福和最小痛苦时才有价值”而被视为极端分子，这种人必须置于警察的严密监控之中。

普罗塔哥拉深受德谟克利特的影响。他来到雅典，经过多年的研究探讨之后，宣称人是衡量万物的尺度，生命极其短暂，不应把宝贵的时间浪费在探究神是否存在这个永远也搞不清楚的问题上，而应把全部精力用于营建更美好、更愉快的生活。

毫无疑问，这个观点触及了根本的问题，必然会比任何文字或口头宣讲的东西更能动摇过去形成的信仰。况且，此时正值雅典对斯巴达战争的严峻关头，在经历了一连串的失败和瘟疫之后，人们在绝望中挣扎着。显然，在这个时候对上帝的超凡神力提出质询，惹怒上帝，实在是不识时务。普罗塔哥拉被指控为邪恶的无神论者。雅典人强迫他放弃他的理论，服从法院的裁决。

能够保护他的伯里克利此时已经不在人世。普罗塔哥拉只是个科学家，对殉道不感兴趣。

他逃跑了。

很不幸，在前往西西里的途中，他的船遭了难，他大概是被淹死了。因为从那以后，他便渺无音讯。

迪亚格拉斯，又是一个雅典人施暴的牺牲品。他不是哲学家，只是一个青年作家。在一次诉讼中，因为求助神灵失算，害得他输了官司，所以他就把一腔怒火发泄在神灵身上。积压心头的怨恨一直挥之不去，终于牵动了大脑神经，他四处奔走，大骂“神算子”不是东西。而那“神算子”正是希腊北部人们最崇敬

《普罗塔哥拉》 | 房龙

的圣物。如此亵渎神灵导致他被判处死刑。行刑前，这条可怜虫伺机逃跑，跑到了科林斯，又大骂奥林匹斯诸神，一直骂到生命最后一刻，满腔怨恨才平息下来。

此事最终使我们联想到希腊最恶名昭彰、最典型的不宽容的案例，那就是对苏格拉底的死刑判决。该案有详尽的记录。

说到苏格拉底这个案例，就会让人觉得雅典人并不比其他人开明到哪里去。世界依然如故，根本就没有什么改变。时至今日，经过进一步全面细致的考察之后，我们清楚地看到，这位貌不出众却才华惊人的街头演说家，虽然一生平凡，却对公元前5世纪希腊思想自由的壮大和发展做出了非凡的贡献。

那时，一般民众仍然坚信诸神至高无上，苏格拉底却说只有一个神，他就是这个神的代言人。雅典人不大明白他所说的这个“守护神”（即灵魂深处的声音：它会告诉人该说什么该做什么）为何物，但他们意识到此君对他们奉若神明的东西不屑一顾，无视既定的方针和政策。最后，当局“为了维护广大人民群众的利益”，宣判了这位老人的死刑。实际上，审判结论与他的神学观点风马牛不相及。

这个鼻梁塌陷、着装不整、无拘无束的小个子，白天在街头巷尾和无业游民争执不休，晚上回到家里恭候老婆的教训（老婆为了维持一家人的生计，累死累活帮人洗衣浆衫，而老公却把谋生视为无足轻重的琐事）。他曾经是雅典参议院的议员，一位多次征战沙场的令人尊敬的老兵。为了自己的信念，他宁死不屈，从容就义。

苏格拉底为人类的文明和进步不懈地追求和探索，结果却被

《苏格拉底与桑娣帕》 | 佛兰德斯 | 布卢姆芒达埃尔

苏格拉底是古希腊伟大的哲学家，他醉心于学问而疏于治家理财，因此经常遭到妻子桑娣帕的责骂。据说老婆一狮吼，他就会乖乖开溜，故而有人嘲笑他『怕老婆』。

判处死刑。为什么？这要从雅典当时的政治状况说起。

苏格拉底终其一生（他被处死刑时已年过70）都在苦口婆心地向人们说明：他们在浪费自己宝贵的生命；他们在过着空洞浅薄的生活；他们几乎牺牲了所有的时间，想得到的无非是毫无意义的业绩；他们毫不珍惜上天赋予他们的神性，把自己的聪明才智白白地浪费在转瞬即逝的虚荣上面。他深信，人应该活得更加高贵，从而突破了所有旧哲学的界限，甚至远远超过了普罗塔哥拉。普罗塔哥拉宣称“人是衡量万物的尺度”，苏格拉底则明确指出“人的潜在意识是（或者说应该是）衡量万物的最高尺度；把握命运的是我们自己，而不是什么神仙皇帝”。

审判苏格拉底的法庭有500名法官。这些法官全部由他的政敌精心挑选，其中有些人能读会写，算是有文化的人。然而，出庭的所有听众，无一不被他那简单明白的道理所打动。

面对生死攸关的严峻时刻，这位哲学家稳如泰山，慷慨陈词：“在这个世界上，谁也无权指定别人信仰什么或者不信仰什么，谁也无权剥夺别人思考的权利。”他进一步指出，“人只要留住自己的良知，哪怕是得不到朋友的支持，哪怕是上无片瓦下无立锥之地，都无关紧要。留得良知在，一切都会自然好起来。但是，看问题如果不把问题的正反两方面看明白，就不可能得出正确的认识。因此，人人都应当最大程度地享有思考和探讨任何问题的自由，而完全不受官方的压制和干涉。”

这话确实言之有理，可惜不合时宜。伯罗奔尼撒战争爆发以来，雅典富人与穷人、资方与劳方之间的关系日趋紧张，双方斗争愈演愈烈，发展到“不是东风压倒西风，就是西风压倒东风”

的态势，已经没有调和的余地。苏格拉底这个无党派人士不识时务，力劝各方保持冷静，互相妥协，达成共识，结果是好心不得好报，任何一方都对他非常忌恨。那时双方斗得不可开交，暂时无暇对付这个阶级异己分子。

公元前403年，民主极端派终于控制了局势。贵族保守派被打倒，夹着尾巴逃跑了。在拿枪的敌人被消灭以后，不拿枪的敌人苏格拉底照例要被打倒。

他的朋友审时度势，劝他“三十六计走为上策”，趁早离开这座城市。

苏格拉底的朋友多，敌人也不少。大半个世纪以来，他义务担任口头“专栏评论员”，孜孜不倦地评论雅典社会的台面人物。他聪明睿智，话锋犀利，把那些自称为社会栋梁的冒牌人士一个个揭穿，使其暴露在大庭广众面前，成为众所周知的打假高手。他在上午说的逸闻趣事，当天晚上全城就都会知道。他的事迹被写成剧本广泛流传。终于，他遭了牢狱之灾，希腊上下没有一个人不关注他。

在审判中充当主角的人（如那位神气十足的谷物商贩，斗大的字不识一个，只因他精通神谕，他就可以身居高位，在法庭上大呼小叫）坚信他们是在为社会尽职，为“知识界”清除一个罪大恶极的危险分子。这个危险分子妖言惑众，煽动不满情绪，教唆奴隶消极怠工和违法乱纪。

苏格拉底镇定自若，把所有强加在他身上的罪名一一作了答辩。陪审团同意释放他，释放的条件是：苏格拉底必须悔过自新，从此不再与人辩论、争执、说教；不再论及别人的所作所

《苏格拉底》| 房龙

为；不再纠缠别人问这问那，非要问个水落石出不可。

苏格拉底对此不屑一顾。

“那是不可能的！”他大义凛然，声若洪钟，“只要良知还在心里告诉我继续向前，让我指引人们走上理智的大道，我就会一如既往地对我遇见的每一个人说出我心里要说的话。我决不犹豫，决不后悔，决不动摇。”

法庭无计可施，给他判了死刑。

苏格拉底被缓刑30天。一年一度去提洛岛朝觐的圣船还没有返航，在此期间，雅典法律不允许执行任何死刑。在这整整的一个月里，这位老人在他的牢房里静静地度日，思考着如何改进他的逻辑体系。有人给他提供了好几次逃跑的机会，他却不肯逃离。他已走完了他的人生历程，尽到了他做人的责任。他累了，他要休息了。直到生命的最后时刻，他还念念不忘劝导朋友们不要过多地追求物质生活，而要努力提高自己的精神境界。

随后，他饮下毒鸩，躺到床上，撒手人寰。一切争论就此结束。

苏格拉底的门徒一度慑于当时的恐怖气氛，只好暂时避开风头，撤离原来的活动场所。

等到事态平息下来后，他们重返故地，重新开学授课。这位老哲学家虽死犹生，在他逝世后的10多年间，他的思想比他在世时传播得更加广泛。

与此同时，这座城市经历了罕见的困难时期。争夺希腊半岛霸主地位的战争已经结束了5年，雅典最终被斯巴达打败，那是体力打败了脑力。然而，不用说也知道，光靠武力取胜只能一时

《苏格拉底之死》| 法国 | 雅克·路易·大卫

得逞，不会持续长久。斯巴达人没有写下一行值得记忆的言语，对人类知识的积累毫无贡献（仅仅是某些军事战术被用于现在的足球赛中）。他们认为雅典的舰队已被打得落花流水，对手的围墙已被推倒，他们就大功告成了。但是，雅典人的头脑并没有因此而变得愚钝。伯罗奔尼撒战争结束10年后，古老的比雷埃夫斯港又云集了来自世界各地加盟雅典舰队的战舰。雅典海军将领一马当先，重振雄风。

另一方面，伯里克利的努力虽然没有得到同时代人的充分认识和理解，却使雅典成为公元前4世纪世界文化的中心，像后来的巴黎一样。那时的有钱人，无论是罗马人、西班牙人还是非洲人，都想让他们的孩子到雅典参观学习，接受时髦的教育，哪怕是能够看看卫城附近随便哪一所学校，也会感到十分荣幸。

我们往往觉得很难理解古代社会，那是我们还没有完全搞清楚生存方式这个问题。

在早期基督教的影响下，古希腊人、罗马人被视为不道德的人。他们的信仰极不严肃，想信什么神就信什么神；生活又放荡，不是酗酒就是泡妞；玩腻了就上战场换口味，以滥杀无辜为乐事。那些日耳曼人、法兰克人和达西亚人就是他们的牺牲品。

在希腊和罗马，不少人靠经商和打仗发了大财。他们财大气粗，从来就不把苏格拉底在法庭上阐述的精辟伦理道德观放在眼里。他们仗着有钱有势，总是显得高高在上。但是，他们也仅仅是身居高位，并不表明他们是众望所归的人物，更不能说他们就是当时的文化代表。

厄帕洛狄托是尼禄搜刮罗马及其殖民地财富的帮凶之一。我

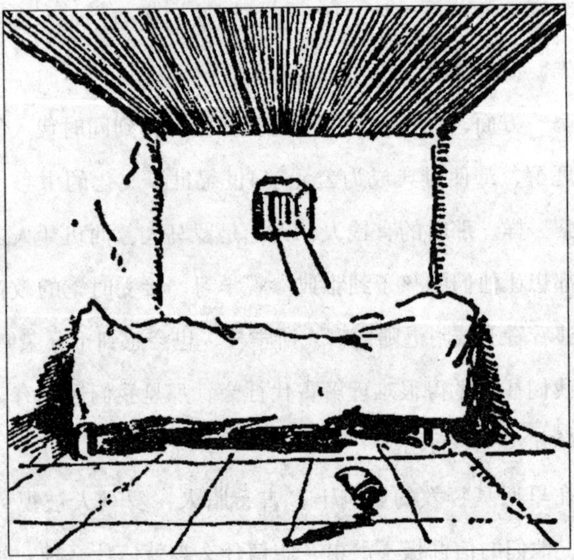

《苏格拉底之死》 | 房龙

们发掘了他的公寓。面对这个暴发户挥霍不义之财建造的有大小房间40间的私人住宅，我们不禁摇头叹息："太腐败了！"

埃皮克提图曾经是厄帕洛狄托的一名家奴。当我们坐下来阅读埃皮克提图留给我们的著作时，我们深有感触，感觉自己是在与一颗高贵的心相交。

他的著作告诉我们：他，哲学家厄帕洛狄托才是那个时代真正的代表人物；20个世纪前的人所追求的崇高理想并不在现代人之下。而朝廷中的势利小人厄帕洛狄托也是一个代表人物，代表着另外一种追求倾向。

毫无疑问，苏格拉底创造、推广的推理方法，给崇高理想的追求者指明了前进的方向。

令人遗憾的是，有时过分执著于追求完美无缺的精神世界，往往会导致追求者走向极端，流于荒唐。人，毕竟是人。在古代所有的理论家之中，为维护自己最理想的世界而主张不宽容者仅有一人，那就是柏拉图。

我们大家都知道，这位雅典人是苏格拉底的得意门生，也正是他，把老师的教诲整理成文，传于后世。

经他手汇编的《对话集》，堪称"苏格拉底福音书"。

《对话集》编写完毕之后，他便着手对老师理论中的一些难点作详尽的解释，并撰写了一系列精彩的文章。接着，他又开设讲座传授知识，从而使雅典人公正和正义的理念穿越希腊，漂洋过海，遍及四方。

他那始终如一的赤诚之心和无私奉献的忘我精神，简直跟圣保罗不相上下。略有不同的是：圣保罗从东到西，从南到北，四柏拉图（约公元前 427—公元前 347），古希腊哲学家。西方文化史上最伟大的哲学家和思想家之一。

《柏拉图》| 古希腊雕塑

处颠簸，历尽艰险，把上帝的福音带到地中海的每一个角落；柏拉图则从未离开过学园的安乐椅，足不出户而名扬四海。学子们来自天南地北，纷纷慕名投到其门下。他出身名门世家，拥有足以自立的财产，理所当然就可以稳坐学堂，不慌不忙。

柏拉图是雅典人，从他母亲的血统可以一直追溯到梭伦。到了法定年龄，他继承了一笔可观的财产。

他的口才具有非凡的魅力，吸引了众多求知若渴的学子。为了聆听这位老师的教诲，哪怕只能听上一两次讲课，他们也会千里迢迢赶来爱琴海。

柏拉图年轻时参过军，但他对军事并无兴趣。他喜欢体育运动，摔跤、跑步都是一把好手，却从未在运动场上拿过名次。和那时的许多年轻人一样，他把大量时间用于出国旅行，跨过爱琴海，游历埃及等地，其经历跟他那赫赫有名的祖太公梭伦差不多。

回到雅典后，他建立了学园。学园坐落在雅典郊区赛菲萨斯河畔，这里绿树成荫，风景迷人。此后五十年如一日，柏拉图一直在这里讲学。他那“学而不厌，诲人不倦”的治学精神，使他的学园名声大振，人称“柏拉图学园”。

柏拉图作为一个数学家开始他的治学生涯，后来逐步转入政治领域，为现代的政治体系奠定了理论基础。他是一个天真的乐观主义者，坚信人类必然会持续不断地进步。人的生命，他如是说，由低级阶段自然而然地上升到高级阶段；人类社会由美好的实体进步到美好的制度，由美好的制度进步到美好的思想。

这种理想在羊皮纸上可以读得朗朗上口，确实非常动听。而当柏拉图把这种理想当做具体原则来建立他那完美无缺的理想国

《柏拉图学园》| 房龙

时，他那追求公正和正义的火一般的热情，使他对其他任何人的建言听而不闻，视而不见。他的共和国理念，在那些纸上谈兵的乌托邦建造者眼里，一直是无懈可击的至理名言。然而，他的理想国极不现实，倒是反映了一些退役军官的偏见。退役军官们的收入丰厚，是政界的宠物。他们鄙视下层阶级，惟恐下等人忘记了自己的“身份地位”而心生妄念，图谋分享只有“上流阶级”才能享有的特权。

柏拉图的著作被中世纪西欧的学者们推崇备至。不幸的是，著名的《理想国》到了那些学者的手里，变成了打击宽容的最可怕的武器。

这些博士专家们故意要忘记，柏拉图得出结论的前提并不是12世纪与13世纪。

照基督教的观念来说，柏拉图从哪方面看都算不上一个虔诚的人。他把祖先信奉的诸神视为马其顿品行不端的土佬，对他们嗤之以鼻，不屑一顾。特洛伊战争纪事中有关神的丑行使他深恶痛绝。他坐在他那小小的橡树园里冥思苦想，想了一年又一年，想到了各个小公国之间愚蠢的争斗，想到了旧民主理想的破灭，从而想到了宗教对于一般民众的必要性。他确信，如果没有宗教，他的理想国就会一片混乱。思路至此，他认为，他的模范社会应该由立法机构制定出限制居民一切行动自由的明确规定，不论自由民还是奴隶都必须严格遵守；如不遵守，视其情节轻重，可分别处以监禁或流放，情节严重者可处以死刑。这种主张明摆着就是在否定苏格拉底不久前拼命争取的宽容精神和信仰自由。

为什么柏拉图的思路会朝这个方向转化？回答这个问题并不

《柏拉图学园》 | 古罗马镶嵌画

难。苏格拉底一直生活在民众中间，而柏拉图却生活在自己的理想国里。他觉得现实世界是一个丑陋的世界，他无力改变这个世界，只好躲避这个世界。他有一个梦，梦想一个理想的世界，梦想一种理想的生活。然而，他又不是不知道，他的梦想是不可能变成现实的。小城邦独立自主的时代已经结束，集权时代开始到来。整个希腊半岛转眼间就被并入马其顿帝国，帝国辽阔的疆土从马里河畔一直延伸到印度河沿岸。

但是，在征服者的军事强权尚未征服古希腊那些任性的民主城邦之前，这片土地上产生了一位伟大的思想家。他使整个世界永远记得古希腊为人类文明进步做出的伟大贡献。

这位伟大的思想家就是亚里士多德，一位来自斯塔吉拉的神童，懂得很多别人不懂的事情。他博学多才，为人类的知识宝库增添了大量的财富。他的著作成为巨大的知识矿藏，继他之后整整50代的欧洲人和亚洲人一直守候着这座矿藏坐享其成，无须自己再去多动脑筋。

亚里士多德十18岁就离开马其顿来到雅典，就读于柏拉图学园，是柏拉图的得意门生。毕业后，他去过许多地方开设讲座。公元前336年他又回到雅典，在阿波罗神庙附近的一座花园里建立了自己的学园。他的学园影响很大，世界各地的学生纷纷慕名而来。

可是，到了这个时候，雅典人根本就不喜欢看到他们的城里新建的学园。这个城市开始失去商业要地的作用，所有年富力强的市民都迁移到亚历山大港、马赛和西南方的其他一些城市。留下不走的居民不是因为太穷而无力迁移，就是因为太懒而不愿挪

《亚里士多德》 | 房龙

动，他们都是墨守成规的人物。这些人也曾经为共和国出过力，增过光，而共和国最终还是在他们手上毁灭了。他们对柏拉图的学园本无好感，柏拉图去世才十多年，他的弟子又回到这里开办学园，继续宣讲世界起源和神权有限，这些话听起来就让人头痛欲裂。那些古板的人士摇晃着严肃的脑袋，眼看着那个人把城邦变成自由思考和不讲究信仰的地方，他们真是恨之入骨。

他们恨不得立马就把那个家伙逐出国门，但是，他们又不得不强压住心头的怒火，因为那个眼睛近视、身体健壮的教书先生，是个学识渊博、衣着考究、赫赫有名的人物，在当时的政治生活中举足轻重。这样一位大腕人物，不是那些无依无靠的小教授，随便雇用一两个打手就可以打发的。他是马其顿宫廷御医的儿子，陪伴着众王子一起长大，随后又被任命为皇太子的家庭教师，和未来的亚历山大大帝朝夕相处整整度过了8个春秋。亚历山大大帝是世界上最强大的统治者，是这位先生的至交好友和保护人。亚历山大大帝征战印度期间，掌管希腊各省的摄政王对这位帝国主人的亲密朋友关怀备至，惟恐他受到任何伤害或者有什么闪失。

后来，雅典传来了亚历山大的死讯，亚里士多德也随之陷入了险境。虽然像柏拉图一样，他总是尽量避免把哲学理念和现实政治混为一谈，但是，他对民主政治机构的蔑视以及对平民掌权的不信任却是有目共睹的。苏格拉底当年的遭遇历历在目，先烈的榜样着实令人钦佩，却难以有人模仿。亚里士多德只想做学问，不想做烈士。在雅典人驱逐马其顿守卫部队的同时，亚里士多德渡过埃维亚海峡，避难于查尔基斯；在马其顿军队重新占领

《亚里士多德与亚历山大大帝》 | 古希腊雕塑

雅典惩治叛乱的前几个月，他离开了人世。

不久之后，罗马人继承了亚历山大大帝在欧洲的遗产，希腊成了罗马众多省份中的一个行省。

这样一来，各教派无休无止的争吵从此画上了句号。因为罗马人宽容大度，甚至比希腊人最宽容的时候还要宽容。只要不违法乱纪，臣民们可以自由自在地思考自己喜欢思考的问题，绝对不会受到任何干预。罗马人治国从古至今都是这样，罗马的和平与繁荣正是建立在这样的基础之上。

西塞罗时代的理想和伯里克利时代的理想有一线之差。希腊思想体系的老一辈领袖人物把宽容精神建立在某些明确的结论之上，这些结论是经历了好几个世纪的实践和思索总结出来的。而罗马人则不然，他们不喜欢纸上谈兵，看不起高谈阔论，凡是不实用的东西他们都漠不关心。他们喜欢就事论事，注重实效，并因此而自豪。

如果有外国人坐在树荫下谈论治国方略或者月亮对海潮的影响，罗马人倒是愿意洗耳恭听。

如果他们的理论有实用价值，马上就会受到罗马人的重视。至于那些歌舞、烹调、雕塑以及科学方面的理论，还是留给朱庇特发善心造出来的希腊人和其他外国人去探讨好了。这种没有实用价值的东西，正统的罗马人是不会关注的。

罗马人要关注他们日益扩大的疆土，聚精会神地管理好这个庞大的帝国。他们要训练外籍步兵和骑兵保卫边缘行省；他们要巡视连结西班牙和保加利亚的交通要道；他们还要尽其所能地维护数百个部落和民族之间的和平共处局面。

西塞罗（公元前106—前43），罗马最杰出的演说家、教育家，古典共和思想最优秀的代表，罗马文学黄金时代的天才作家。他的典雅的拉丁文体促进了拉丁文学的发展，从而影响了罗马以及后来欧洲的教育。公元前64年，他当选为执政官，登上了国家的领导岗位。在罗马共和末期，他因死守共和制而被罗马『后三头同盟』的官员捕杀。

《西塞罗》| 古希腊雕塑

让我们把荣誉归于当之无愧的人。

罗马人精心构造的管理体制，一直延续到当今社会，仍然在不同程度上发挥着它的作用，这不能不让人惊叹他们的深谋远虑。在罗马人统治下，各族人民享有充分的自由。只要缴纳必须的税赋，尊重统治者制定的寥寥数条象征性的法规，人们便可无拘无束地过自己的生活。他们信仰什么不信仰什么，全由着自己定夺；崇拜一个神或者多个神或者把神位排满整个寺庙，那也不关别人的事。但是，无论什么民族，无论什么信仰，都必须永远记住，“罗马和平”有赖于“己所不欲，勿施于人”这个基本原则。任何人在任何情况下都不许干涉别人的私事，即使自己信奉的神偶然间被非礼，也不必闹到法院去讨个说法。提庇留大帝曾经说过：“神灵自有神灵的主张，无须凡人替他鸣冤叫屈。”

既然皇帝都这样说了，法庭便可名正言顺地拒绝受理诸如此类的案子，并告诫人们不要把自己的观点强加于人，以免无故造成纠纷。

如果卡帕多西亚人打算在歌罗西人的居住区住下来，他们完全可以信仰自己的神，也可以在歌罗西人的镇上建自己的寺庙。如果歌罗西人打算搬到卡帕多西亚人的居住区，也照样有权享受同等的信仰自由。

有人说：“罗马人对歌罗西人、卡帕多西亚人和其他所有野蛮部落的人都很宽容，然而，这与其说是宽容，不如说是瞧不起这些人，完全不把他们放在眼里。”这种说法也许言之成理。但是，在整整500年中，欧洲、亚洲和非洲的绝大部分地区，无论是处于文明阶段还是半文明阶段，宗教信仰一向是很宽容的。事实告诉我们，罗马人的高明之处在于：尽其所能减少摩擦，全力以赴增加实效。

人们普遍认为，千禧年已经到来，世界人民大团结的局面将会永远持续下去。

然而“天下大势，分久必合，合久必分”，这是社会发展的趋势。不管怎么说，靠武力营建的帝国是不会永远持续下去的。

罗马人征服了世界，反过来又毁灭了自己。

罗马帝国的战士，年纪轻轻就把自己的生命葬送在战场上，他们的尸骨被抛弃在异国他乡。

5个世纪以来，罗马的社会精英把他们的聪明才智耗费在巨大的管理工作之中。帝国的殖民地从爱尔兰海一直扩展到黑海，管理工作之艰巨可想而知。

最后，物极必反。

以一个城邦统治整个世界是不可能的事情。罗马人知其不可为而为之，结果把自己搞得焦头烂额，精疲力竭。

终于，更可怕的事情接踵而至。人们越来越厌倦生活，不知道活着是为了什么。

他们想要得到的都已得到。在城里有住房，在乡下有别墅；想走陆路有车马，想走水路有游艇。

他们要做的事情有人代劳，全世界的奴隶由他们使唤。

能吃的全吃过了，能看的全看过了，能听的也听够了。

他们从小到大都不用操心费力。小时候有家庭教师。吃饭进餐有乐师助兴。等到长大成人，美酒佳肴吃腻了，风景名胜看饱了，绝色佳丽失去了魅力，读书赏画的情趣悄然而去。活着是为了什

《伊壁鸠鲁》丨古希腊雕塑

伊壁鸠鲁（公元前341—公元前270），古希腊哲学家、伊壁鸠鲁学派的创始人。伊壁鸠鲁认为，最大的善来自快乐，没有快乐，就不可能有善。

么？他们茫然不知，只想看准一个时机能让自己体面地死去。

生活只剩下一个寄托——期待上帝降临人间。

可是，原先的上帝早已死去，聪明的罗马人怎么还会像小孩子们唱赞歌那样赞美朱庇特和密涅瓦呢？

享乐主义学派、禁欲主义学派和犬儒学派的哲学体系相继问世，宣扬仁爱、克己、无私、利他。

不过，这些哲学理念太空泛。倒是芝诺、伊壁鸠鲁、埃皮克提图和普鲁塔克等人的书还算有点文采，这些书在街上的报刊亭都有出售。

但是，这种纯理性的食谱不大合罗马人的口味，缺乏必要的营养成分。罗马人这时才发现，他们需要的精神食粮是“情感”。

纯哲学的“宗教”（宗教思想和追求崇高生活的愿望相结合）只能吸引为数不多的几个人，而这些人又大多数属于上流社会。

深奥的哲学理论对普通百姓来说，有等于无。古代神话在他们眼里只是讲给孩子们听的故事。他们有限的知识决定了他们不能否定上帝的存在。

于是，他们发扬两条腿走路的精神，一面继续谨守官方和公众认可的信仰，一面又悄悄地参加某个宗教行会，希望从中找到真正的慰藉和幸福。这种宗教行会古已有之，在台伯河畔的古城里流行了两个世纪。

这里说到的“行会”一词源于希腊，原意是“会众”，即不公开身份的会员。入会的善男信女们必须严格遵守会章，绝对不能泄露行会的机密，就像大学兄弟会一样，靠着严守秘密这个神圣的职责，把会员们紧密地联系在一起。

《对立的宗教》| 房龙

在公元前1世纪的时候，行会只是一种独特的宗教团体，一种教派，一种说法。比方说，现在某人离开长老会加入基督科学教会，用那时的说法，他参加了“另一个行会”。“教堂”、“教会”和“贵族院”这些词汇，在那个时候尚未发明出来。

要是你对这个问题特别感兴趣，想更多地了解当时罗马的情况，你不妨在下周六买一份纽约报纸，随便买哪一份都行。在第四专栏或第五专栏上，你会看到关于印度、波斯、瑞典、中国和其他10多个国家行会及其教义方面的报道。这些报道会让你耳目一新，为你提供健康、财富和灵魂永远得救的新信息。它会使你联想到罗马当年的情形。

罗马跟现在的大都市差不多，既有当地特色的宗教，又有各式各样的外来宗教。但凡国际性的大都市情形都是这样。神母教来自小亚细亚杂草丛生的山坡上，佛里吉亚人把神母尊为众神之母。神母教的宗教仪式显得很放荡，有悖正统的礼仪。罗马当局不得不强行关闭神母庙，最后还通过一项严厉的法律，严禁任何类似的传教活动，因为这种信仰鼓励大碗喝酒，以示豪气，从而导致酒后肇事的种种恶果。

埃及这片神秘又自相矛盾的土地，虽然十分古老，却也不甘寂寞，照样为罗马人贡献了五六个有埃及特色的神灵。埃及神奥赛里斯、塞拉皮斯和艾西斯的名字，在罗马人耳朵里跟阿波罗、得墨忒耳和赫耳墨斯一样熟悉。

至于希腊人，早在几个世纪之前，他们就把建立在美学基础上的抽象理论和行为法典的基本原理奉献于世。这时他们又把大名鼎鼎的阿蒂斯、狄奥尼索斯、俄耳甫斯和阿多尼斯等诸位神仙

《俄耳甫斯》

希腊神话传说：太阳神阿波罗把宝琴送给他的儿子俄耳甫斯。俄耳甫斯能以琴声驯服野兽，感动万物，死后成为天琴座。希腊宗教的主要派别有：奥林匹斯教、狄奥尼索斯教和俄耳甫斯教。

免费赠送给外国朋友。用社会公德标准来考核，这几位神仙没有一位可以获取资格证书。尽管如此，他们照样堂而皇之地登上神仙宝座，心安理得地接受众人朝拜。

10个世纪以来，腓尼基商人频频往来于意大利海岸，把他们伟大的上帝巴力及其夫人阿施塔特一并引荐给罗马人。巴力是耶和华的头号敌人，而所罗门在晚年时却为阿施塔特立牌坊，树立在耶路撒冷中心广场，让所有虔诚的犹太子民大跌眼镜。在争霸地中海的漫长艰苦的战斗中，这位厉害的女神一直被视为迦太基人的保护神。她的神庙在亚洲和非洲被拆除之后，她又以基督教圣贤的身份移居欧洲。

众神之中最重要的神，是那位在军队中享有崇高威望的神。罗马的边境线上，从莱茵河口到底格里斯河源头，随处都可发掘出他的神像残片。

这位伟大的神就是密特拉。

密特拉掌管着阳光、空气和真理。古老的亚洲人在里海低地平原时就已把他尊为至高无上的天神。后来，我们的祖先占据了那片水草丰盛的土地，在山间谷地安营扎寨，生儿育女，世世代代住了下来。久而久之，这片辽阔的土地被称为欧洲。欧洲人和亚洲人一样，对密特拉的神力深信不疑。人间所有的好处都是他带来的，统治者能不能掌权，也要看他准许还是不准许。有时，他会把光环罩在位高权重的人物身上，作为天之骄子的象征。虽然他早已隐姓埋名，退出人类历史舞台，但中世纪那些圣人头上的光环，却使我们重新想起那个古老的传统信仰。

尽管密特拉被崇拜了无数个年代，但要了解他的详情却十

《密特拉》| 古代雕塑

分困难。因为，早期的基督教传教士对广为流传的神话故事深恶痛绝，尤其痛恨密特拉。他们深知这尊印度神是他们传教路上最大的绊脚石。所以，他们务必要让这尊印度神在人们的记忆中消失。凡是供奉密特拉神像的庙宇，凡是有关密特拉的书籍，全都列为“破四旧”的重点打击对象，统统扫进历史的垃圾堆，收拾得片甲不留。这个宗教在罗马流行了500多年，就像如今美国流行的美以美公会和长老会一样。

好在那时炸药还没有发明出来，建筑物不可能摧毁得那么干净彻底。我们有幸在一些废墟中发掘出残存的资料，总算把埋在地下的密特拉重新请了出来。

在很久很久以前，有一块岩石变成了一个小孩，这个小孩名叫密特拉。他刚刚出世，就有7个牧人来向他进贡，送给他各种各样的礼物逗他开心。

小时候，他遇到过很多惊险的事情。他的生活经历好像希腊孩子们看到的赫尔克里斯。不同的是，赫尔克里斯有时很霸道，做事不近人情，而密特拉总是做好事，从不做坏事。有一天，他和太阳较量功夫，太阳敌他不过，被他打败。正所谓不打不相识，他和太阳从此成为好朋友，好得就像孪生兄弟一样，让人分辨不出谁是谁。

有个专干坏事的凶神，名叫阿里曼。他想灭绝人类，于是就制造了一场特大干旱。密特拉路见不平，拔刀相助，一箭把一块巨石射出一个大窟窿。你看，那泉水从这窟窿里源源不断地流出来，流向一片片干旱的土地。阿里曼眼见一计不成，又心生一计，意欲发一场大水，把人类统统淹死。密特拉有先见之明，事先告诉一个人，叫他打造一条大船，把家里的人和家养的动物送到船上，从而又一次拯救了人类。他自始至终都在帮助人类，不断地把人类从自作自受的蠢事中解救出来。最后，他上了天堂，一直掌管着公正和正义。

加入密特拉行会的人，必须在入会仪式上吃面包喝葡萄酒，因为密特拉和太阳结为朋友那天的晚餐就是这两样食物。然后他们接受洗礼，还要做一些在我们看来完全不必要的事情。

一旦进入这个团体，所有的信徒一律平等相待。他们在同一个圣坛面前祈祷，同唱一首赞歌。每年12月25日举行密特拉诞辰庆典。每周第一天礼拜上帝，不做任何工作。我们至今仍然把这一天称为“礼拜天”。最终，人死之后，遗体按时间顺序排列，耐心等待人生最后的安排：好人进入天堂永远平安，坏人进入地狱被烈火永远烧烤。

各种秘密行会的存在以及密特拉教在罗马士兵中的广泛影响，足以说明那时的罗马人不是不需要宗教。实际上，他们一直在寻找他们迫切需要的“精神食粮”。

公元47年，发生了一件划时代的事情。一叶扁舟从腓尼基驶向欧洲交通枢纽别加城。船上只有两个乘客，他们没有携带行李。

他们的名字是保罗和巴纳巴斯。

他们都是犹太人，其中一人持有罗马执照，通晓非犹太民族的学问。

这次航行开创了人类历史的新纪元。

基督教开始征服世界了。

《禁果的味道好极了》丨 法国 丨 格兰德维尔

第3章
精神枷锁

西方世界被基督徒迅速征服，向世人展示了基督思想神圣的力量。但是，大多数罗马人不幸的生活与早期传教士的成功有着必然的联系。

拉特山、坎帕尼亚山和那不勒斯海湾一带是军人、政客、富商和社会名流的世界。这一带的居民衣食无忧，生活安定，他们是那个时代的幸运儿。

但是，城郊大片大片的土地上，到处都是贫民窟，却是另外一番景象。

简陋破旧的出租房占据着贫民区的每一个角落。这里的居民住房拥挤，缺吃少穿，过着凄凉、黯淡而又毫无希望的生活。他们听过密特拉、艾西斯和阿施塔特的故事，他们何曾不向往那幸福的生活？但那只是遥远的往事，那些给人间带来福音的神早已死去了。

然而，拿撒勒[1]的约书亚，也就是希腊传教士称之为救世主的基督，不久前还活着，很多人都知道他。在提庇留皇帝当政的时候，去过叙利亚南部的人还亲耳听过基督的演说。

另外，街上卖面包的那位师傅和邻街卖水果的小贩曾经在阿皮恩大道旁的花园里跟彼得谈过话。彼得原先在迦百农的一个村庄里打鱼为生。这位名叫彼得的人在各各地附近看见先知基督被罗马士兵钉在十字架上。

基督教的传播就是这样通过与个人交谈的方式，沟通人和人的联系，从而层层深入下去。这种传教方式，其优势远远在别的教派之上。耶稣的话表达了对普天下劳苦大众的深切关怀，使他

1　拿撒勒，以色列北部城市，位于历史上的加利利地区，是耶稣的故乡，因此他被称为拿撒勒人耶稣。

《十字架上的基督》 | 德国 | 格吕内瓦尔德

《扛十字架的基督》

们看到了生活的希望。

终于，盼来了得自由获解放的声音。

他们将不再受压迫被歧视。

他们是上帝慈爱的子民。

他们要得到整个世界。

他们要分享权贵和富豪独占的快乐。

新信仰的力量源于广大民众。基督教把希望带给普普通通的人，主张上帝面前人人平等，并使之形成完整的宗教系统，从而得以具体实施。这是一个伟大的创举。

我现在还没有谈到这个话题：基督教是心灵的体验，是一种生活思考的模式。在这里我要着重指出的是，腐朽的奴隶制社会如同一大片枯枝败叶；新信仰的福音在人们心中播下了希望的火种。这火种从一个人心里传播到另一个人心里，一传十，十传百，迅速形成燎原之势。但是，历史一般不关注个人的心灵历程，不管他是自由人还是被奴役的人，除非具有典型的代表意义。然而，当这些微不足道的“个人”被组合成民族、行会、教会、军队、兄弟会和同盟，开始服从一个统一的指挥，当他们有足够的资金不受税务的束缚，当他们应征入伍去征服别的国家和民族，在这个时候，他们才开始受到编年史学家的关注。因此，我们对早期基督教会了解很多，而对这个机构的真正创始人却知之甚少。这不免有些遗憾，因为基督教早期的发展，无论从哪个历史角度来看，都是一件十分有趣的事情。

在古老帝国的废墟上建立起来的基督教会，一开始就具有两种互相对立的思想倾向。一方面，它建立在主耶稣的博爱主义思想基础上；另一方面，它具有难以根除的地方主义意识。

这种地方主义把罗马人的效率和犹太人的专横融为一体，演变成一种压制思想的恐怖统治。

其实，基督教的建立原本只是犹太人内部的宗教改革运动，仅仅是犹太民族本身的事情。这场运动最初并没有涉及到其他民族，只是犹太王国的统治者才为此深感不安，惟恐动摇自己的统治地位。

耶稣在世时，当权的法利赛人[1]就已经明显地觉察到，这场宗教改革运动势必会改变他们一统天下的局面，甚至还会把他们扫地出门。为了铁打的江山永不变色，他们使出攻无不克的绝招，赶在罗马当局出面调停之前，把那些改革精英一网打尽，并且斩草除根，从肉体上消灭他们，免得死灰复燃。

假设耶稣一直活着，往后的事就很难说了。他遇害之前，尚未把信徒组成一个教派，也没有用书面形式立下任何按既定方针办的教规。

耶稣之死，对基督教来说，实为“祸兮福之所倚”。

没有明细的条文，没有确定的教规，信徒们可以直接跟着主耶稣博爱主义的精神实质走，从而避免了形式主义和教条主义的束缚和误导。如果他们被一本书圈了进去，他们就会在表面文章上狠下功夫，津津有味地讨论句号和冒号去了。

这种咬文嚼字的事情，只有极个别专业学者才会去做，绝大多数的人对新宗教就不会有兴趣了。如果是这样，基督教就会步其他诸多教派的后尘——刚开始精心炮制出一系列纲领，然后组

1　法利赛人，一个犹太人宗派，曾在耶稣的时代很流行，过于强调摩西律法的细节而不注重道理，反对耶稣基督的福音信息。

《圣约翰及哀悼的妇人们》

织理论班子研讨，理论家们各执己见，争吵不休，吵得隔壁邻舍不安，并叫来警察把他们扔到大街上完事。

越过将近20个世纪的时空，我们清楚地看到，基督教对帝国的威胁并不亚于匈奴人和哥特人的武装侵略，而罗马当局为什么不采取措施把它镇压下去呢？其实他们不是不知道，做奴隶的开始不安本分了，做女人的开始不守妇道了，老人家也为老不尊了；那些人一天到晚尽在谈论这个世界要被一团火球烧毁，新的救世主要再现人间等等危言耸听的事情，而所有这些，都是那个东方先知造成的。

然而，社会底层的穷人对某个新宗教领袖人物歇斯底里的崇拜，这又不是第一次，也不是最后一次，这种事情总是有的。再说，警方时时都在准备重拳出击，还怕那些穷鬼翻了天不成？

事情不过如此而已。

据警方观察，看不出有什么事情值得打击的。新宗教的传教方式十分得体，堪称一流。他们的意图并不在于推翻政府。有奴隶说，既然他们已经是上帝的子民，是人类的弟兄，就不应再是别人的奴隶，应该终止原来的主仆关系。使徒保罗对这些奴隶说："我们的理想王国不在现在，而在将来。大家不可造次，免得坏了将来的好事。只要现在做好本分的事情，将来一定会有好报的。"

一些女信徒不满罗马法典的婚姻束缚，开始议论纷纷，说基督教是妇女解放和男女平等的同义词，恨不得马上就要妇女大翻身。保罗耐心地劝导她们不要性急，要耐心等待。自从亚当和夏娃被逐出天堂以来，女人一直都是这样过来的。基督教的传教士所到之处，都是在教人遵纪守法，安分守己。这样一来，当局对他们就放心了。

然而，当局暂时不干涉，并不等于社会各阶层都认可他们了。

那时传统的宗教是国教，只要是国教寺庙，不论大小，进香收入不但相当可观，而且十分稳定。这时忽然间来了个免费接待信徒的新宗教，情形就大不一样了。寺庙住持眼见一批又一批香客投奔新宗教，不禁怒从心头起，恶向胆边生，痛骂那些弃旧迎新的香客见利忘义，放着自家祖宗的神不拜，转过头去拜外邦的神。

城里有一些人更是痛恨基督教。长期以来，那些人走街串巷，设点摆摊，替人把脉看相，预测未来，指点迷津，无本生意做得红红火火。基督教一出现，他们的生意就每况愈下，举步维艰了。各人做各人的生意本来是天经地义的事情，没有什么大惊小怪的。各行各业有竞争也无可非议，就是八仙过海，各显神通。生意做不过别人，那也只能怪自己学艺不精，怨恨竞争对手，实在没有道理。但关键问题是，基督徒的脑袋不知是搭错了哪根神经，做事简直不可理喻，他们做的全是赔本的生意。治病疗伤不收医药费，嘘寒问暖不收精神保健费，拿饭给饥汉吃不收伙食费，把无家可归的人带到家里住宿不收住宿费；像这种搞法，怎么跟他去竞争？

那时的罗马不再是罗马市民独占的地盘，无数破产农民从四面八方蜂拥而来，成了这里的临时居民。这些人头脑僵化，思想古板，少有主见，多有盲从，对任何不常见的事情都非常反感。要是偶尔有人请他喝酒又不要他出钱，他会觉得这个人不错；要是有人一向行为端庄，洁身自好，他就看不惯了；要是有人拒绝去看残忍的斗兽表演，他会觉得这个人很扫兴；要是看到战俘被拉到马路上游街示众，而有人不跟着大家欢呼，他会认为这个人尼禄（37—68），专制独裁者。首位大规模迫害基督教追随者的皇帝，他的名字使人联想到残忍。

《尼禄》｜古罗马雕塑

没有爱国主义精神，是人民的公敌。

公元64年，一场大火把罗马贫民区烧成灰烬。这场大火终于使基督徒成了众矢之的。

起初有人说，尼禄皇帝喝醉了酒，一时头脑发热，下令把占据首都的贫民窟烧掉，然后按照他的规划来重建城市。后来又有人说，这场大火是犹太人和基督徒造成的，因为他们一直在告诉大家，幸福的日子很快就要到来，一团大火马上就会从天而降，烧毁这个不幸的世界。

这种说法一旦有了市场，其他说法便纷至沓来。一位老太婆曾经听见耶稣和死人说话。有人知道他们把人家的小孩子抱走，像杀鸡一样割断孩子的喉咙，把孩子的鲜血洒在奇形怪状的祭坛上，祭祀他们那个外邦上帝。当然，这些邪恶的事情没有被侦破，那是因为他们都是聪明过了头的人，事先就把警察买通了。这下好了，现在证据确凿。明摆着的这场大火，他们还赖得掉吗？他们罪责难逃，血债要用血来偿。

有多少虔诚的信徒死于狂暴的私刑，我们不得而知。也许保罗和彼得就是在这场灾难中遇害的，因为此后再也没有听说他们的名字了。

这场众怒沸腾的大屠杀适得其反，殉教者视死如归的坦然态度是新宗教最好的宣传。一个基督徒倒下去了，一打后继者又挺身而出，新老教徒前仆后继，为着理想勇敢前进。正是“野火烧不尽，春风吹又生”。尼禄在他庸庸碌碌的一生中只做过一件好事，那就是公元68年他自杀身亡。尼禄死后，基督徒重返原地，继续传播上帝的福音。

《戏弄基督》 | 德国 | 格吕内瓦尔德

这时罗马当局发现，基督徒似乎并不等同于犹太人。

原先的误会也怪不得罗马当局。近百年来的历史研究越来越清楚地表明，新宗教的信仰是通过犹太人会堂传递到世界各地的。

耶稣本人也是犹太人。他一直遵循着祖宗的律法，他演说的对象仅限于犹太人。他只有一次离开过家乡，离开的时间也很短暂。他要做的事情都是和犹太人一道完成的，目的也是为了犹太人。他的一言一行在罗马人看来，跟犹太人实在没有什么两样。

耶稣要做的事情完全是犹太人内部的事情。他清楚地看到祖先的宗教积弊已深，他提醒本族教民革除弊病，以免祖先的宗教败落下去。他所想到的只是内部改革，从未想过要做一门新宗教的创始人。要是有人这样提议，他一定会觉得这种提议荒唐可笑。但是，在他身前和身后都不乏其例，改革者会一步一步地步入进退两难的境地。他的早逝使他避免了路德及其他改革者的命运。那些改革者只想在“内部”有所作为，不料有一天忽然间尴尬地发现，自己却成了“外部”新教派的领头人。

耶稣逝世后的许多年里，基督教（当时尚未形成这个名称）只是犹太人的一个小教派，只在耶路撒冷、朱迪亚和加利利有为数不多的追随者。这个小教派在叙利亚行省以外就不为人所知了。

犹太裔罗马公民盖尤斯最先意识到这个新教派很有可能发展成为世界范围的宗教。他的亲身经历告诉我们，犹太人一向反对宗教世界化，认定基督教徒只能是犹太人。他们非常痛恨使徒保罗，因为保罗的传教对象不仅是犹太人，而且还有非犹太人。要不是保罗有罗马护照这张护身符，他早就跟耶稣一样，被钉死在十字架上了。

后来，耶路撒冷被罗马人摧毁。耶和华的庙被朱庇特取而代

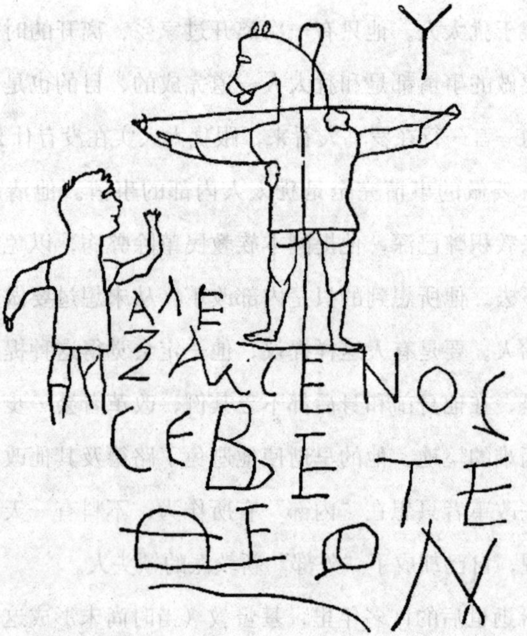

讽刺十字架的漫画

之。城市更名为埃利亚卡皮托利纳。朱迪亚变成罗马行省巴勒斯坦的一部分。原居民不是被处决就是被流放，废墟周围数英里内不准任何人居住，违者格杀勿论。

这座多灾多难的圣城终于走向了灭亡的命运。此后，在朱迪亚内地的小村庄里，一些自称为“一无所有”的陌生人时不时地出现。他们不停地祷告，耐心地等待着世界末日的到来，已经等了好几个世纪了。这些人是耶路撒冷老一辈犹太基督徒的后继之人，他们远离文明世界，独自形成了一整套荒诞无稽的教义，其主要宗旨是仇视一切非犹太人文明。当日历翻到公元7世纪以后，这些自称为拿撒勒人和以便尼[1]人的部落不再出现，异军突起的伊斯兰教把他们消灭了。就算他们不被消灭，就算他们继续苟延残喘下去，他们也无法阻挡世界发展的趋势。

罗马人终于一统天下。世界需要一个统一的宗教。基督教既简单又实用，在与之抗衡的犹太教、密特拉教及其他诸多教派中脱颖而出，走到了时代的前列。不幸的是，这个新教派一直没有消除自身的一些不良习气，这些不良习气导致新教派与自己的宗旨背道而驰。

一叶扁舟载着保罗和巴纳巴斯从亚洲驶向欧洲，带来了希望和福音。

意想不到的是，第三个乘客悄然无声地混进了船舱。

这个乘客戴着仁爱和美德的面具。

面具之下隐藏着残忍和仇恨。

他的名字是：宗教专横。

1　以便尼，希伯来语指“贫穷”。以便尼派教徒严守摩西律法，克己苦行。

《逃离罪恶的世界》丨房龙

第4章
曙光初照

早期的基督教会只是一个很简单的组织。一旦明白世界末日还很遥远，最后审判日也不会在耶稣遇难后就立即到来，基督教还要在漫长曲折的道路上艰苦跋涉，人们便意识到建立一定形式的统治体系是完全有必要的。

基督徒最初都在犹太教堂里集会。后来犹太人和非犹太人闹了矛盾，非犹太人就转移到自家屋里去集会了。如果虔诚和好奇的信徒太多，屋里容纳不下，他们就到院子里或废弃的石场上集会。

这些集会原本是定于安息日举行的，后来随着犹太基督徒和非犹太基督徒之间的矛盾越来越大，非犹太人便改弦更张，把集会时间定在耶稣复活的星期日。

每次集会都很庄重，体现了与会者的共同心愿和感情特征。没有事先的演讲和布道，没有专业化的教士。所有的善男信女，只要感到圣火在心里燃烧，就可在会上直抒胸臆，表达自己的情怀。他们大都是目不识丁的普通百姓，性情率真质朴，想到哪里说到哪里，说到动情处就手舞足蹈，大吼大叫，好像疯子一样，洋相十足。教会虽然顶得住迫害，对嘲笑却是无能为力的。于是，保罗、彼得及其继承人都觉得有必要制定一些规章，确保教会有条不紊地向前发展。

起初，信徒们不习惯教规的约束，觉得这些条条框框有悖于基督的民主自由精神。但后来觉得无规无纪确实容易乱套，有个章程没有什么不好。于是，教规的确立就这样开始了。

会众首先朗读一首赞美诗（安抚可能在场的犹太基督徒），然后合唱一首赞美希腊、罗马圣徒的颂歌。

预先安排的布道词只是耶稣的遗训。几个世纪以来，布道都

《耶稣复活》

科隆大教堂

是自发的。信徒有了什么想法和感悟，觉得不吐不快时，才会上台发言，把自己的感想告诉大家。

会众经常聚集在一起，警方不免要来盘问，多有不便和麻烦。于是，选出一些人做代表与外界交涉是完全有必要的。

外部的事要有人去处理，内部的事也要有人负责才行。于是，大家选出了男女执事。这些虔诚的执事是会众的“仆人”。他们要照顾病人和穷人（这是早期基督徒最关心的事情），管理集体的财物，打理各种各样的杂务。

随着会员人数的不断增加，教会的事情也越来越多，光靠几个业余执事就料理不过来了，必须要有专业人员管理才行。于是又选出几位“年高德劭者”担当专业管理的重任。希腊人称这些人为“长老”，也就是我们现在说的“神父”。

后来，每个村庄和城市都有了自己的教堂，而所有的教堂都要执行共同的政策，于是又选出了“总监”（即主教）来监督整个教区，并代表教区和罗马政府协调政教关系，处理政教间的各种事务。

这样一来，帝国所有的主要城镇都有了主教。安提柯、君士坦丁堡、耶路撒冷、迦太基、罗马、亚历山大和雅典这些教区的主教，是相当有权势的人物，跟帝国行省的军政长官一样重要。

起初，在耶稣生活、受难、死去的地方当主教的人备受尊重，但是，随着耶路撒冷被摧毁，随着期待世界末日和天国得胜的那一代人消失，可怜的老主教就无人问津了。

于是，信徒首领的位置自然而然地被“总监”取而代之。“总监”负责镇守文明世界的首都，那里是圣徒保罗和彼得英勇献身的地方。这个总监就是罗马大主教。

这个主教和其他所有的主教一样，统称为“神父”或“圣父”，表示教徒对神职人员的爱戴和尊敬。但是，在往后的几个世纪里，“圣父”这个头衔仅用于首都主教管区的首领。如果提到“圣父”，所指的是罗马主教，而不是君士坦丁堡或迦太基的主教。如同我们在报纸上看到“总统”一词，无须在该词前面加上“美国”二字，因为我们一看就知道，“总统”指的是国家首脑，而不是宾夕法尼亚的铁路局长、哈佛大学的校长或国联主席。

“教皇”这个名称第一次正式出现在文件上是公元258年。那时罗马仍然是帝国的首都，主教的权力受控于皇帝的权力。在往后的300年中，帝国不断受到内忧外患的威胁，恺撒的接班人不得不另外寻找一个更为安全的新家园。这么一找，找到一座城市，它的名字叫做拜占庭，因战斗英雄拜占氏而得名。据说特洛伊战争结束不久，拜占氏曾在这里登陆上岸。这座城市位于欧亚大陆之间，是沟通黑海和地中海的商业要道，掌控着一系列垄断集团的经济命脉。正因为它是一座十分重要的商业城市，斯巴达人和雅典人曾经为了夺取这块宝地大动干戈，争战不止。拜占庭原本是一个独立的城邦，后来被亚历山大大帝圈进了马其顿王国，随后并入罗马帝国的版图。

持续繁荣了10个世纪的拜占庭，得了“金号角”的美称，吸引着上百个国家的船只来来往往。现在，它把帝国的中心也吸引到这里来了。

皇宫渐渐地腾空了，政府机关一个接着一个搬迁到博斯普

《牧人朝拜》 | 意大利 | 多米尼哥·吉兰达约

拉昂天主教堂的穹窿

鲁斯海滨，留下平民百姓听天由命，等待着哥特人、汪达尔人[1]以及天知道还有哪些野蛮人来发善心做好事。这时候，罗马人感到：世界末日马上就要来临了。

皇帝这一开溜，留下来的主教就成了最有权威的人物，是万众瞩目的皇权惟一继承者。

终于时来运转了！教会的声望和影响感召了全意大利胸怀大志的有识之士，使之成为教会的中坚力量。他们坚信自己肩负着实现人类最崇高理想的历史使命。他们深知，身负重任者不可轻举妄动，不要操之过急，而要有条不紊，一步一个脚印，踏踏实实地向理想迈进。他们不是那种机会主义者，一有机会就忘乎所以，妄自尊大，不知天高地厚，结果总是成事不足，败事有余。

最关键的是，他们只有一个目的，向着一个目标不折不挠地前进。他们的所思所想，一言一行，一举一动，都跟随着一个虔诚的愿望：愿上帝的荣光普照天下，愿代表上帝的教会更加强大。

当野蛮部落横扫欧洲大陆，把文明世界砸得稀巴烂的时候，当帝国的围墙一堵接着一堵纷纷坍塌下去的时候，当无数个像巴比伦一样具有悠久历史的文明体制被扫进垃圾堆的时候，惟有教堂岿然不动，坚如磐石。

基督教源于马厩，却终于宫殿；始于争自由求解放，却终于必须绝对服从教条教规。这个革命团体不断发展，不到100年就发展成为一个新型的超级神权政治集团。相形之下，古老的犹太民族成了与世无争的小国寡民。

1　汪达尔人，古代一个来自日耳曼东部的民族，曾在罗马帝国的末期入侵过罗马，并以迦太基为中心，在北非建立了一系列领地。

到罗马去旅游的人，大多都会去瞻仰古罗马大斗兽场：在历尽沧桑的围墙里面，曾经有数以千计的基督徒为了他们的事业倒在血泊之中。他们是罗马不宽容的牺牲者。

不错，这里的确发生过几次迫害新宗教信徒的事件，但是，这些事件并非因为不宽容新宗教而造成的。

这纯粹是出于政治原因。

基督教作为一个宗教团体，享有最充分的自由。

但是，他们公开宣称自己是坚定不移的反战者，甚至在国家受到外敌严重威胁的时候大唱和平高调，而且不分场合地抨击当局颁发的土地法规，这样的基督徒理所当然地被视为国家的敌人，必须严惩不贷。

基督徒完全按照自己的宗教信条为人处事。通常情况下，警察和法官对此并不怎么在意。而一旦遇到某些具体问题需要他们去处理，犯事的基督徒向他们解释其中的道德本质时，他们听得莫名其妙，仿佛在云里雾里。

警察和法官毕竟只是凡人。忽然间想起自己应召而来审讯人犯，而人犯所陈述的事情又不是什么了不得的大事，警察和法官面对这些事情真是万般无奈，不知所措。长期的工作经验使他们得了一个教训，凡是有争议的宗教事务问题，避得越远越好。于是，他们想起了皇帝对国家公务员的最新指示：对付新宗教要充分发挥自己的主观能动性，要随机应变，要有“策略”。但是，当事情涉及到某个具体原则问题而非要做出决断不可时，他们实在是左右为难，束手无策。

行政长官面临的最后抉择就是：要么放弃法律的尊严，要么

《狮群中的基督徒》| 版画

马可·奥勒留（121—180），罗马皇帝。他不但是一个很有智慧的君主，同时也是一个很有造诣的思想家，有著作《沉思录》传世。

《马可·奥勒留》| 古罗马浮雕

坚决袒护国家的最高权力。但是，坚信从死去那天才开始新生的人，判处死刑对他们无济于事。面对死亡他们会放声大笑，离开这个邪恶的世界去天国永享快乐，他们感到十分荣耀。这种连死都不怕的人，监禁流放和严刑拷打又算得了什么？

于是，罗马帝国当局和它的基督教臣民展开了旷日持久的游击战争。我们不能确知究竟死了多少人。据上世纪的著名神父奥利金说，他的一些亲戚死于亚历山大的一次迫害事件，“真正为信仰而死的基督徒是有据可查的”。

早期圣徒的生平事迹告诉我们，他们的生活是在血雨腥风中度过的。这不能不让人惊异，一个长期面临着死亡威胁的宗教居然就生存了下来。

马可·奥勒留皇帝还算开明。他自己不得不承认，面对基督教这个错综复杂的问题，他也感到无能为力。皇帝尚且如此，下面的官员就更不消说了。他们要么恪尽职守，忍痛处死不服政府的亲戚和邻居，要么背弃自己的就职誓词，放这些人一条生路。

与此同时，基督徒不怕杀头，无视怜悯，一如既往地稳步扩大自己的影响。

公元4世纪末，罗马元老院有几位基督徒议员致函格拉提安皇帝，说他们在异教的偶像阴影之下集会，感情受到严重伤害。皇帝应他们的要求，下令撤走了雕像。那尊雕像就是著名的胜利女神像，矗立在尤利斯·恺撒建造的这座宫殿里已有400多年。一些元老抗议撤走雕像，抗议不但毫无作用，还连累了其中几位元老被流放。

忠心耿耿的爱国人士昆塔斯·奥里利厄斯·希马丘斯就此事挺

身而出，奋笔疾书，仗义执言："为什么我们这些不信基督教的人就不能和基督教信仰者和睦相处？大家抬头仰望着一样的星星，大家同是一个行星上的乘客，栖息在同一片蓝天之下。各人按照各人的思考方式去探索真理，为什么就不行？只有广开思路才能把真理看得更加明白，哪有众人一定要挤在一条路上的道理？"

他并不是惟一知道这个道理的人，看出古罗马开放的宗教政策受到严重威胁的人也不仅仅是他一个。与此同时，随着胜利女神像的搬迁，引发了拜占庭基督教派系之间的激烈争论，争论的主要议题是宽容。哲学家西林米思蒂厄斯是发起人，他笃信祖宗的上帝。当瓦林斯皇帝在正统基督教与非正统基督教之间偏袒一方时，他深感自己必须向皇帝进一忠言。

他说："有一个地方，那里的国君从来不独断专行。那里民风淳朴，人民真诚善良，每个人都有权利选择各自的信仰，在一个地方强制所有的人皈依一个宗教，势必会导致伪善和欺诈。统治者最好的统治方法是宽容所有的信仰。因为宽容是避免内乱最好的方法，而且宽容是上帝的律法。上帝一直在明示我们，他最喜欢形式多样的宗教。上帝体谅人类追求真理的虔诚心情，理解人们用各自的方法去找到真理。上帝乐意接受丰富多彩的朝拜仪式。他喜欢基督徒的仪式，也喜欢希腊人的仪式，同样喜欢埃及人的仪式。"

这话说得不错，只是说了也是白说。

旧时代的思想观念已经死亡，任何扭转历史时钟的努力只是镜中摘花，水中捞月。生活意味着进步，进步意味着磨难。旧的社会秩序迅速分崩离析；军队沦为外国雇佣军的叛匪暴民；边境公开反叛。苏格兰和其他一些边缘地带已经是野蛮人的天下。

几个世纪以来，聪明能干的青年人一直在国家机关供职。这时人们忽然间发现，要想谋取一个好职业，除了投奔教会之外，已别无他途。西班牙的大主教可以掌管过去总督享有的权力。基督教作家的神学作品在社会上大有市场。基督教外交人员只要愿意留在君士坦丁堡皇宫里代表罗马教皇，或出使高卢以及斯堪的纳维亚之类的地方跟野蛮人的首领套交情，便可立即登上高位。基督教的财务人员可以掌管富得流油的领地，不费吹灰之力便能迅速地富起来。

这种情形就像我们前些年看到的那样。直到1914年，心高气傲又不愿从事手工业的欧洲青年人纷纷拥向政府部门，在各国的政府机构和海军部供职。他们占据着法庭的高级职位，掌管着财政大权，要不就到殖民地去当总督或军事长官。他们无须靠发家致富来撑门面，他们占据的职位足以让人尊重和羡慕。只要聪明伶俐，勤奋好学，效忠国家，他们就会有幸福的生活和体面的晚年。

战争随后跟着来了，把旧社会的封建结构打得乱七八糟，扫得一干二净。下层阶级接管了政权。年迈的官员适应不了新的社会潮流，只好把过去荣获的勋章拿到当铺去，然后回到家里等死。大多数人都能顺应潮流，及时调整生活航向。他们从小到大所受的教育，使他们看不起做生意的人，从来就没有想过自己要去做生意。然而，一旦面临是进经商办事处还是进贫民救济院的抉择时，就不能不考虑了。饿死不吃嗟来之食的人毕竟寥寥无几。大动乱之后，原先那些军政官员迅速调整心态，喜滋滋地做起生意来了，而这个行当在10年前他们是不屑一顾的。况且，他们大多数人在世代从事行政管理工作的家庭长大，自幼耳濡目染，深受用人之道的熏陶，指挥别人轻车熟路，经营商业头头是道。他们自己开创出来的新行业，比之过去在政府部门时所期待的更加美满如意，更加富足安康。

我们现在做生意的情形，跟教会16世纪以前的情形十分相似。

一些青年人喜欢把自己的先祖追溯到古代神话中的神人赫丘利、罗慕洛或特洛伊战争中的英雄人物，以自己拥有高贵的血统而骄傲；要让他们去听父亲是奴隶的牧师讲课，可不是一件容易的事情。但是，奴隶的儿子所传授的知识，却是神人、英雄的后裔渴望获得的。如果是个聪明人的话，就会只看到别人的优点，欣赏别人的长处，人与人之间就能和睦相处，其乐融融了。这个世界真奇妙，表面上是天翻地覆，千变万化，实际上是万变不离其宗。人，依然是人。

自有人类社会以来，就有一小部分大脑发达的人居于支配地位，一大部分人居于被支配地位，这似乎是不可避免的事情。这两类群体在不同时代有不同的名称，如：帝国、教会、骑士、君主、民主、奴隶、农奴、无产阶级；一类代表强势和领导，一类代表弱势和服从。但是，支配人类命运的法则始终如一，不受时间地点的限制，无论是在莫斯科还是在伦敦，无论是在华盛顿还是在马德里，都是这个样子。它经常以奇怪的形式出现，穿着五颜六色的衣裳，高喊热爱人类献身上帝的口号，声称要把最大的好处带给绝大多数人。但是，在动人的外表下面，一个严酷的真理一直深深地隐藏在一个原始法则之中：人的首要职责是求生

《安波罗修主教与狄奥西多皇帝》| 佛兰德斯 | 鲁本斯

公元390年12月25日，米兰主教圣安波罗修禁止罗马皇帝狄奥西多进入教堂，除非他公开忏悔罪过。

存。对人类出生在哺乳动物世界这个事实不满的人，一听到这种说法就十分恼火。他们把我们称之为“实利主义者”、“玩世不恭者”，等等。因此，一旦发现和其他科学一样，历史的规律不以人的意志为转移，是铁的规律，他们这时就会感到十分震惊。他们这种人，说不定连平行线法则和乘法口诀表都不接受。

我建议他们还是接受这个必然规律为好。

只有这样，历史才不是一小撮人手里玩弄的把戏，不会让他们利用种族偏见、部落专横和民众无知去谋取私利。

如果谁不认可这种说法，请他仔细读一读本书前几页有关人类早期社会阶段的史料记载。

往下请看教会最初4个世纪一些领导人的生平。

他们几乎全都来自古老的异教社会，在希腊哲学家的学校受过教育，只是在不得不选择职业的时候，他们才顺着潮流走进了教会。当然，其中有些人的确是被新理想所打动，真心实意地接受了基督的教诲。但是，大部分人从效忠俗世的主子转而皈依天国的君王，是因为前者已经日落西山，前景黯淡，而后者则是初升的太阳，光芒万丈。

教会这边敞开大门，不问来历，不问动机，来者一概不拒，并且有求必应。来者想从政，就安置他们进入政界；来者想理财，就安置他们进入商界。如果来者志趣高远，诚心诚意要悟道，教会将尽其所能地安排他们远离喧嚣的城市，让他们在纯净的生活环境中大彻大悟，逐渐步入崇高的理想境界。

清静无为，静心悟道，悟出人生的真谛，就不会再为不必要的事情忧愁烦恼，生活从此就会过得轻松自如了。

教会在最初的100年里，只是一个形式松散的组织，仅仅是一种精神象征而已。后来，教会继帝国之后一统天下，成为一个强大的政治组织，过隐居生活的机会就越来越少了。许多善男信女开始怀念“过去的好时光”。真正的基督徒除了睡觉，就是开展慈善活动以及不间断地向上帝祈祷。他们力图营建一个自然和谐的生活环境，像过去那样无忧无虑地过日子。

一场营建修道院式的生活运动开展起来。这场运动对随后1000年政治和经济的发展产生了巨大的影响，为教会战胜异教和蛮族造就了一批至诚至善、大智大勇的优秀人才。

我们大可不必对此感到惊奇。

地中海东岸一些国家的文明已经老化，那里的人民早已厌倦了生活。就拿埃及来说吧，自从第一批移民在尼罗河谷定居之后，已有十来种不同的文化相继出现，以各种形式不断轮回。底格里斯河与幼发拉底河之间的平原地区也是如此。虚无的生活和徒劳的工作体现在成千上万座庙宇和宫殿的废墟里。欧洲的青年人信奉基督教是对美好生活的向往，是对理想境界的追求；而埃及人和叙利亚人对宗教的态度却不是这样。

对他们来说，宗教意味着逃避痛苦的现实生活，期待只有死亡才会给他们的快乐。他们躲进沙漠就是为了把过去全部忘记，了无生趣地消磨时日，茫然地等待着上帝的召唤。

改革似乎对军人有一种特别的吸引力。他们比任何人都更直接地接触到文明中残酷和恐怖的那一面。他们知道，没有铁的纪律任何事情都不可能完成。在众多为教会而战斗的战士之中，原查理五世军队的一个上尉是最伟大的战士。正是这位战士率先

《地下墓穴里的殉道者》 | 法国 | 勒内弗

将精神涣散者组成一个简单的团体。此人曾经是君士坦丁皇帝军中的一名列兵，埃及人，名叫帕科米乌。他服完兵役后，便做了隐士，与一群为数不多的隐居者为伍。这些隐士以安东尼为首，安东尼也是埃及人。他们离开城市，来到沙漠，和豺狗一样过着自由自在的生活。但是，隐居生活往往会导致奇思异想，甚至虔诚得有点走火入魔。隐修者有时会爬到高高的古柱顶上，或钻进荒凉的墓穴里面打发日子（让异教徒觉得好笑，使信仰者感到悲哀）。帕科米乌决定把隐居生活建立在有实际价值的基础上，这个决定使他成为宗教秩序的创始人。此后，住在一起的隐士必须服从一个长官，也就是“最高统帅”，各修道院由长官指派一名院长负责管理日常事务。他们把这些修道院叫做主的堡垒。

帕科米乌于公元346年逝世。在他逝世之前，亚他那修主教就已把他的修道院制度从埃及带到了罗马。许多人趁着这个机会隐居修道院，借此逃避苛捐杂税和令人不安的生活。

然而，欧洲的气候和欧洲人的素质并不完全适应埃及那种修道方式。尤其是冬天，寒冷和饥饿实在难以撑得下去，这里可不是尼罗河谷。另外，东方人把不修边幅、不讲卫生视为洒脱，而西方人面对这种肮脏邋遢的现象只会觉得恶心，不会受到启迪。

法国人和意大利人都在想：“躲在深山老林里面与世隔绝，挨饿受冻，这样修行难道就能修出善果吗？这样下去难道真会给世上的孤儿寡母、老弱病残带来福音吗？”

西方观念要求把修道院制度改得更合理一些。这个改革首先要归功于亚平宁山区努西亚的本笃，人称圣本笃。他的父母送他到罗马接受教育，但这座城市却使他心绪不宁。于是，他跑到阿布鲁齐山区，来到苏比亚克村，在当年尼禄住过的乡间行宫里隐居下来。

他在那里过了整整3年与世隔绝的生活，后来，因圣洁之名远扬，慕名求教于他的人逐渐增多，多到可以住满十几座修道院。

于是，他告别了与世隔绝的生活，成为欧洲修士的立法者。他首先起草了一份法律。凡是宣誓遵守该法律的修士，就别再想过游手好闲的生活，做完功课和祷告之后，就到田间去干活。年老体弱不能干重活的，就负责给年轻修士上课，教导他们做一个德才兼备的基督徒，做一个对社会有用的公民。他们的工作卓有成效，为其他修道院树立了一个好榜样。在往后的1000年里，圣本笃修道院一直在为基督教培养优秀人才。

劳动改善了修士的生活。他们穿上了体面的衣服，吃上了丰盛可口的饭菜，而且还有一张床，每天不干活不祷告的时候，可以躺在床上舒舒服服地睡一觉。

从历史的视角看，最重要的是，修士不再是脱离现实社会和逃避人生义务去为来世做准备的俗人，他们已经是上帝的臣民。他们要在艰苦漫长的人生道路上磨炼自己，改造自己，做一个名副其实的基督徒，把上帝的力量和荣光传遍四方。

在欧洲的传教工作初步完成之后，为了进一步扩大和巩固传教成果，修士们带着劳动工具和祷告手册，艰苦跋涉到德国、斯堪的纳维亚、俄国和遥远的冰岛。他们在那里耕田种地，开办学校，布道传教，把文明的种子播撒在他们来到的这片土地上。

教会的最高首脑罗马教皇用这种方法来激发人类的精神力量，充分调动了各民族、各阶层的积极性。

圣本笃

圣本笃（480—547），意大利天主教教士、圣徒，本笃会的创建者，西方修道院制度的创立者。1220年，他被封为圣徒。

务实的人有足够的机会一展抱负，一举成名，轻而易举地实现自己的梦想。英雄到处都有用武之地，任何努力都不会付诸东流。教会的影响日益扩大，教会的力量迅速增强。这样一来，无论是皇帝还是国王，如果无视滚滚而来的基督教思想潮流，那就只有等着下台了。

基督教取得了决定性的胜利。这决不是突然而至的宗教狂热浪潮所致，而是沿着漫长的历史轨道一步一步走过来的。

基督徒遭受的最后一次大迫害是在戴克里先皇帝时代。

也许，在欧洲众多依靠警卫部队掌权的君主之中，戴克里先不是最差劲的一个。但是，被他任命管理国家的大臣们却对他大为不满。夺取政权他算是个行家里手，发展经济他就是个门外汉了。

他发现自己接管的帝国正在迅速分化瓦解。他打了半辈子仗，以他职业军人的眼光看，首先看到的就是罗马军事体制中的薄弱环节。帝国边缘地区的防务一直由殖民地的土著士兵负责，而这些士兵早已忘记了军人的职责，变成了喜欢过安闲日子的农夫，把白菜和萝卜卖给威胁国家安全的野蛮人吃。

然而，戴克里先要改变这个沿袭已久的体制是不可能的。于是，他试图组建一支新型野战军来解决这个难题。野战军由富有应变能力的年轻人组成，国家无论何时何地受到何种威胁，这支部队都能及时开赴战场，给来犯之敌以狠狠的打击。

这个主意非常好，好就好在要花费一笔惊人的巨额军费开支。这笔钱只须以税赋的形式直接摊派给国内的老百姓就行了。这样一来，搞得百姓怨声载道，叫苦连天。如此这般收税，就是拆房子卖地也缴纳不清。皇帝却说臣民不为国家着想，缺乏爱国主义精神。一个泱泱大国，岂有收不上税的道理？皇帝迅速调整税收策略，把只有刽子手才能行使的权力授予税吏，把罗马共和制度直接推进了东方专制制度的泥潭里。臣民们被逼得走投无路，纷纷逃离家园，到处流浪，漂泊四方。皇帝陛下不喜欢半途而废，他大笔一挥，又出台了一项新的政策。新政策规定：官民人等，各行各业，必须子承父业。那就是说，官员的儿子跟着老子做官，不管他们是否愿意；面包师的儿子必须做面包，即使他们有音乐天赋或者有典当拍卖的专长；水手的儿子一定要在船上漂泊一生，哪怕他们在小河里划船都会晕船呕吐。这个新政策一出台，所有的人都被剥夺了自由。理论上他们是自由民，实际上他们被限制在一个固定的地点。他们在这里出生，就必须一辈子在这里生活，一直到死都不许离开这里。这跟奴隶已经没有什么两样了。

一个自视为旷世奇才的君主，如果你指望他对别人有稍微的宽容，那你就是一个旷世蠢材。他的意志必须绝对服从，并且要不折不扣地贯彻到底，那是想都不用想的。但是，我们在评价戴克里先迫害基督徒这一事件时，也要客观地看到，他已陷入不可自拔的困境。他固执地认为，他走到众叛亲离这步田地，并不是他自己无能，而是他的臣民不忠不孝、不仁不义。他们只晓得托他的福坐享其成，却不肯为他的操劳分担责任。

基督教最初的时候没有留下任何文字。他们预料世界末日随时都会到来，整个世界最多不过10年就要被天火焚毁，何必浪费时间和钱财去写什么东西。但是，新的天国一直没有降临，基督的故事100多年来被添油加醋地传来传去，传得五花八门，说

《“七山”之中的罪恶之城》| 房龙

法不一，搞得虔诚的信徒晕头转向，不知哪种说法可信，哪种说法不可信。这时，大家都觉得编写一本权威性的书很有必要。于是，有关耶稣的一些生平事迹和使徒们的信件原稿被整理成文，合成一卷，这就是《新约》。

《新约》最后一章《启示录》中提到建立在“七山”之中的一座城市。自从罗慕路斯（传说中罗马城的建立者）时代起，罗马建立在7座小山之中是众所周知的事实。尽管隐姓埋名的作者把该城称之为巴比伦，而书中一些描述该城的词句却是让人大开眼界。如“妓女的母亲”、“大地的污点”、“成了魔鬼的住处和各样污秽之灵及污秽可憎之雀鸟的巢穴”、“先知和圣徒并地上一切被杀之人的血，都在这城里看见了”，等等。罗马帝国的行政官员一看就明白这是什么意思。

如果把这些话只当是一个宗教狂的胡言乱语，因为想起50年来被杀害的众多朋友而出此狂言，那也未尝不可。但是，这些话在教堂庄严的礼拜仪式上宣读，那就非同小可了。他们每周都要在教堂举行礼拜仪式，而且从不间断。每次做礼拜都要一本正经地朗读那些词句，而且读得振振有词。这在旁观者看来就不是胡言乱语了，它明显地表达了基督徒对台伯河畔这座城市的真情实感。

这还不是全部。

罗马人以前从来没有听说过的一个名称，现在听得越来越多，而且渐渐地听懂了它的含义。这个名称就是“异教徒”。它最初只是用于称呼跟自己的信仰不一样的人，或者另一个教派。渐渐地，它的含义演变成特指不信奉基督教的人。因为只有基督教才是“真实、合理、正确、正统”的宗教，所以不是基督教就是邪教。异教徒是“虚假、荒谬、绝对错误”的人。

还有，《新约》中的一些话让人觉得是在给帝国脸上抹黑，如“异教徒是恶魔，他们行为不端，无恶不作：奸淫、不贞、亵渎神灵、崇拜偶像、巫术、仇恨、争斗、凶杀、暴乱、酗酒”等等。

由此引起了误会，误会引起了冲突，冲突导致了迫害。基督徒又一次被送进了监牢，刽子手又一次大显身手，大大地增加了基督教殉道者的数量。戴克里先皇帝机关算尽，仍然无法扭转局面，最后他自己也想通了，当皇帝还不如回家种地。于是，他辞去皇位，回到达尔马提亚海岸他的家乡索罗那，和当地的农夫一样过着闲散的生活，栽种白菜和萝卜。

戴克里先的继任者终止了镇压措施。他亲眼见到用武力压不服基督徒，为了息事宁人，只好采取不得已而为之的办法，用权利换和平。

公元313年，君士坦丁大帝正式承认了基督教会。

如果将来有一个“国际历史复审委员会”，把所有的皇帝、国王、教皇、总统、市长以及所有享有“大字号”的人物复审一次，其中要特别留意复审的应当首推君士坦丁大帝。

这个野蛮的塞尔维亚人手握红缨枪，横扫欧洲战场，从英格兰的约克打到了博斯普鲁斯海峡，最终成为拜占庭的主人。他是一个杀人狂，他自己的妻子、姐夫和侄儿（7岁孩童）以及一些亲戚全部死在他的刀下。面临强敌马克森狄对他的致命威胁，他害怕腹背受敌，假装向基督徒示好。此举不但得到基督徒的支持，而且还得了“摩西第二”的美誉，连亚美尼亚和俄罗斯的教会都把他尊为圣人。虽然他表面上皈依了基督教，但他骨子里仍君士坦丁大帝（280—337），罗马第一位信仰基督教的皇帝。他信仰基督教并制定出鼓励该教发展的许多政策，使基督教从一个受迫害的宗教转变为在欧洲占统治地位的宗教。

《君士坦丁大帝像》| 古罗马雕塑

《君士坦丁大帝》| 房龙

然是个野蛮人，直到临死的时候，他还念念不忘用熟羊肝脏来卜卦后事。上述种种劣迹，让人视而不见，因为人们的视线全都集中在皇帝签署的《米兰敕令》上面了。《米兰敕令》向基督徒保证，他们有“言论自由和集会自由”的权利。

公元4世纪初期的教会领导人都是务实的政治家。他们历尽千难万险，终于迫使皇帝签署了这个值得纪念的法令。从此，基督教成为名正言顺的国教。

《荒废的庙宇》| 房龙

第5章
思想牢笼

古代世界的帷幕即将落下的时候，历史的舞台上匆匆走出一个人物。他本该是一个幸运儿，却不幸英年早逝，更不幸的是，他被戴上一顶“叛教者”的黑帽子。

他就是尤里安皇帝，君士坦丁大帝的侄儿，公元331年生于帝国的新首都。公元337年，君士坦丁大帝驾崩，他的3个儿子立刻像饿狼扑食一般扑到了遗产上。

城里城外的皇亲国戚，凡是被他们认为有资格争遗产的人，全部被他们下令处死，尤里安的父亲就是被害者之一。尤里安幼年丧母，6岁左右就成了孤儿。一个体弱多病的同父异母兄长与他相依为命，陪他念书识字。他们学习的内容大部分是宣讲基督教信仰的好处，讲课的主教尤斯比厄斯是一位善良平和的老人。

等到他们能够独立生活的时候，为了避免拜占庭小王子们被害的命运，他们两兄弟被送到小亚细亚中部的一个小村庄。那里生活虽然枯燥单调，尤里安却借此机会学到了很多有用的东西。他们的邻居是卡帕多西亚的山民，单纯朴实，仍然信奉祖先传下来的神祇。

他的仕途之路显然已被堵死，他也乐得两耳不闻窗外事，一心只读圣贤书。他请求让他把毕生的精力奉献给科学文化事业，这个请求很快就得到了批准。

他首先前往尼科米底亚求学，那里是屈指可数的仍在教授古希腊哲学的地方。他一到那里就如饥似渴地往脑海里灌注科学文化知识，把尤斯比厄斯主教塞进他脑袋里的东西全都清洗出去了。

接着，他又获准去雅典学习，沿着圣贤苏格拉底、柏拉图和亚里士多德的足迹研究哲学和科学，探索人生的真理。

尤里安（331—363）：罗马皇帝，开明君主。他崇尚古希腊的思想自由，对不同的宗教信仰宽容以待，不愿基督教成为罗马一统天下的国教，因此被不宽容的历史学家称为『叛教者』。

《尤里安》丨古罗马雕塑

君士坦丁大帝剩下的最后一个儿子君士坦提乌斯继承了皇位。尤里安的同父异母兄长被暗杀之后，皇帝想起皇室中只剩下他自己和他的这个堂弟了，于是便把尤里安接回来，把他的妹子海伦娜嫁给了这位小哲学家。随后，他奉皇帝之命，奔赴高卢抗击野蛮人。

尤里安把从希腊老师那里学来的理论知识卓有成效地结合到他的实际生活之中。公元357年，阿曼尼人进逼法国，他在斯特拉斯堡附近巧布奇兵，一举歼灭来犯之敌，乘胜把默兹与莱茵河之间的大片土地纳入自己的行省。接着，他进驻巴黎。他在巴黎最关心的事就是书籍，最让他高兴的事就是他的书房里增加了大量的图书。

他的胜利没有给皇帝带来惊喜，只是给皇帝带来了惊慌。因为他的胜利太辉煌，辉煌得让皇帝深感不安，深怕这位大智大勇的堂弟夺取他的皇位。从此，皇帝处心积虑要除掉这个隐患。

尤里安深受士兵爱戴。士兵们听说总司令被召回皇宫，知道这一去必定是凶多吉少，他们便闯进司令部，就地宣布他为皇帝。同时他们到处扬言，如果尤里安拒绝当皇帝，就与他一刀两断，叫他身首异处。

尤里安并不迂腐。箭在弦上不得不发，他接受了士兵们的拥戴。

他率领部队从法国中部火速开到博斯普鲁斯海岸。在他到达首都之前，他的堂兄君士坦提乌斯已经去世。

于是，西方世界的统治权又回到了异教徒的手里。

尤里安深受古希腊哲学思想的影响，他梦寐以求的生活是雅

《新世界的帝国》丨房龙

典学园式的生活。他执政的两年中，一直致力于恢复古典科学，期望科学探索的火花重放光芒，照亮人类前进的道路。然而，这时的世界已被傲慢无知的教士控制。他们认为自己已经有了一本宝书。这本宝书包含了人生的一切，是放之四海而皆准的真理。其他任何书都是旁门左道，不值一读。如果不遵循一个绝对真理，擅自去研究探索，势必会误入歧途。背弃信仰，结果将会引火烧身，不得好报。

尤里安是一个实事求是的哲人。他治理国家以哲学原理为准则，不为思想偏见所左右。安提柯的基督教极端分子向他投掷石块和泥土，他并未因此而殃及这座城市；心术不正的教士想方设法激怒他，企图让他重演迫害悲剧，他却一而再、再而三地告诫他的部下："不要造成任何牺牲。"尤里安的种种表现，的确让人看到了一个哲学家的沉静。

公元363年，尤里安在征战波斯时与敌短兵相接，被投枪刺穿肝脏，第二天夜里死去。

对于这位最后一个也是最伟大的一个异教徒统治者来说，这样的结局是再好不过了。

如果他活得更长久一些，也许在他的有生之年他会变成最专横的人。他既是一个宽容大度的人，又是一个嫉恶如仇的人。宽容大度会巩固他的地位，使他大权独揽；嫉恶如仇会使他不顾一切地扫除他视为邪恶的东西。历史的潮流不是哪一个人能够扭转的。时势可以造就英雄，时势同样可以毁灭英雄。他的早逝避免了一切在他身上不该发生的事情。

当他即将撒手人寰的时候，他无愧地回忆起，在他的统治

《对立的监狱》| 房龙

下，没有任何一个人因为坚持自己的见解被处死。而他的基督徒臣民却以怨报德，非要把他彻底搞臭不可，人死了还要再踏上一脚，叫他永世不得翻身。他们放出谣言，说尤里安是被他自己的士兵（一个基督徒军团的战士）射死的，还为此谱写了颂歌颂扬这个弑君凶手。他们煞有介事地说，尤里安临死之时承认自己是错的，基督徒是对的，一切权力应该归于基督教会。他们搜肠刮肚，把想得出的最能侮辱人最能中伤人的脏话臭话全部用来诋毁这位一生简朴、一心一意为自己的臣民谋幸福的高洁之士。

尤里安被埋葬了。基督教的主教们终于如愿以偿，当仁不让地成为帝国真正的主人。他们急不可耐地操起铁扫把，横扫欧亚非大陆的一切反对势力。

公元364年至公元378年瓦伦提尼安、瓦林斯兄弟当政期间，通过了一项法令，禁止罗马人用牲畜祭祀异教的神。这一禁令断绝了非基督教教士的经济来源，迫使他们另谋生路。

接着，狄奥多西皇帝又颁布了一条法律，规定所有臣民不但要接受基督教的教义，而且要接受天主教的形式。

自法律颁布之日起，坚持“异教错误观点”者，继续信奉“异教教义”者，继续效忠“异教组织”者，一律严惩不贷，视其情节轻重，分别判处流放或死刑。

旧世界的遗迹被迅速扫清。意大利、高卢、西班牙和英格兰的异教庙宇被拆除得一干二净，拆去建桥梁、铺街道、筑城墙、修水渠、建造新的基督教会场。所有的金银神像全部被没收，或者被偷盗，或者被打得粉碎。

亚历山大城里的塞拉皮雍神庙600多年间一直是罗马人和埃

以弗所的古希腊神庙残存的雕像

以弗所是古希腊的一座城市，为小亚细亚内陆的重要贸易港，以被誉为世界第七大奇景的阿尔忒弥斯神庙闻名。该神庙既是庇护所，又是朝圣的场所。图为神庙柱子上的雕像，可惜已被破坏得面目全非。

及人所景仰的庙宇，现在也被拆除。亚历山大大帝建立的那所闻名于世的大学仍在授课，讲解古代哲学，继续吸引着来自地中海沿岸的许多学生。尽管亚历山大管区的主教有令在先，不许关闭这所学校，但教区的教士对此命令置若罔闻。他们我行我素，闯进教室，将最后一位柏拉图学派的教授希帕蒂娅[1]活活打死，把她那支离破碎的尸体扔到大街上，由流浪的野狗去处理这个遗留问题。

罗马的情况就更不消说了。

朱庇特的庙宇被关闭。《古罗马神言集》这部罗马人一直奉为精神支柱的经典著作被抄没焚毁。罗马城到处都被砸得稀巴烂，如同一片废墟。

名震一时的主教图尔斯在高卢宣布，所有的异教神祇均为基督教前身的魔鬼，所有的异教寺庙必须在大地上统统扫除。

甚至在边远的乡村，只要农民胆敢护着过去的神庙不让拆除，军队就会开过来，用斧头和绞刑架对付“撒旦的叛乱”。

希腊的破旧工作有点跟不上形势，进展稍微迟缓了一些。但是，到了公元394年，奥林匹克运动会也列入了破旧项目，被废除了。奥林匹克运动会延续了1700多年，它一直是希腊国民的生活中心，扫除掉这个中心，扫除其他旧文化便轻而易举了。雅典大学随着查士丁尼皇帝的一纸手令被关闭，教学基金全部被抄查没收，坚守教学阵地的7位老教授被断绝了生计，只好逃亡到波斯。波斯国王科斯罗埃斯对他们敬如上宾，以礼相待，让他们下棋消遣，安度晚年。

1　希帕蒂娅，有史以来的第一位女数学家。

古希腊的奥林匹克运动会有女子项目，旨在对天后朱诺表达敬意。

《古希腊女运动员》 | 古希腊雕塑

《持不同见解者》丨房龙

到了公元5世纪上半叶，不可一世的大主教克里索斯托大言不惭地宣称，古代文学家和哲学家的书籍已被一扫而光。西塞罗、苏格拉底、维吉尔、荷马（基督教传教士深恶痛绝的那些数学家和天文学家就不必说了）被关进顶楼和地窖，关了600年才被解放出来。在教会的文化高压政策统治下，所有的书店只有神学作品摆在书架上。

基督教虽然战胜了异教徒，但这只是万里长征走完了第一步，往下的道路更加曲折，更加漫长。高卢和卢西塔尼亚的贫农顽固不化，大张旗鼓地去烧香拜他们异教的神。这倒不足为患，处理起来容易得很，因为他们是异教徒，是敌我矛盾，可以使用法律机器将他们绳之以法。而教会的内部矛盾要处理起来就不知从何处下手了。东哥特人、阿拉曼人、伦巴族人整天为了亚历山大的教士艾利厄斯所讲的“基督本质”是否真实可靠而争论不休；亚历山大的主教阿塔纳修斯与教士艾利厄斯一贯意见相左，两人说法不一，信徒们不知到底听谁的才算正确；伦巴族人和法兰克人对基督与上帝“本质相同”或者“只是相似”的问题各执己见，互不相让；汪达尔人和撒克逊人对内斯特说的“圣母玛利亚只是基督的母亲而不是上帝的母亲”各有各的看法，谁也说服不了谁；勃艮第[1]人和弗里斯兰人为了“耶稣是否具有二重性，一半是人，一半是神”这个问题怒目相视，摩拳擦掌。这些皈依了基督教的野蛮人头脑简单，四肢发达，给教会带来了数不清的麻烦。但是，他们都是阶级兄弟，不是阶级敌人，对待他们不能搞残酷斗争，无情打击，而要做好耐心细致的思想工作，以说服

1　勃艮第，法国中部一个大区的名称。

为主，以教育为主，以团结为主，不可以“开除教籍，移交司法机关处理”相威胁。他们的错误不是路线方向的问题，只是个思想认识的问题。因此，一定要让他们统一思想，统一认识。只有这样，教会才能统一步调，一致前进。

为了把有关信仰的各种说法统一起来，教会召集了一系列的集会，如“公议会”或“全基督教联合会”，这种会议从4世纪中叶起就已经开始召集。会议决定哪些教义正确，哪些教义带有异教痕迹，哪些思想是错误的，哪些说法是不健康的。凡是正确的教义就要给予肯定，应该坚持和发扬；凡是带有异教痕迹的教义必须彻底肃清；凡是错误的思想，凡是不健康的言论，凡是异教的流毒，都应该进行批判，而不能让它们自由泛滥。

公元325年，全基督教联合会在尼西亚召开了第一次会议。56年后，在君士坦丁堡召开了第二次会议。公元431年，第三次会议在以弗所召开。此后，会议在查尔斯顿召开了几次，在君士坦丁堡召开了两次。公元896年，最后一次会议在君士坦丁堡结束。

以后的各届会议在罗马或教皇指定的西欧某个城市举行。公元4世纪那个时候，皇帝表面上仍然是这种会议的召集人（主教的路费名正言顺地由皇帝支付），但是，会议通过的各项议程都是由权势显赫的罗马主教提议并决定的。我们无从得知尼西亚会议究竟是谁主持召开的，但是我们知道，以后的会议全部由教皇主持，圣会的决定不经教皇或他的特使正式批准就没有法律效力。

宽容对专横的斗争一直都没有间断过。主张宽容的人认为：让人们保留各自的观点，可以因宽容而缓解人与人之间的矛盾，去其唯我独尊、不容异己的锋芒。因为如果只有一家之言，一旦

公元 325 年，君士坦丁大帝在尼西亚召开大公会议。

有新的观点出现，要接受它是困难的。主张不宽容的人认为：让人们任意保留各自的观点，等于是播撒不和的种子，扩大人民的分裂，从而失去了约束和规范人民的法律依据。教会的激进分子以严厉镇压异教徒为己任，把不宽容的观点说得有理有据。

他们说："教会是一个组织机构，就像一个村庄、一个部落或一个山寨，必须有一名总指挥，必须有一套明确的法律法规。所有的组织成员必须一切行动听指挥，无条件地遵守规章制度。不服从指挥者，不遵守法规者，一律严惩不贷，立即清洗出去，决不姑息养奸。"

这样说，对还是不对?

在我们这个时代，一个牧师要是觉得自己不适合这个教派的信仰，他可以转入另一个教派。如果由于某种原因他又不再信仰那个教派的信条了，他可以改信美以美教或唯一神教或天主教或犹太教，也可以改信印度教或土耳其的伊斯兰教。天高任鸟飞，海阔凭鱼跃。只要自家屋里的人不挨饿受冻，没有人会对他说"不"。

因为这是轮船火车的时代，到处都有生活出路。公元5世纪那个时候，生活就没有这样简单随意了。要想找一个不受罗马主教控制的地方，简直比登天还难。当然，要去波斯或印度做异教徒不是完全没有可能，只是那儿天苍苍野茫茫，此一去少有生还的希望，多有妻离子散、家破人亡的下场。

再说，既然诚心诚意信奉了基督教，并且深信其教义是正确的，虽然教会的教条教规太不近情理，只要耐心地等待，总有一天会有改进的，何必放弃宗教信仰这个权利呢?

关键问题就在这里。

早期的基督徒，无论是虔诚的还是极端的，他们的思想价值观并没有完全确定下来。

数学家们为X的绝对值争执不下，索性把对方送上绞刑架，这不是很可笑吗？满腹经纶的神学家给未知的东西下定义，把万能的上帝简单地公式化，这不是更可笑吗？

自以为绝对正确的人比比皆是，专横之风席卷大地，铺天盖地而来。有人说：“事物在变化，真理在发展，谁对谁错，孰是孰非，不可能给出一个绝对的定义。”说这话的人，是为了提醒我们要宽容。但是直到现代，说这话的人都还有性命之忧。他们只好把这些金玉良言小心翼翼地写进拉丁文里。

《十字军东征》| 房龙

第6章
生活的圆圈

在这里举一个小小的数学例子来解释历史，也许是恰如其分的。

把一根绳子绕成圈，如下页图所示：

这是一个正圆。

AB=CD=EF=GH，以此类推，所有直线相等。

轻轻拉动绳子的两端，正圆变成了椭圆，完美的平衡被破坏了，所有的直线都不再相等了。

假定：

AB代表政治；

CD代表商业；

EF代表艺术；

GH代表军事；

图I处于完全的平衡状态，所有线条长短一样，政治、商业、艺术、军事受到同等重视。

图II圆圈已经变形，商业特别受重视，军事次之，政治和艺术靠边站了。

或者如图III所示，军事最受重视，其他各项都靠边站了。

现在言归正传，首先从希腊说起。

希腊人在一个短暂的时期内保持了一个较为完整的圆圈。后来，各党派之争此起彼伏，不断升级，最终导致内战爆发，国家的精力全都耗费到旷日持久的内战中去了。士兵不再是保家卫国抵御外来侵略的战士，而是政客争权夺利的帮凶。

政局混乱，内战不断，导致商业滑坡，迫使商人纷纷逃到外国。

I

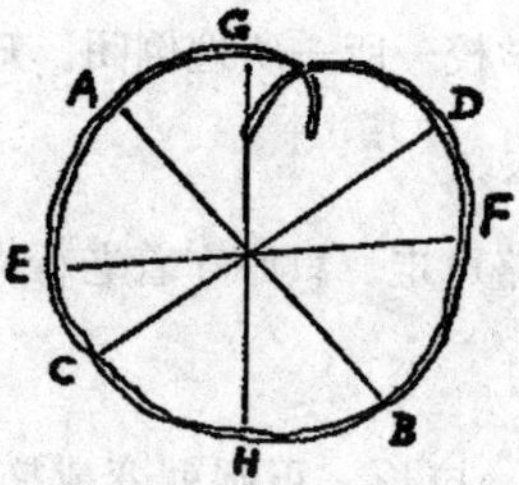

II

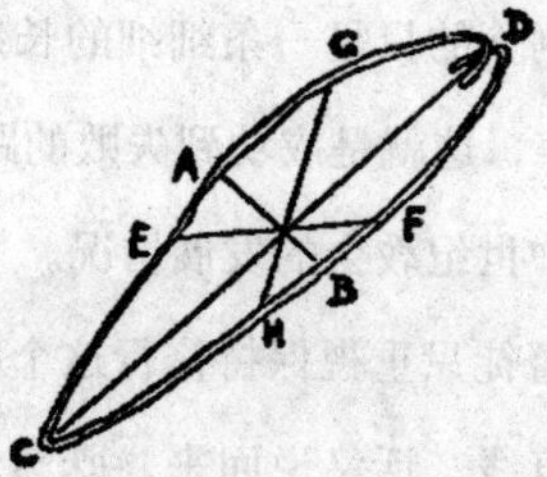

III

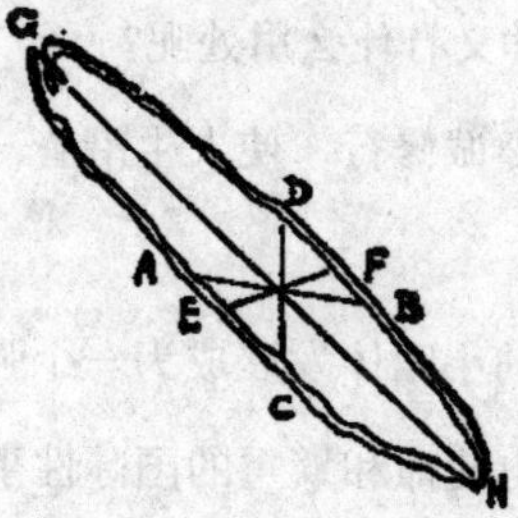

贫穷从前门进，艺术便从后门出，而且是一去不回头。资本登上最快的航船急忙逃离，远远地离开这个是非之地。教育费用不断上涨，涨得学校一所一所地倒闭。知识分子流离失所，流浪到罗马和亚历山大。

二等居民无路可走，只好守着老行当混日子，做一天和尚撞一天钟，得过且过。

政治这条线一拉长，正圆就变成椭圆，其他线条就随之缩短，渐渐消失。

接着再说罗马。“政治权力”这条线越拉越长，直到其他线条全部消失，剩下的只是一条细细的长线；正圆变成椭圆，圆圈的边距越来越窄，这就是成功到失败的距离。

下面请看中世纪教会的发展情况。

最早的基督徒只重视保持修行这个圆圈的完美，他们大概忽视了科学这条直线。话又说回来，既然他们厌倦了现世生活，也就没有必要去重视医学、物理学和天文学了。他们把这个世界看成通往天堂的过道，他们随时都在为最后审判日做准备。对于这样的人来说，科学又有什么用处呢？

然而，他们虔诚修行，使人生沿着一个注重品行的完美圆圈良性循环。

后来，他们的小团体发展成为一个强大的组织机构，这个机构肩负着新的历史使命和繁重的国际性事务，原先那个精神生活的圆圈就开始严重变形了。木匠和石匠过惯了贫穷的生活，对物质生活一向没有什么要求。而那些皇亲国戚、达官贵人、西方世界的大主教、欧洲大陆的大地主，就不可能像下层低级执事那样过简朴的生活了。

原先那个精神圆圈，朝着诚实——善良——勤奋——正直这个方向发展。代表“物欲”和“外交政策”的直线加了进来，越伸越长，代表“无欲”和“无私”的这条直线就渐渐缩短了。

我们现在谈起中世纪的人，不免觉得他们怪可怜的。他们整个生活都陷入茫茫的黑暗之中。教堂里的烛光昏昏沉沉，床前的烛光忽明忽暗，心灵又没有书籍来照亮。我们现在的小学里甚至有精神病院里传授的知识，他们连听都没有听说过。这不能不令人叹息。但是，知识是一回事，智力又是一回事。他们被剥夺了学习的权利，而他们的聪明才智是谁也剥夺不去的。在那个黑暗的时代里，他们建立的政治结构和社会结构一直沿用到我们这个时代。

也许，他们常常面对教会的淫威而茫然不知所措。但是，他们对自己的信念充满了勇气，以大无畏的高贵品质顽强地抗争下去。为了反对教会的倒行逆施，他们抛弃了个人的幸福和安逸的生活，甚至在绞刑架上结束了自己的生命。

纪元最初的10个世纪里，持不同见解者受害的人数并不很多。并不是教会就比以前宽容了，而是教会面临着更紧迫的问题需要处理，暂时无暇对付那些持不同见解者。

首先要解决的问题是，欧洲还有不少地方，奥丁神和其他一些异教神依然占据着主导地位。

接着要解决的问题更是非同小可。一件令人目瞪口呆的事情发生了，这件事情险些就使整个欧洲落入他人之手。

一位名叫穆罕默德的新先知突然出现，新上帝“安拉”的崇

《穆罕默德在天堂的花园门前》

拜者迅速征服了西亚和北非。

我们小时候在文学作品中经常读到“异教狗”和“凶恶的土耳其人”之类的故事。不知不觉中我们就产生了一种印象，认为耶稣和穆罕默德形同水火，互不相容。

实际上，他们两人同属一个种族，讲的是同一语系的方言。他们都把亚伯拉罕认作自己的祖先，都把1000年前波斯湾海岸那个古老的家园当作自己的故乡。

两位先知的崇拜者都是近亲，相互之间却又反目成仇，打了12个世纪的仗还不服气，还要继续打下去。

事情是这样，就不会是那样。“假如……”不过是一句多余的话而已。想当初罗马的劲敌麦加差点就接受了基督教。

阿拉伯人跟所有的沙漠居民一样，一生中的大部分时光都在牧场上，他们有的是时间沉思默想。城里人可以去逛市场凑热闹，可以去娱乐圈寻刺激消磨时间。牧民、渔民和农民相对来说过着小国寡民的生活。他们不需要刺激热闹，他们需要精神寄托。

阿拉伯人在寻求精神寄托的过程中曾经涉足过若干宗教，比较起来，他们觉得犹太教更适合自己。这也是很自然的事情，因为阿拉伯部落里有许多犹太人。公元前10世纪的时候，所罗门的臣民不堪忍受苛捐杂税和官府的专横，大批大批的犹太人纷纷跑到了阿拉伯。500年后，也就是公元前586年，犹太人被巴比伦国王尼布甲尼撒征服，又有大批犹太人跑到了阿拉伯沙漠南部。

阿拉伯人早已熟悉犹太教，而犹太教又只信奉一个上帝，这与阿拉伯人的理念不谋而合。

凡是读过穆罕默德著作的人都知道，其中引用了不少《旧约》的格言。

阿拉伯人并不敌视耶稣，他们乐意接受耶稣所言“只有一个上帝，这个上帝是所有人的慈父”。他们只是不愿接受耶稣死后那些信徒所说的种种奇迹。至于耶稣复活这种讲法，他们根本就不相信。总的来说，他们对这个信仰还是很有兴趣的，说不定哪天会认准这条路走下去。但是，一些基督徒自大狂却瞧不起穆罕默德。这些人有眼不识泰山，不等他开口就说他是骗子，是假先知。后来，又听说基督徒信奉三个上帝（圣父、圣子、圣灵）而不是一个上帝，这些只喜欢一个上帝的沙漠居民马上就放弃了信奉基督教这个念头，跟着赶骆驼的那位麦地那先知走了。麦地那的先知只讲一个上帝，而不是用三个上帝来糊弄人。那些基督教的教士一会儿说“三个”，一会儿说“一个”，一会儿把“三个”合为“一个”，说来说去还真不知道他们在说些什么。

于是，西方世界就有了两个宗教，各自宣称自己的上帝是惟一真神，其他任何教派的上帝都是骗子。

意识形态的冲突极易导致战场上兵戎相见。

公元632年，穆罕默德逝世。

巴勒斯坦、叙利亚、波斯和埃及在短短的12年间被阿拉伯人征服，大马士革成为阿拉伯帝国的首都。

公元656年，北非沿海国家全部皈依真主安拉。穆罕默德从麦加逃亡麦地那不到一个世纪，地中海就成了阿拉伯帝国的一个湖泊。欧洲通往亚洲的交通线全部被封锁，欧洲大陆被团团围困。这种局势一直持续到17世纪末期。

在这种局势下，基督教向外扩张已不可能，它能够保持原来

《穆罕默德在天国的花园》

查理曼大帝

的地盘就很不错了。德国、巴尔干、俄国、丹麦、瑞典、挪威、波西米亚、匈牙利这些国家和地区是基督教的传教基地。在此期间，传教工作进行得还算顺利。虽然也有查理曼（法兰克国王）那种蛮横的基督徒，为了达到目的不择手段，大肆屠杀不肯皈依基督教的臣民，但是总的来说，基督教传教士大多都深得人心，广受欢迎。他们真诚热情，和蔼可亲，布道像讲故事一样娓娓道来，并且简单明了，让人一听就明白。他们给这个充满仇杀、争斗和抢劫的世界带来了秩序、安宁和关爱。

然而，当传教工作在前方进展顺利时，教会帝国的后方却不顺利了。物欲那条直线（参考本章第一页所举的数学例子）不断拉长，导致教会的精神直线不断缩短，政治和经济占了主导地位。罗马权力的日益膨胀，虽然对以后12个世纪的发展产生了很大的影响，但是，教会一旦失去其精神力量的有力支持，很快就呈现出崩溃趋势。当时意大利人和教会中的有识之士都已明显地看到了这个趋势。

对现代北方的新教徒而言，“教堂”只是一幢房子，这幢房子一周7天有6天都是空着的。星期天人们去那里听布道，唱赞美诗。教堂里有主教。主教偶尔去城里开会的时候，还有一些和蔼的老先生留守在那里。我们从报纸上看到，他们也赞同跳舞，不赞同离婚。下班后他们若无其事地回到家里，过自己的生活，从来不会去打扰社区的平静和快乐。

我们现在很少把教堂（即使它时时都在我们身边）和我们生命中的一切联系在一起，是死是活跟它没有什么关系。

政府和教堂就不一样了。政府是我们的主人，主宰着我们的一切，它可以征收我们的钱财，国家利益需要的时候还可以征收我们的生命。而教堂则是我们的良师益友，即便我们跟它闹意见，它也不会跟我们反目成仇。

中世纪的时候，情况就大不一样了。那时的教堂是一个有生命的机体，活动能力极强，用许多政府做梦也想不到的办法决定人的命运。主教们最初接受王公贵族捐赠的土地而放弃古老的无欲理念时，很可能没有预见到这个政策必然导致的结局。虔诚的基督徒最初把自己仅有的世俗财物赠送给教会，只当为巩固教会的基业做点贡献。他们何曾预料到，随着教会成为一个庞大的政治机构，从苏格兰最北端到特拉比松[1]，从迦太基到乌普萨拉[2]，到处都有复杂的监控管理体制，需要耗费大量的日常开支；成千上万的神职人员和各个部门的大小头目要有住房、要吃饭、要穿衣；还有奔波于世界各地的信使，外交使臣今天去伦敦，明天去诺夫哥罗德[3]；教皇使节会见王公贵族要着装豪华，车马气派，所费不菲。

回顾一下教会本来代表着什么，想一想它本该起到什么作用，教会发展到这一步确实令人遗憾。罗马教廷很快发展成为一个超级政体，其宗教色彩已经微乎其微。教皇成为控制西欧各国的国际独裁者，古代君王的专制统治与他相比，可以说是小巫见大巫，望尘莫及。

教会势力扶摇直上，眼看着就要成为世界的主宰，这时忽然

1　特拉比松，土耳其港口城市。

2　乌普萨拉，瑞典东南部城市。

3　诺夫哥罗德，俄罗斯一个古老的城市，建城于公元859年。

间蹦出一只猛虎，拦住了教会的去路。

主的精神实质又一次唤醒了民众，这是任何宗教组织机构都深感不安的事情。

其实，思想观点不一致从来就不是什么新鲜事情。

宗教独裁一向令人反感。哪里有压迫，哪里就有反抗。自有教会以来，各种形式的抗争一直都没有间断过，从而导致欧洲、亚洲、西亚之间处于敌对状态长达几个世纪之久。

圣女贞德被火刑处死

第7章
宗教法庭

公元1198年，一位名叫洛泰尔的塞尼公爵坐上了罗马教皇这把交椅。这位公爵就是意大利籍教皇英诺森三世。

在所有入主拉特兰宫的人之中，他是最显赫的一个。巴黎大学和布伦大学的高材生，富有、聪明，精力充沛且雄心勃勃，37岁登教皇位。他善用权力，可以无不自豪地宣称，他“不但管理着一个教会机构，而且管理着整个世界”。

他把罗马帝国的官员驱逐出城，收复了被帝国军队控制的巴尔干半岛，把皇太子革出教门，迫使陷入困境的太子放弃阿尔卑斯山东面的领地。这一系列举措使意大利摆脱了日耳曼人的控制。

他组织了著名的第四次十字军东征，目标指向埃及，但在威尼斯干预之下转入君士坦丁堡。城中居民被大肆屠杀，城中财物被洗劫一空。干下如此滔天罪行之后，没有一个十字军士兵敢在希腊港口露面，生怕自己被挂到绞刑架上。英诺森见机行事，任命一个威尼斯人担任君士坦丁堡的主教。此举一箭双雕，一方面使东正教再次置于罗马的控制之下，另一方面又安抚了威尼斯共和国，从此威尼斯把拜占庭当成了自己的殖民地。

教皇不但是个务实的人物，而且是个驾驭精神的高手。

自古以来，个人婚姻问题一向由男女双方自己决定。教会等了1000年之后，终于不再犹豫，明确规定，男女婚配必须由神父当众祝福之后，才能算是合法的婚姻。法国的菲利普·奥古斯特和莱昂的阿方索四世根据自己的国情管理自己国家的内部事务，但很快就被提醒不要忘记自己的身份和地位。他们心有灵犀一点通，即刻转过弯来，跟着教皇的指挥棒走。

挪威国王哈康四世（海盗朋友们习惯叫他“老哈”）统治的

讽刺教皇的漫画 | 德国 | 卢卡斯・克拉纳赫

英诺森三世接见圣方济各

帝国除挪威外，还有苏格兰的一部分、整个冰岛、格陵兰岛、奥克尼群岛和海布里地群岛。尽管他在国内也被拥立为国王，但他在特隆海姆天主教堂加冕之前，必须把自己的履历详细地呈报给罗马教廷。

保加利亚国王肆无忌惮地屠杀希腊战俘，甚至还会时不时地折磨一下拜占庭皇帝。像他这种桀骜不驯的人，也要千里迢迢地跑到罗马，低三下四地向教皇表忠心，恭请收下他这个臣仆。英格兰有几个男爵定出规章来约束国王，此举立刻被教廷断然否定，宣布该宪章无效，因为“它是靠武力通过的”。制定这部著名《大宪章》的那些男爵随即被革出教门。

种种迹象表明，英诺森三世从来就瞧不起那些朴实无华的纺织工人和没有文化的牧羊人。那些无知识的人就喜欢没完没了地追问教会的法律合不合理。

然而，这个世界总会有人敢为人先，挺身而出，打抱不平。

异端异教这个问题实在是有点讲不清楚。

异端分子大多是一些贫困潦倒的人，并非天生就是做宣传搞演说的料子，他们只是偶尔写一些小册子来表达自己对生活的见解。而这些未经教会许可的刊物一出现，马上就会被查禁销毁。我们从当时的审判记录和教会刊印的书中看到，异端分子被斥责为“撒旦的帮凶”。

在教会宣传的影响下，异端分子给人的印象是：蓬头垢面，衣着寒酸，住在贫民窟空无一物的地窖里，除了蔬菜和清水什么也不吃，从来就不沾女人的边，一天到晚都在念念有词，说什么救世主将要再次降临人间，咒骂教士庸俗邪恶，等等。总而言之，他们看不惯世间一切正常的事情。凡是正人君子都不愿跟他们接近，看见他们就恶心。

的确，有些异教徒也实在是讨人嫌，那是自命不凡者的共同命运。

有不少人追求圣洁的生活追求得走火入魔，搞得浑身上下脏兮兮、臭熏熏的，像个妖怪一样。他们成天基督长基督短地说个不停，也不知在胡诌些什么，搅得左邻右舍心烦意乱，不得安宁。

不管怎么说，他们的勇气和锲而不舍的精神实在令人感叹称奇。

他们付出的越多，得到的越少。

失败似乎总是在等着他们。

社会上的一切都已趋向于组织化。就是那些不倾向于任何组织的人，如果他们想要做成某些事情的话，也得要搞一个“无党派联谊会”才行。不愿随波逐流的异教徒也不例外，只要想在这个社会生存下去，就必须组织起来。为了安全起见，他们想出花样繁多的礼仪形式作掩护，以免外人看出他们真正的教义。

正统的基督徒无法区分这些组织和派别，干脆把他们一律叫做肮脏的摩尼教徒，或者给他们安上一个不恭的名称。

这样一来，摩尼教徒摇身一变，成了中世纪的布尔什维克。当然，这里讲的布尔什维克，并非特指几年前在俄罗斯帝国建立的那个政党，而是一个泛泛的骂词，用来骂自己讨厌的人。如今的人仍然用它来骂催交房租的房东，骂没有把电梯停在适当位置上的小伙计，等等。

中世纪的上层基督徒最讨厌摩尼教徒，但又找不到确凿的证

《善恶之战》

本图根据波斯古书复制，描述的是琐罗亚斯德教的一条教义：假如凡人（见上部图）选择为善，则善神奥马兹便能战胜其孪生兄弟、恶神阿里曼。

据把他们送交法庭审判，只能在私下聚会时声讨他们。大家群情激奋，你一句，他一句，讲得在情在理，把一顶又一顶摩尼教徒的帽子扣到一个又一个人身上，无形中造成了许多冤假错案。

可怜的摩尼教徒之所以被大加挞伐，因为该教的创始人摩尼是宽厚仁慈的化身。摩尼是波斯人，一位历史人物，公元3世纪前叶生于古波斯首都泰西封附近玛第奴一个贵族家庭。其父帕蒂克曾参加犹太派基督徒派别厄勒克塞派。

摩尼早年在底格里斯河畔的泰西封受教育。青年时代所处的环境类似于现在的纽约，是一个国际化的社会：语言混杂，有人信教，有人不信教，有人追求物质生活，有人追求精神生活；来自四面八方的各种信仰和教派云集美索不达米亚大商业中心。摩尼在琐罗亚斯德教的理论基础上，吸收基督教、诺斯替教、佛教等教义思想而形成了自己的信仰。

摩尼教徒要不是走得太极端的话，摩尼教可以说是复苏了古代波斯神话上帝与魔鬼的传说。上帝和魔鬼一直在争夺人的灵魂。摩尼把古代的魔鬼与《旧约》中的耶和华联系在一起（耶和华成了魔鬼），把上帝和四福音书中的“天父”联系在一起。摩尼认为人的肉体是邪恶可鄙的东西（受佛教影响），人应该持之以恒地禁欲，去除自己的世俗野心；应该严格遵守饮食规定，以免被魔鬼骗进地狱，死于地火之中。摩尼恢复了许多禁忌，给他的追随者制定了一份古怪的食谱：凉水、干菜和死鱼。教徒们认为水下的冷血动物对人的灵魂伤害不大，而岸上的暖血动物对人的灵魂伤害最大，是绝对不能吃的。他们宁愿饿死也不肯吃牛肉。

摩尼轻视妇女，这表明他是一个典型的东方人。他禁止信徒婚配，主张彻底断绝劣根。

摩尼厌恶洗礼和其他一些繁琐的仪式。这些仪式最初为犹太教派所定，后为施洗者约翰倡导而沿袭下来。摩尼教的神职人员就职仪式只行按手礼，不必把身子浸入水中。

这个怪人25岁就开始向全人类宣讲他的思想。他最先去了印度和中国，获得很大成功。随后他回归故里，把他的福音带给他自己的乡亲。

波斯的教士们发现这个脱俗的教义使他们丧失了大量的秘密收入，于是他们就跟摩尼对着干，要求处死这匹害群之马。起初，摩尼有国王保护，谁也动不了他。后来，保护他的国王死了，新国王不耐烦管宗教方面的事情，干脆把摩尼交给教士们处理。他们把他押到城墙下，钉在十字架上，把他的皮剥下来挂在城门口，以儆效尤。

摩尼教与当局的激烈冲突导致了其教会被解散。但是，摩尼教的思想却像流星雨一样洒落到欧洲大地上。几个世纪以来，它一直在影响着广大的劳苦大众。人们无意中拣到这颗思想流星，仔细一瞧，这正是求之不得的宝藏。

摩尼教是怎样又是何时进入欧洲的，这恐怕不大讲得清楚了。

它很可能是穿过小亚细亚，渡过黑海和多瑙河一路过来的。随后它又翻越阿尔卑斯山，进入德国和法国，受到广泛的欢迎。这个新教义的追随者给自己取了一个东方名字：凯瑟利，意指“步入纯洁生活的人”。

凯瑟利不是一个具体的宗教派别，没有谁想要建立一个新教派。但是，摩尼教的思想影响深远，许多虔诚的基督徒不知不觉

《书房中的圣奥古斯丁》丨意大利丨波提切利

地受了它的影响。这种异端邪说以一种异常的形式出现，让人难辨真伪，难以察觉，因此显得异常的危险。

在教会看来，摩尼教是最危险的瘟疫，连教会的上层人物都挡不住它的侵袭。他们自己何时被感染的都不知道，等到有所察觉的时候，为时已晚了。真是有苦难言。

早期基督教最坚定的信仰者都难免被这瘟疫感染。圣奥古斯丁是十字军最杰出最坚定的勇士，在摧毁异教最后一个堡垒的战斗中功勋卓著。据说，他本人也信奉过摩尼教的宗教学说。这些话只能在私下里说说而已，从来不敢声张出去。

公元385年，西班牙主教普里西利安被控有摩尼教思想倾向而被火刑处死，成为《反异教法》的第一个祭品。

摩尼教的魔力真是势不可当，防不胜防，连基督教的许多领导人都渐渐地被它迷住了。

他们奉劝那些尚未精通《新约》的人不要读《旧约》，后来还规定，所有的神职人员必须过独身生活。摩尼教的禁欲主义思想无孔不入，很快就渗透到精神变革的主要领导人物身上。阿西西[1]的方济各[2]以善良仁慈而受人爱戴，后来又以制定了摩尼式纯洁生活的修道院制度而赢得了“西方释迦牟尼”的光荣称号。

当无欲无私的高洁理想开始深入人心时，当皇帝对教皇的战争又要开始爆发时，当外国雇佣兵一边扛着鹰旗而另一边扛着十字旗，为争夺地中海沿岸的地盘大动干戈时，当十字军的勇士们带着从朋友和敌人手中夺来的不义之财欢欢喜喜回家时，当修道

---

1 阿西西，意大利城镇名。

2 方济各，由于天主教早年传入中国的时候把他的名字Saint Francis of Assisi翻译作圣方济各，所以他的教派一般被中国人称为圣方济各修会。

院长被一班听差服侍着住在奢侈的宫殿里时，当教士们骑着高头大马耀武扬威地穿过拥挤的人群去享用狩猎早餐时，一件谁也不愿发生的事情到底还是发生了。

对教会现状的不满首先在法国的一个地方公开表现出来。这也并不奇怪。这个地方一直保存着古老的罗马文化传统，而野蛮人的风尚也一直没有被文明同化。

这个地方叫做普罗旺斯，位于阿尔卑斯山和罗纳河之间的地中海滨。这里阳光充足，风调雨顺，土地肥沃，城市繁荣，村庄富饶。腓尼基原先的殖民地马赛在过去和现在都是一个重要的港口城市。

中世纪欧洲其他地方的人还在听条顿蛮族英雄故事的时候，普罗旺斯的民间歌手和诗人就已经创作出新的文学样式，为现代小说的发展奠定了基础。普罗旺斯一直与西班牙和西西里[1]保持着密切的商业关系，从而能够阅读到最新出版的各种科技文化资料。此时的欧洲北部却很闭塞，图书的种类屈指可数。

11世纪的头10年，回归早期基督教的运动在这个国家已渐现端倪。

然而，不管从哪方面讲，都不能把这个运动讲成是公开反叛。在一些小村庄有一些人认为，教士应该与教区居民同甘共苦，不应该搞特殊化。他们拒绝被拉去当炮灰打不义之仗。他们想学点拉丁文，以便自己阅读和研究福音书。他们明确表示不赞成死刑。他们否认炼狱的存在。他们（这是最关键的问题）拒绝向教会缴纳十分之一的所得税。

1　西西里，地中海中最大的岛屿，归属于意大利。

《普罗旺斯》| 房龙

反对牧师权威的带头人一旦被查出来，就要对他们进行隔离审查。如果他们执迷不悟，拒不悔改，就把他们革出教门。

但是，不满情绪仍然继续扩散，日益增长。教会当局不得不召集普罗旺斯各地的主教开会，商量采取什么措施来阻止这场极其危险的煽动性骚乱。他们意见不一，争论不休，一直延续到公元1056年。

事态的发展进一步表明，一般性的惩罚和革出教门见效甚微。那些一门心思只想过“纯洁生活”的朴实乡民，抱着“砍头只当风吹帽，坐牢犹如游花园”的心态来对待镇压。如果把他们关进牢房，他们认为这是展现基督徒宽恕精神的大好机会，觉得十分荣幸。如果判处他们死刑，他们会大大方方地向火刑柱走去。而且是一个殉教者刚刚离去，马上就有一打教民替补上来。这种事情已经司空见惯，习以为常了。

如何处理教民闹事这个问题，教皇特使与当地贵族和牧师的意见很不一致。双方为此争执了将近整整一个世纪，仍然想不出妥善的办法来处理。特使力主对教民进行严厉的镇压，而当地政教领导人（体察民情，知道民众本意不在谋反，而在反腐倡廉）拒绝执行罗马的命令，并严词指出，暴力只会使教民丧失理智，走向异端，只会劳民伤财，得不偿失。

12世纪末期，来自北方的新生力量有力地推动了这场运动。

普罗旺斯与隆河隔河相望的里昂小镇上住着一位商人，他的名字叫彼得·沃尔多。这位商人严谨、善良、大方，一心一意以救世主为榜样，陶醉在当救世主的美梦里。耶稣曾经教导说：“富人进天堂比骆驼钻针眼还要难。”基督徒们一年又一年，一

《彼得·沃尔多》| 房龙

代又一代，一直在苦苦思索耶稣这句话的真实含义究竟在哪里。彼得·沃尔多则与众不同，他读了这句话连想都没想一下就觉得千真万确。他把所有的财物分给穷人，退出商界，从此谢绝生财之道。

约翰说："用你自己的心去体会《圣经》。"

这句话由20个教皇仔细斟酌后，定出了严格的细则，规定俗人在什么条件下才能直接研读圣经而不需要教士的辅导。

彼得·沃尔多不买这个账。

约翰已经说得很明白："用你自己的心去体会《圣经》。"

这话说得多好，彼得·沃尔多就自己去体会了。

在阅读过程中，他发现自己的观点与圣杰罗姆的结论相去甚远。于是，他就自己动手，把《新约》用自己的语言译出来，然后把手稿散发到普罗旺斯各地。

他的活动刚开始的时候并未引起教会太多的关注，他追求清贫生活的热情好像也不会有什么危险。说不定还可以让他牵个头，为那些刻意苦修的人建立一个新型的修道院式的禁欲体系，免得他们成天抱怨修道院太奢侈太安逸了。罗马方面也想因势利导，给一些信仰太执著的人找一个发泄过剩精力的场所，免得他们闹出乱子来。

事情的发展常常出乎意料。普罗旺斯的"清洁派"和里昂的"清贫派"只管我行我素，自行其是。他们做什么不做什么从来就不跟主教打招呼，还公然宣称，没有专业教士的说教，他们照样能够自我完善，做一个好基督徒；他们还说罗马的主教在自己的职权范围之外没有权力对别人指手画脚，告诉别人做什么信仰什么。

事情发展到这一步，只有诉诸武力才能解决问题了。

阿尔比教徒（以阿尔比城命名的异教徒，该城是新教义的发源地）和沃尔多教徒（以其创始人彼得·沃尔多得名）是首批重点打击对象。

一位教皇特使几年来一直把普罗旺斯当成自己的领地而为所欲为，结果被干掉了。这件事正好给英诺森三世找到了武装干涉的理由。

他召集了一支正规十字军，去讨伐阿尔比教徒和沃尔多教徒。

凡自愿参加为期40天的讨伐异教队伍者，可以免除所有的债务利息；可以赦免过去和将来的一切罪过，可以不受一般法庭的审判。这些优惠条件对北欧人有很大的感召力。

巴勒斯坦远在天边，普罗旺斯近在眼前，而且土地肥沃，物产丰富，举手之劳便可名利双收，荣华富贵，功成名就，何必舍近求远去攻打什么巴勒斯坦？

这时圣地已被忘记。法国北部、英国南部、奥地利、撒克逊和波兰的不法分子们纷纷涌向南方报名参军，借此难得的机会逃避本地司法长官，用灾祸换取普罗旺斯人的财富。

十字军所到之处大开杀戒，男女老少全不放过。有被绞死的，有被烧死的，有被溺死的，有被砍头的，有被肢解的；一时之间尸横遍野，血流成河。

士兵们攻占贝济耶城后，分不清谁是异教徒，谁不是异教徒，拿不准谁该杀，谁不该杀。他们带着这个问题去请示随军担任精神顾问的教皇特使。

“孩子们，放心地杀吧！”这位善良和气的特使大人说，“主知道，你们要杀的人就是该杀的人。”

一个名叫西蒙·德·蒙特福特的英国人，是个久经沙场的正牌十字军老兵。他不但敢于杀人，而且善于杀人，杀人手法不断推陈出新，既提高了杀人的效率，又增添了杀人的乐趣，因此而成为杀人的模范标兵。他得到了大片土地的封赏，这片土地就是刚刚杀死别人抢过来的。他的部下也跟着论功行赏，各有所得。

大屠杀中侥幸漏网的几个沃尔多教徒，逃进人迹罕至的皮埃蒙特山谷。他们在那里建起了自己的教会，一直延续到宗教改革运动时期。

阿尔比教徒的命运更加悲惨。经过一个世纪的围追堵截，他们几乎已被赶尽杀绝，连宗教法庭的报告中都看不见他们的名字了。但是，他们播撒的思想种子过了3个世纪后又发出了新芽，长出了新枝，经过稍微修剪，被一位名叫马丁·路德的撒克逊教士广为传播，从而导致了一场声势浩大的宗教改革运动，打破了教廷将近1500百年的垄断局面。

阿尔比教徒起义时启用的特别调查法庭，随后在欧洲的主要城市也纷纷建立起来。它们有权任意审判所有的异端异教，渐渐形成了众所周知的“宗教法庭”。

时至今日，虽然宗教法庭早已不起作用，但只要一提起这个名字，一种不可名状的恐怖仍然在我们心里油然而生。我们仿佛看见哈瓦那黑洞洞的地牢，里斯本惨无人道的刑具室，克拉科夫锈迹斑斑的铁锅和烙铁，以及黄色的头罩和黑色的面具；我们仿

《最后的沃尔多教徒》| 房龙

佛看见一个满脸横肉的国王，他俯视着一长串老人和妇女拖着沉重的脚步连绵不断地走向绞刑架。

19世纪后期的一些通俗小说描写了这种阴森的场景。这些描写也许有25%出于作者的想象，也许有25%出于新教徒的偏见。即便如此，所剩下的恐怖也足以证明所有的秘密法庭都是不可容忍的恶魔。这种法庭在文明世界里是绝对不许可存在的。

不同的国家出自各种不同的目的，建立了各式各样的秘密法庭。

最引人注目的是西班牙的皇家宗教法庭和罗马的神圣宗教法庭。

前者是一个地区性的结构，负责监视伊比利亚半岛和北美洲殖民地的异教徒。

后者的分支机构遍布欧洲各地，在北部烧死了圣女贞德，在南部烧死了乔达诺·布鲁诺。

要是真的追究起来，宗教法庭到底杀了多少人？得到的回答是，宗教法庭从来就没有杀过人。

宗教法庭由教士组成，只负责审讯问罪。异教徒罪名确定之后，罪犯便交给政府当局，如何处置由当局自己看着办。如果当局不处死罪犯，那是当局自找麻烦，得罪了教会后果是不堪设想的。如果罪犯逃脱了死刑，那只是逃离了狼窝，却落入了虎穴，他会被终身囚禁在宗教法庭暗无天日的单人牢房里。

死在火刑柱上，一瞬间就解除了所有的痛苦，而关在暗无天日的地牢里，则是求生不得，求死不能，活得人不像人，鬼不像鬼，遥遥无期地被折磨，受煎熬。许多人一遭遇到宗教法庭的审讯，即刻就承认种种强加在自己头上的莫须有罪名，期待着快点

《宗教法庭的酷刑》

被处死，免得永远泡在苦海里活受罪。

500多年来，世界各地不知有多少老实巴交的平民百姓，半夜三更被人从床上拖起来。这种从天而降的灾祸往往来自邻居的多嘴多舌。他们莫名其妙地被关进肮脏的地牢，一等就是几个月或者几年，等待着不知姓名、不明身份的法官来审讯。他们不知道自己犯了什么罪，也不知道是谁指控了他们。他们不准与家人联系，也不准请律师。如果他们说自己无罪，就会自食其果，饱受折磨；一天说无罪，就被毒打一天，打得死去活来，打得遍体鳞伤，打得断手断脚，一直打到有罪为止。如果有人证实他们有罪，证言马上就会记录在案；如果有人说他们是无辜的，说了等于没说，法官不爱听被告无罪的话。当他们被押赴刑场时，他们怎么也弄不明白自己为何走到了这一步。这种事情现在说给人家听，几乎谁也不会相信。

更加难以相信的事情还没有说出来。一些死去五六十年的人也入土不安，说不定什么时候又被从坟墓里挖出来，把旧账算在新人头上，死者过去的罪行要由死者的后人继续承担。为什么会这样？因为后人又积攒了钱财，这些钱财是要剥夺过来的。

事实证明，宗教法庭的法官其经济来源有赖于没收被告的钱财。因此，时隔两代的后生小辈只因他那早已死去的爷爷被指控有罪，就要把他剥夺得身无分文，逼迫他去做乞丐。这种荒唐透顶的事情在那个时代并不少见。

读过20年前俄国沙皇鼎盛时期报纸的人大都不会忘记，奸细是什么角色。这种角色通常是惯偷和赌徒，因偶然的机会改行做了奸细。在大庭广众面前，他们总是满面愁容，一副痛不欲生

《牺牲者》|房龙

的样子。他会悄悄地告诉别人，悲惨的生活迫使他走上革命的道路，轻而易举就骗取了帝制反对者的同情和信任。他一探明新朋友的秘密，马上就把他们出卖给警察局，拿到赏金又去另一个城市故伎重演。

13至15世纪，这种心如蛇蝎的私人侦探在西欧和南欧到处都是。

他们靠检举揭发别人发财，到处打听谁说了教会的坏话，谁发了教会的牢骚，谁对教义有自己的观点和看法。

如果费尽心机还找不到他们要告发的对象，他们就会捏造几个去领赏。

做这种事情的人毫无风险。他心里明白得很，被诬告的人面对着酷刑，自然会老老实实地低头认罪，坦白交代。这种无本万利的生意可以持续不断地做下去。

许多国家鼓励匿名告发，检举有不满情绪的人。这种制度在民众头上笼罩着巨大的恐怖阴影，搞得人人自危，互相提防。甚至连最亲近的朋友都不敢相信，就是自家屋里的人都不得不小心防范，一不留神就会祸从口出，大难临头。

手握审判大权的行乞修士到处为所欲为，肆无忌惮地搜刮民财，中饱私囊。他们横行霸道的丑恶行径持续了将近两个世纪。

我们完全可以说：广大民众对那些不可一世的叫花子深恶痛绝，是引发宗教改革运动的主要因素。那些披着羊皮的狼肆意闯进安分守己的公民家里，不但要吃得好睡得香，还要俨然一副上宾架势，稍微有点不顺心意，就把施主请到宗教法庭去。

然而，教会却说，宗教法庭是思想健康的坚强卫士，对防止歪风邪气在群众中蔓延起到了积极的作用，其目的在于教育人民，保护人民。教会宣称，宗教法庭一向宽以待人，除了为数极少的叛教分子和死不悔改的顽固分子外，对那些误入歧途的人尽量做好思想教育工作，能挽救则挽救，从来不轻易开杀戒。

但是，这又能够说明什么？

一个无辜的人可以变成死囚，也可以变成迷途知返、悔过自新的人。戏法如何变化，全由玩戏法的人摆布。表面文章做与不做都是一个样。

奸细和造假是天生的一对密友。

在重用奸细的地方，有几份弄虚作假的文件，难道会是什么想不通的事情吗？

《不可辩驳的论证》| 房龙

第8章
求知路上

现代人的不宽容类似于古代的高卢人，不宽容的原因有三种：懒惰、无知和自私自利。

第一种尤为普遍，无论在哪个国家哪个社会阶层都能看到，特别是小村庄和古镇子更加明显，而且不仅仅是人类才有这种现象。

我们家有一匹老马，从它生出来那天起，一直都住在考利镇温暖的马房里，过了25年平安无事的生活。西港有一间同样温暖的马房，它死活都不肯搬迁到那里去，因为它熟悉这里的一砖一石，一草一木，习惯了这里的生活环境，每天进进出出都不会被新奇或陌生的事物惊扰。

我们的科学界花费了大量时间和精力去研究波利尼西亚群岛那些早已不复存在的方言，却很少想到要去研究狗、猫、马、猴这些动物的语言。要是我们能够听懂那匹名叫杜德的老马和它原先在考利镇上的马邻居所说的话，我们就会知道它对搬迁到西港这件事大发牢骚，十分不满。因为它已过了更年期，一切早就定型了。以它的生活经验看，考利镇的一切都是正常的，而西港的一切都是不正常的。它在早期养成的生活习惯一直到死的那一天都不会改变。

这就是懒惰的不宽容。这种不宽容使父母常常看不惯正在成长的孩子。孩子们的行为举止要是不符合他们的生活观念，他们就会觉得这孩子非常愚蠢，不可思议。人们常常感叹“今不如昔”，那是因为在过去的生活中早已形成了一个固定的生活观念，以至于生活稍有改变就很不习惯，感到烦恼不安。这种固定的生活观念使得文明人也要穿上野蛮人的衣服，使得这个世界充满了陈词滥调，而且总是把那些具有新思想的人视为人类的敌人。

这种不宽容造成许多人离开自己的家园，住到荒无人烟的地方去。

第二种不宽容为害更甚。

无知的人，只因他无知，就已经是一个非常危险的人物了。

当他把自己的无知看成是真知灼见而神圣不可侵犯时，那就更加可怕了。他在内心深处建立了一座“自己绝对正确”的花岗石堡垒，站在堡垒顶端傲视一切，藐视所有与他观点不一致的人，质问别人那样活着有什么意义。

这种无知又自以为是的人不但见识浅薄，而且十分苛刻，常年生活在莫名其妙的恐怖之中而变得残酷无情，喜欢折磨他们看不惯的人。他们自定义为“上帝的特选子民”，这块金字招牌便是他们强有力的精神支柱。

他们处死某一个人，不会说：“这个人的存在对我们的幸福是一种威胁，我们痛恨他，所以就要处死他。”他们会这样说：“这个人违反了上帝的意志，上帝的特选子民代表上帝判处他死刑。因为上帝的意志是神圣不可侵犯的。”

“上帝的特选子民”好像一碗迷魂汤，即便是心地善良的人，一旦喝下这碗迷魂汤，也会变得和野蛮残忍的人一样毫无人性。这种事情在历史资料和心理学资料的记载中见得多了。

一大群人围观1000名殉道同胞遇难受害。他们看得津津有味、兴致勃勃，好像是在过盛大的节日一样欢欣鼓舞。这些围观者都是老实巴交的平民百姓。

要是有人跟他们提起宽容，他们会对这种提法嗤之以鼻，不屑一顾，认为这种提法是道德的沦丧，是意志薄弱的表现。他们

《耶稣骑驴进耶路撒冷》| 意大利 | 杜乔·迪·勃宁瑟那

并不以不宽容为耻，反而以不宽容为荣。他们心安理得地看着，牺牲者在阴冷潮湿的晨雾中一步一步地走向菜市口的绞刑架。行刑结束之后，他们回到家里，心满意足地享用熏肉和豆角，胃口比往常好多了。

这就足以证明，他们认为自己的所思所想、所作所为都是正确的。

不然的话，他们为什么是观众？为什么不为牺牲者设身处地想一想？为什么是别人上绞刑架而不是自己？

我承认，要回答这样的问题并不容易。但是，当一个人确信自己的思想观点就是上帝的思想观点时，他理所当然地不会相信自己有什么错。

第三种不宽容是由自私自利之心造成的，实际上是嫉妒的一种表现形式。这种不宽容像出麻疹一样常常出现。

当年耶稣来到耶路撒冷，对众人说，仁慈的上帝不喜欢宰牛杀羊来供奉他。于是，所有靠祭祀谋生的人一致谴责耶稣，说他是个危险的革命分子，趁他尚未构成严重威胁之前，来个先下手为强，设法把他干掉。

8年后，圣保罗来到以弗所宣讲一种新的教义。这个新教义严重影响了珠宝商的生意，因为他们全靠贩卖当地女神黛安娜的小神像发财致富。金匠行会好几次都想暗暗干掉这个不受欢迎的传道者。

一方要靠维护旧的信仰来维持生计，另一方则要推行新的信仰而步入新的生活；双方互不相让，一直都在拼个你死我活。

中世纪的不宽容是一个极其复杂的问题。在极个别情况下，只是以某一种不宽容的形式表现出来，而在大多数情况下，三种形式的不宽容会同时表现出来。

一个集团拥有巨额资产和成千上万的农奴，统治着数千英里的土地，过着帝王一般的生活；一群农民想要重建不受奴役的理想社会，过简单自由的生活；这个集团对这群农民恨之入骨，那也是理所当然的事情。

出于这种原因打击和消灭异端异教，那是经济利益的需要。这种不宽容属于自私自利的不宽容。

但是，科学家从事科学研究也要受到官方的禁止和打击，这个问题就显得复杂了。

科学家揭示大自然的奥秘，并没有损害任何人的利益，为什么也要受到压制呢？这要从公元1世纪至6世纪欧洲发生的一系列事情讲起。

野蛮人如山洪暴发一般汹涌而至，扫荡着整个欧洲大陆。虽然尚有几处古罗马国家建筑未被冲垮，那也只是名存实亡，空有其表。城墙内的社会体制早已荡然无存。书籍被惊涛骇浪席卷而去；艺术葬身于污泥浊水之中；博物馆、图书馆以及所有的收藏，全部被来自亚洲中部的野蛮人点了篝火。

古希腊的图书除远离欧洲中部的君士坦丁堡还有几本外，在西方几乎是渺无踪影。虽然有亚里士多德和柏拉图的一些著作留存下来，那也只是部分章节的译本，而译文又非常糟糕。懂得古代语言的人，只有那几个从拜占庭逃到法国或意大利避难的希腊僧侣。

拉丁文书籍倒是有不少，大多写于公元4世纪至5世纪。有幸留下来的几本古典手稿，几经转抄，被抄得面目全非，除了少数几个终身研究古文的人，几乎无人问津了。

科学书籍只剩下欧几里德的几本最简单的几何作图题。遗憾的是，连这样的书也是多余的。那个时代真正是个“读书无用”的时代。

那时的统治者敌视科学，鄙视数学、物理学和生物学方面的独立研究，医学和天文学也不例外。所有的科学项目统统被人忽视，因为从事科学研究只会有害无益。

用现代人的思想观念来看，这种情况实在是匪夷所思。

进步和发展是20世纪的人深信不疑的真理。如果社会不进步不发展，就没有对错可言。我们之所以活着，就是为了谋求人类的进步。不管前进的道路多么曲折多么漫长，我们都会把推动人类社会向前发展的工作视为自已神圣的职责。

我们坚信，进步是人类历史的必然趋势。这种信念似乎已经成为我们整个国家的国教。

但是，中世纪的人却没有这种观念。他们也不可能有这种观念。

古希腊人曾经梦想着一个美好快乐的世界，可惜好景不长，这个美梦很快就被残酷无情的政治斗争给摧毁了。在以后的几个世纪里，大多数希腊作家都成了悲观主义者。他们眼看着美好的家园转眼之间就变成了废墟，感叹人生的一切努力都是徒劳的，不得不相信这样的信条：一切都是虚空，一切都是捕风捉影。

罗马的作家从1000年的历史中看到，人类社会有一种不断向上的趋势。他们的哲学家比较乐观，一直在教育年轻人追求更美好更快乐的生活；伊壁鸠鲁为快乐而生活的哲学思想对罗马的哲学家产生了很大的影响。

随后，基督教出现了。

人们为了追求光明，却掉进了黑暗的深渊里，在绝望中任由命运摆布。

人生来就是邪恶的，人的本性是邪恶的，人的选择是邪恶的；他在罪过中孕育，在罪过中出生，在罪过中生活，死到临头还要忏悔他的罪过。

过去只是失望，而现在却是绝望。

希腊人自信比别人更聪明，更有教养，更富于同情心，常常怜悯野蛮人的不幸。但是，他们从来就没有自恃是宙斯的选民而觉得自己与别的民族有所不同。

基督教就不一样了。基督徒从来就没有脱离他们的犹太祖先。他们把《旧约》奉为自己的圣经，使自己的信仰与犹太教一脉相承，觉得他们高人一等，与所有别的民族不同。他们认为，只有信仰他们的宗教才能得救，否则就会走向灭亡。

这种观念对那些自命不凡的人很有作用。他们深信自己是芸芸众生中出类拔萃的人物。正是靠着这种观念，他们敢闯敢干，不怕坐牢，不怕杀头，勇往直前。在异教的重重包围之中，他们紧密团结，自成一体，终于杀出一条血路，闯出一片自己的天地。

早期的基督教作家，如德尔图良、圣奥古斯丁等，则不大关心外面发生了什么事情。他们埋头著书立说，把教义思想整理成文。他们最大的希望就是能够安全到达幸福的彼岸，建立自己理想中的“上帝之城”。除此之外，他们对世界上的任何事情都毫

圣奥古斯丁的名著《上帝之城》的插图

《这个圆圆的地球》 | 房龙

无兴趣，漠不关心。

他们创造了一套关于人类起源和时空界限的新概念。埃及人、巴比伦人、希腊人和罗马人发现的宇宙奥秘，他们认为是无稽之谈，不屑一顾。他们虔诚地相信，自从耶稣诞生之后，过去的一切都失去了价值和意义。

就拿地球这个问题来说吧。

古代科学家认为地球是无数星球中的一个。

基督徒就不这样看。他们认为地球是整个宇宙的中心。

它是为了让一群特殊的人暂时居住而特意创造出来的。它的创造过程在《创世纪》第一章讲得清清楚楚。

但是，如果问题涉及到这一群上帝特选的人在地球上活了多久，那就不是容易讲清楚的事情了。到处都可以找到年代非常久远的古物，深陷在地下的古城，早已灭绝的动物和植物的化石。然而，再难的事情也难不倒敢闯敢干的基督教徒。凡是不符合自己观点的事情，不管这些事情是否存在，一律坚决否定，彻底推翻，或者视而不见。快刀斩乱麻，干净利落。这样一来，为创世纪确定一个日期不过是举手之劳而已。

上帝创造地球的一切程序都有固定的安排，从某年某月某日某时开始，到某年某月某日某时结束，而且只允许上帝特选的人居住，不允许数学家、化学家、生物学家之类的人存在。因为他们不安分守己，老是爱去探索什么新知识，什么一般规律，什么时空的永恒与无限等等这些与教义不一致的东西。

许多科学家郑重其事地宣称，他们在内心深处的的确确把自己当成上帝的孩子。但是，正统基督徒认为，既然一个人认定了一个信仰，就不该知道太多的事，不该读太多的书。

只读一本书就足够了。

这本书就是《圣经》，书中的每一个字、每一个标点符号均由受神启示的人写下，字字句句都是真理。

假如时光能够倒流，把这本书拿给伯里克利时代的希腊人看，他们一定会觉得很可笑，因为书中只不过是一些令人费解的民族史、含糊其辞的爱情诗、神志不清的先知所讲的预言，以及对异族异教不遗余力的贬损和痛斥。

然而，上世纪那个时候的野蛮人对“写在纸上的文字”却是奉若神明，他们把这些东西视为文明的秘诀。他们信奉的教会告诉他们，这本书是一本完美无缺的好书，读了有益无害。既然他们信了教会，也就毫无保留地信了这本书。他们把它视为一本宝书，读了它就可以知道过去、现在和将来，知道人类世界的一切。于是，他们义不容辞地站在教会一边，声讨和打击那些超出本书范围去探索真理的人。

很少有人为了满足求知欲而愿意丧失自己的性命。

但是，求知欲得不到满足对求知者来说，同样是一种不可忍受的折磨。结果，在求知与压制互相冲突的土壤中，长出了一株发育不全的智力幼苗，人们把它称为“经院哲学”。

公元8世纪中叶，法兰克国王矮子丕平的妻子伯莎生了一个儿子。这孩子受洗礼时命名为卡罗勒斯，在古代许多宪章的末尾都能看到这个名字。他的签名有点蹩脚，不大规范，因为他不擅长拼写。小时候他学过法兰克文和拉丁文，等到需要写字的时候，他的手指患了风湿病，那是长年与俄国人和摩尔人打仗造成的。他不得

《新的一贯正确》| 房龙

不放弃写字的努力，雇用最好的秘书来帮他签署文件。

这位征战沙场的老兵50年来只穿过两次都市服装（罗马贵族长袍）。他为此还颇为得意，因为他讲究的不是穿戴，他讲究的是学习。为了他的孩子和其他官员的孩子有个更好的学习环境，他把王宫改成了私立大学。

这所私立大学云集了众多的名人学者。这位西方的新皇帝一有空就来到这里。他很喜欢学院式的民主生活，在这里可以无拘无束，自由自在，畅所欲言，完全不用拘泥于礼节。他像朴实的大卫兄弟一样，积极参加各种讨论会，允许地位最低下的教授与他平起平坐地展开辩论。

他们的讨论会所讨论的话题，使我们联想到田纳西州乡间中学辩论小组所选的题目。至少可以说，这些人都是很天真的。

中世纪学者的头脑和20世纪以后的人一样聪明。但是，他们所处的环境，打个比方，如果现代的化学家和医学家探讨的知识不许超出1768年《不列颠百科全书》第一版化学和医学的知识范围，他们怎么会有创见呢？当时对化学的认识还很粗浅，而外科手术跟屠宰术也没有多大的差别。

尽管中世纪的科学家头脑发达，他们施展才能的空间却非常有限，这就注定了他们的研究跟不上时代的步伐。好比把一台新式发动机安装在一辆旧式汽车上，一踏油门就会故障连连，差三错四；等到把新式发动机按照旧式汽车的操作规程重新调整后，开到路上，才又发现不符合新的道路行驶规章了。这样忙来忙去，除了白白地耗费时间和精力外，什么结果也没有。

求知路上障碍重重，求知者不但要排除自然界的障碍，更要排除社会人为设置的障碍。

他们要摆脱教会监察人员无孔不入的监视。他们写下的大量著作不得不使用大量的反义词，正面的东西用反面的手法来写，只求自己看得懂记得牢，不招惹麻烦就算万事大吉了。

他们故意装疯作傻，着装不伦不类，举止疯疯癫癫；屋梁上挂着鳄鱼，乱七八糟的瓶子里装着乱七八糟的东西，摆满整个架子；把草药扔到炉子里烧得臭气熏天，熏得别人不敢接近。这样一来，他们便赢得了神经病患者的光荣称号，获得了畅所欲言的特权，不必为自己说的话承担罪责。久而久之，他们习惯成自然，渐渐形成疯疯癫癫的样子。直至今日，我们也难以辨别他们的是非曲直，不敢对他们轻下断言。

几个世纪以后，新教徒和中世纪的教会一样，对科学和文学也不宽容。

那些主张宗教改革的人干打雷不下雨，只是嘴巴喊喊而已，君子动口不动手，从来就没有付诸行动。

罗马教会就不是这样了，它不仅拥有摧毁敌人的权力，而且从来就不会放过使用权力致敌于死地的机会。

要宽容还是不要宽容，对于纸上谈兵的人来说没有什么实际价值和意义。

只有面临当众宣布放弃信仰还是当众受鞭刑处罚的选择时，要宽容还是不要宽容这个问题就很现实了。

那些没有勇气说真话的人，宁愿把时间浪费在《启示录》考卷的纵横填空题上面，我们也不必太难为他们。

我敢肯定，600年前我也不敢写这本书。

《镇压》| 房龙

第9章

禁书目录

我发现，写历史书并不是动笔之前想象的那样容易。我原先只是一个小提琴手。35岁那年，有人给我一架钢琴，叫我像钢琴高手克拉威尔那样生活。道理很简单，钢琴也是“音乐”。我学会了这方面的专业知识，却要去从事与这些知识毫无关联的工作。过去的历史告诉我，这个世界已经建立了明确的秩序，皇帝、国王、大公或总统在众议员、参议员和财政部长的辅佐下有效地管理着世界各国。此外，还有一个上帝。这个上帝主宰着世间的一切，在人们心中占据着至高无上的位置。

随后，战争来了。

旧世界被翻了个底朝天。皇帝或国王被废黜。责权分明的大臣被责权不分的秘密委员会取代。天堂的大门被委员会的一纸命令强行关闭。一个死去多年的经济学家被官方封为古往今来最伟大的先知。

这一切肯定不会长此以往，但文明的进度却被推迟了几个世纪。等到重新追赶上去的时候，我早已不在人世间了。

现在，我必须把要做的事情尽量做好。但是，说起来容易，做起来就难了。

大约20年前，我在俄国住了一段时间。我们能够看到的外国报纸，至少有¼的版面被涂得黑糊糊的。人们把这种搞法叫做涂“鱼子酱”。政府出此一招可谓用心良苦，生怕国内思想单纯的人民被国外的不良思想感染。

全世界普遍认为，这种搞法是“黑暗时代”的复苏，那是不能容忍的。我们保留了几张涂有“鱼子酱”的报纸，拿给国内的人看，让他们知道闻名于世的俄国人是地地道道的野蛮人。

《旧世界重新崛起》 | 房龙

接着，伟大的俄国革命爆发了。

革命就是为了推翻暴政，把受压迫被奴役失去了人身自由的俄国人民解放出来。1918年，过去的奴隶变成了主人，俄国人民从此获得自由了，是吗？过去的社会主义革命者指责政府，对宣扬社会主义观点的刊物监管得太严格，而现在的胜利者把新闻审查制度取消了吗？新主人关闭了所有不吹捧他们的报纸和杂志，把倒霉的主编们流放到西伯利亚或更遥远的地方。这说明了什么？过去受压迫的人一旦翻过身来，比过去的压迫者还要专横100倍。

我生长在一个相当自由的社会环境里，这个社会信奉弥尔顿的格言："依照自己的良心自由地了解、自由地表白和自由地讨论，这就是最高形式的自由。"

"战争爆发了"，像演电影一样，我又看到了那个时代。耶稣著名的《神山布道》被宣布为亲德国的危险文件，禁止在国民中流传。违禁的编辑和印刷商被处以罚款和监禁。

鉴于此，还是写点泡沫短篇小说或做房地产生意来得稳妥一些，不要再去搞什么历史研究了。

既然我早就立志要从事历史研究工作，如果半途而废，退了下来，那就等于承认自己是个贪生怕死的懦夫，是个见利忘义的孬种。所以，我必须坚持自己选定的工作，不屈不挠地干下去。在一个秩序井然的国家里，每一个公民都有思考的权利，有说真话的权利，有表达正义感的权利。只要不干涉别人的幸福，不打扰别人的安宁，不破坏文明社会良好的道德风尚，不触犯地方警察局的制度就行。

《弥尔顿在女儿的帮助下写作》| 乔治·雷姆尼

弥尔顿（1608—1674）：英国诗人、政论家，一生都在为自由的事业操劳，中年后因劳累过度双目失明。其所著《失乐园》是一部伟大的基督教史诗。

毫无疑问，这样会使我成为所有官方出版审查制度的对立分子。我倒是认为，警方应该盘查那些为了不义之财印刷淫秽题材的杂志和报纸。至于其他刊物，谁喜欢印刷什么，尽管由他去印好了。

我这样说并不意味着我是一个理想主义者或改革家。我只是一个务实的人，讨厌浪费时间和精力。熟悉近500年历史的人都知道，对出版和言论使用暴力手段镇压，结果都是枉费心机，得不偿失。

所谓有害的言论就像炸药一样，压缩得越紧就越容易爆炸。如果再加上外力的打击，危险就更大了。一个冒充内行的人当众演讲，最多只会招来几个无所事事的听众，结果让人嘲笑一番了事。

同样是那个冒充内行的人，如果地方警察给他戴上手铐，把他关进监牢，判处35年单身囚禁，他就会成为众人关注和同情的人物，获得英勇献身的美誉。

但是不要忘记：做坏事送命的人绝不可以和做好事献身的人相提并论。前者诡计多端，居心叵测，对社会的危害是出人意料的。

以我之见，谁想说什么就尽管由他去说，谁要写什么就尽管由他去写。有价值的话自然会体现出其价值；废话连篇的东西谁也不会洗耳恭听。希腊人似乎很明白这个道理，罗马人当初也是这样，只是到了帝国时代，情况就不一样了。罗马军队的总司令一旦当上皇帝，立刻摇身一变，变成朱庇特的传人，变成一个非凡的神人。这一变化使他远离了普通民众。神人高瞻远瞩，根本就不需要听取凡人的意见。

“欺君之罪”这个词条被发明创造出来，确立了皇帝至高无上的政治地位。从奥古斯都时代到查士丁尼当政时期，许多人由于讲了皇帝不喜欢听的真话而被送进了监狱。只要是皇帝喜欢听的话，有话只管讲，但说无妨。

到了教会统治的时代，所有的人都失去了自由。耶稣死后没过几年，善与恶、正统与异端就已有了定论。公元1世纪后半期，使徒保罗在小亚细亚的以弗所一带布道，那个地方盛行符咒巫术。保罗所到之处，驱除魔鬼，祛病消灾，取得很大的成功。当地人认识到，信仰异教是错误的选择。为了表达改邪归正的诚意，他们选好良辰吉日，聚集在一起，把过去收藏的邪门书籍一把火烧得干干净净。这些藏书至少也有10000多美元。《使徒行传》第19章对此事有详细的记载。

这些事都是忏悔者自愿去做的。《使徒行传》没有说保罗强迫他们去做，也没有说保罗禁止他们阅读或收藏这一类书籍。

一个世纪以后，禁书行动开始了。

以弗所的一些主教发布命令：载有圣保罗生平的书是禁书，虔诚的信徒不能读这样的书。

200年后，被禁的书越来越少，因为市面上能够看到的书也越来越少了。

尼西亚会议[1]（公元325年）后，基督教成为罗马帝国的国教，书刊审查随之而成为教士的日常工作。有些图书被彻底禁绝，当众销毁；另有一些漏网的书籍仍然流传于世，教会告诫民众，小心中了这些书的流毒；如果不听劝阻私下传阅，将会给自

1 尼西亚会议由君士坦丁在尼西亚召开，参加的主教有300多名，但是多数来自东方各省，主要讨论的是“三位一体”问题，最后议定了《尼西亚信经》。

己招来杀身之祸。作者要想出版作品，必须经过当局批准，最好的办法是先把手稿送交主教审批，这已成了惯例。

就算层层审批都已通过，作者仍然是提心吊胆、担惊受怕。因为这一任教皇宣布该书无害，下一任教皇很可能会宣布该书有害。

尽管如此，作者本人还不至于陪着他的书卷一同被烧掉。这种制度行之有效，因为那时的出版物全靠手工抄写，出版一套三卷本的图书，至少需要5年的时间。

这一切被一位德国工匠改变了。这位工匠名叫谷登堡，他发明了先进的印刷术。

公元15世纪中叶以后，精明能干的出版商不到两个星期就能出版四五百本图书。公元1453年至1500年，西欧人和南欧人就有了40000多册不同版本的图书，相当于大型图书馆历代藏书的总和。

图书数量史无前例的迅猛增长，搞得教会措手不及，焦头烂额。一个异端分子私自阅读一本自己手抄的《马太福音》，这样的事要想禁止都难以办到；要查禁2000万个异端分子阅读2000万本印刷成册的图书，那就更不要讲了。出版业的迅速发展对教会的思想统治构成了致命的威胁。教会不得不采取相应的措施来控制局面，规定所有图书必须经过一个特别法庭委员会审查之后才能出版。

这个委员会不间断地公布一些书目，凡是列入书目的图书一律不许出版。《禁书目录》由此而产生，其名声与宗教法庭一样恶劣。

如果有谁以为只有教会才对出版物实行监管，那他就太孤陋寡闻了。许多政府害怕出版物就像害怕雪崩一样，生怕哪一天突然间把政府压垮。他们早已强行要求出版商把书稿送到政府机关检查，严禁出版任何未经官方盖章批准的图书。

这种做法罗马坚持得最久，这也是形势所迫。16世纪中叶以来，出版业迅速发展，突飞猛进，致使红衣主教委员会（即审查各类印刷品的“禁书目录委员会”）手忙脚乱，顾此失彼。只是审查图书就已力不从心，还有大量的报纸、杂志和传单等各种各样的印刷品，如从高原奔腾而下的洪流滚滚而来，势不可当。如此多的读物，就是不吃饭不睡觉连续读上两三千年也读不过来，哪里还顾得上分类检查。

但是很少有人指出，统治者使用专横恐怖手段给人民带来的不幸，终归会转嫁于统治者自己头上。

曾任执政长官的罗马历史学家塔西陀于公元1世纪时就已宣布，他本人坚决反对迫害作家，认为“这是一件极其愚蠢的事情，其结果是在为作家做宣传，引起民众去关注他们原来并不留意的书籍”。

《禁书目录》很快就验证了这一正确的论断。宗教改革运动刚刚获得成功，《禁书目录》开列的禁书立即成为广大读者了解当代文学的指南手册。此外，德国和低地国家的出版商借助《禁书目录》的引导，不失时机地赚了一大笔钱。他们的情报员长期驻守罗马，专门收集被禁止和被删节的书目。情报一旦得手，立即由特别信使穿越阿尔卑斯山和莱茵河谷，火速送到出版商手里。德国和荷兰的印刷厂马上加班加点，以最快的速度抢先印出头版图书，然后由职业书贩偷运到禁止该类图书的国家，以高额价钱售出。

《禁书目录》直到不久前还在一些国家强制执行，如意大利、西班牙和葡萄牙。偷运入境的图书毕竟十分有限，广大民众仍然处于书荒之中。

有些国家之所以越来越落后，其原因非常简单。大学生在校园里被剥夺了阅读国外先进教材的权利，在生活中被迫使用国内质量低劣的产品。

《禁书目录》对文化事业最大的摧残在于无情地打击了知识分子著书立说的积极性。没有人愿意看到，自己呕心沥血写出的著作被傲慢无知的检察官“修改”得支离破碎，或者被狂妄自大的宗教法庭调查委员“校订”得面目全非。

他还不如去河边垂钓，去酒馆玩骨牌，反而落得轻松自在。

要不就坐在家里，以自己的生活经历和切身体会写一本堂吉诃德的故事。

《书贩》| 房龙

《房龙跪在指导老师伊拉斯谟面前》丨房龙

第10章

话说史书，主要是本书

我建议，读烦了现代小说的读者们，不妨去读一读伊拉斯谟信札。这些信件出自一些温文尔雅的朋友之手，其中有不少耐人寻味的忠告。

“我听说您正在酝酿一本讨论路德的小册子。”行政长官埃克斯写道，“此事须持谨慎态度，不可轻易冒犯教皇，因为教皇希望您平安无事。”

另有一段忠告：“刚从剑桥归来的一位朋友告诉我，您正在筹备出版一本随笔集。看在上帝的份上，不要去做皇帝不高兴的事情。皇帝一旦动怒，后果不堪设想。”

作者出版一本书，必须顾及主教、国王、学院当局和神学教授的反应，稍有不周，就会失去官方的保护。他不但得不到稿费收入，还要被送进宗教法庭，然后躺在刑车底下被车轮压得粉身碎骨。

如今这车轮已经成为博物馆里的古董，宗教法庭关门倒闭已有100多年了。文学家和史学家不必像过去那样要靠官方保护才能拿到稿费。

我打算写一部宽容史的消息被透露出去后，各种各样的建言接二连三地传进了我隐居的小屋。

“哈佛大学已经决定，不允许黑人进入校舍。”一位书记官写道，“请您在这本书中提及这件令人非常遗憾的事情。”

另有一段建言：“马萨诸塞州弗拉明格市的三K党联合抵制一家杂货商店，拒绝购买该店商品，只因该店老板声称自己是个天主教徒。请您在宽容的故事里就此事说几句话吧。”

这类事情确实很愚蠢，理应受到谴责。但是，这类事情仅仅是不良习气和缺乏社会公德意识的表现，不在本书的讨论范围之内。这种不宽容与官方的不宽容大不相同。后者以教会和政府的法律形式出现，使迫害具有合法的性质，使不宽容成为公民义不容辞的神圣职责。

历史，巴杰特曾如是说，应当像伦勃朗的蚀刻画，生动明亮的光线用在最重要的目标上，无足轻重的部分则让其留在阴影之中，看不见也就罢了。

现代的不宽容事件仍然常常发生，报纸如实地报道了这一切。这些报道并没有使我们失望，我们有信心克服不宽容的恶习。

许多前辈人认为理所当然的事情，在后辈人看来却很不合理。前辈人争辩说，这些事情“历来如此”，而后辈人却不认这本旧账，认为新的生活应当有新的气象，只要是不合理的东西，坚决不能让它继续沿袭下去。年轻人的抗争常常赢得胜利。

这本书必须尽量简洁一些。

当铺老板如何靠趋炎附势发财致富，独霸一方的北欧人的声誉如何日趋下降，边远地区的福音传教士如何蒙昧无知，农民教士或巴尔干的犹太法学博士如何偏执顽固，心地善良的人思想观念如何糟糕透顶，这些事情搞得我们哭笑不得，在这里就不多说了。

不管怎么说，只要没有官方的支持，他们还不至于成为祸害。在文明程度较高的国家里，这种危害的可能老早就被排除了。

个人的不宽容比麻疹、天花和长舌妇加在一起还要令人讨厌。它随时都会把不愉快的事情带到社区生活里。但是，个人的不宽容不是刽子手。如果它要扮演刽子手的角色，那是法律不许可的，警察就会采取措施加以制止。

1942 年的房龙

个人的不宽容不会设置监狱，不可能规定全体人民必须想什么、说什么、吃什么、喝什么。

总而言之，个人的不宽容无权强迫和压制别人，固执己见也只是个人一厢情愿，别人不与之计较也就算了。官方的不宽容则有权有势，可以任意妄为，到处横行。

不宽容者狂妄自大，藐视一切。

官方的不宽容一发作起来就会株连无辜，并且总是认为自己绝对正确，是在执行上帝的意志，就像刚刚在大选中获胜的人一样，把开启生存之谜的钥匙视为自己的专利。

如果这本书提及官方的不宽容太多而提及个人的不宽容太少，请读者多多包涵。

我一次只能做一件事。

《地狱里的折磨》

第11章
文艺复兴

有一个博学的卡通画家常常喜欢问自己：桌球、字谜卡、小提琴、衬衣和门前的鞋垫怎样看待这个世界？

不过，我更想知道，奉命操纵现代大型攻城炮的人，他们会有什么样的心理反应。在战争中，各种各样的人执行着各种各样奇怪的任务。但是，在许许多多奇怪的任务中，发射贝尔塔巨型超远程大炮恐怕是最奇怪的了。

其他士兵或多或少都知道自己所干的事情。

飞行员可以根据爆炸的红光判断是否击中了煤气工厂。潜艇指挥员发射鱼雷之后，过了两三个小时返回现场，通过观察海面的漂流物，可以判断出成功率的大小。

战壕里的可怜虫知道自己一直待在那里，就意味着守住了阵地，也就不觉得自己是那么可怜了。

炮兵向看不见的目标开炮，可以拿起耳机询问七八英里外藏在枯树上的战友：那该死的教堂塔尖是否已被摧毁？是不是还要调整一下角度再给它一炮？

然而，使用贝尔塔巨炮的弟兄们就真不知道自己在干什么了。这种巨炮射程远达七八十英里，一炮轰将出去，只有天知道炮弹的下落位置，就算是知识最渊博的弹道学专家也无法预测。炮弹也许击中了预定目标，命中了兵工厂或要塞中心，也许落入教堂或孤儿院，也许钻进河底或墓穴，什么破坏也没有造成。

我觉得，作家往往也像操纵贝尔塔巨炮的弟兄们一样。他们把文学炮弹乱轰一通，在意想不到的地方引起革命或动乱。只不过，他们的炮弹常常是可怜的哑弹，悄无声息地躺在郊外的田野上，不是变成破铜烂铁，就是被人拣去制成撑伞的托架或插花的盆子。

文艺复兴运动在短短的时期内消耗了无数的纸浆，真是史无前例的现象。

意大利半岛的每一个作家，条顿平原的每一个医生和教授，都在忙着出自己的书。人们争先恐后地模仿古希腊的诗歌和古罗马的散文。无数的收藏爱好者在搜集古币、雕塑、塑像、图画、手稿和古代盔甲，马不停蹄地把刚从前辈的废墟里挖出来的各种文物分类、整理、制表、登记、存档，然后配上精制的铜板雕刻和木刻画作，编辑成书，大量印刷。

印刷术的发明把发明家谷登堡搞得倾家荡产，潦倒半生，却把新兴的印刷公司搞得红红火火，财源兴旺。广大民众强烈的求知欲给他们带来了无限的商机。然而，15世纪和16世纪的作家发现，文艺复兴时期印刷出来的大量文学作品并没有对当时的世界产生多大的影响，真正有贡献的思想家倒是那几个屈指可数的鹅毛笔英雄。他们就像开大炮的弟兄们一样，在自己的有生之年未能看到自己的作品是否成功，未能看到自己发射出去的重磅炮弹究竟有多大的摧毁力量。事实上，他们摧毁了前进道路上的许多障碍。要不是他们把垃圾废料打扫干净了，知识界的前院仍然是臭气熏天。那些手握鹅毛笔的战斗英雄永远值得我们怀念。

严格地说，文艺复兴并不是一个向前看的运动。它不满于现实沉闷的生活，把近期出版的作品视为“野蛮”之作。它怀念和向往渗透着“古典精神”的艺术作品。

不管怎么说，文艺复兴运动振兴了良知的自由，增进了宽容的意识，推动了这个世界向前发展。然而，这个发展进程却是运谷登堡（约1400—1468），西方活字印刷术的发明人。他的发明迅速地推动了西方科学和社会的发展。

谷登堡像

动领袖们始料未及的。

在此之前早就有人提出质问：罗马主教凭什么强行规定波西米亚农民和英格兰的自由民非要用某种语言祈祷不可？凭什么强行规定他们按照特定的程序去学习耶稣的教诲？凭什么动不动就威胁他们要为自由生活付出巨大的代价？凭什么指定他们只能读这样的书而不能读那样的书，只能这样教育他们自己的孩子而不能那样教育自己的孩子？他们公然对抗这个超级王国，却被这个超级王国打得落花流水。一些民族运动的先驱和代表人物均以失败而告终。

伟大的捷克宗教改革家胡斯被执行火刑后，骨灰当即就被扔进了莱茵河，以此向世人警示：教皇体制依然至高无上。

同情农民起义的英格兰宗教改革先驱威克里夫病故后，其遗体被官方用火刑焚烧，以此警告身份卑贱的农民们，政府和教皇连死人都不会放过。

显然，正面进攻是行不通的。

传统这座堡垒经过15个世纪的精心营建，已经十分坚固，几乎是牢不可破。在这座神圣的堡垒里，经常发生一些不神圣的丑事：3个争做教皇的人一口咬定自己是圣彼得的惟一继承人，是当之无愧的教皇；罗马教廷和阿维尼翁教廷腐败到了极点，制定法律是为了让人一不小心就犯法，然后让人心甘情愿地出钱赎罪；修道院的修士道德败坏，丧尽天良，把炼狱说得越来越恐怖，借此勒索可怜的父母为死去的孩子购买脱离炼狱的赎罪券。所有这些，人们有目共睹，而谁也无可奈何。教会依然如故，肆无忌惮，为所欲为，有恃无恐。

《胡斯被处火刑》| 漫画

但是，有那么几个人，他们对教会的事情毫无兴趣，对教皇和主教亦无深仇大恨。他们只是由着性子随意开了几炮，却把这座古老的大厦轰倒了。

那些立志追求基督美德的风云人物没有实现的理想，却让一群鱼龙混杂的人实现了。这些人都是些普普通通的平民百姓，从未想过要干什么惊天动地的事业，想到的只是多做好事多行善，争取做教会母亲的一个好孩子。

他们来自欧洲各地，各行各业的人都有。要是历史学家把他们的老底子和盘托出，他们一定会恼羞成怒。

马可·波罗便是其中的一位。

我们知道，马可·波罗是一位旅行家。他走南闯北，见过很多世面。那些没见过世面的邻居戏称他为“吹牛不要本钱的马可”。他告诉人家，他见过皇帝的御座有宝塔那么高，金碧辉煌，十分气派；花岗石砌的城墙好长好长，足有从巴尔干到黑海那么长。大家听了笑得上气不接下气，笑他吹牛也吹得太离谱了。

这位无足轻重的小伙子在历史的进程中却起到了举足轻重的作用。他不是一个搞写作的料子。他和那个时代那个阶层的人一样，瞧不起舞文弄墨的文人。一个绅士（即便是能写会算）应该手握宝剑而不是鹅毛笔。因此，马可先生从来就没有想到要去做一个作家。后来，战争把他卷进了热那亚的监狱。为了打发狱中枯燥难耐的光阴，他向难友们讲述了他在旅途中的奇遇。碰巧有一位难友是个作家。于是，靠着这位患难作家的鹅毛笔，欧洲人知道了许多过去闻所未闻的事情。马可·波罗是个不爱动脑筋的家伙。他一口咬定，他曾经在小亚细亚看见一位虔诚的圣人把一座山移动了两英里，圣人有意在异教徒面前这样露一手，是为了告诉他们“精诚所至，金石为开”这个道理。他还是个故事迷，不管别人讲的是什么故事，他都会囫囵吞枣，全盘接受。比如只有手脚没有脑袋的人和长了三条腿的鸡，诸如此类的故事。尽管如此，他所讲的故事胜过1300年来所有的抽象理论，有力地推翻了教会确立的地理学观点。

马可 · 波罗生是教会的人，死是教会的鬼，是一个绝对忠诚于教会的弟子。假如有人把他和几乎同时代的罗杰 · 培根相提并论，他一定会暴跳如雷，坐立不安。罗杰 · 培根是大名鼎鼎的科学家，因为急于探讨科学理论，牺牲了10年的写作时间，后来又在牢房里虚度了14年光阴。

然而，这两个人真要比较起来，马可 · 波罗对教会的威胁要比罗杰 · 培根大得多。

10万个人当中最多只有一个人，能够跟着罗杰 · 培根去探讨深奥复杂的天文地理知识和进化论原理，找到有力的科学证据去推翻教会所谓的神圣思想。但是，文化水准只要达到ABC程度的广大民众，就可以从马可 · 波罗的故事中知道，世界上到处都有《旧约》未提及的东西。

我并不是说光靠一本书就能推翻《圣经》的思想垄断。普遍的思想启蒙是几个世纪艰苦奋斗的结果。而探险家、航海家和旅行家的亲身经历和所见所闻，迅速地拓宽了人们的视野，促进了怀疑论精神的发展。怀疑论是文艺复兴后期的重要标志之一。它允许人们大胆地假设、大胆地提问、大胆地用口头和书面形式阐述自己的观点，再不会像早几年那样提心吊胆，生怕宗教法庭来

马可·波罗

找麻烦。

薄伽丘的朋友从佛罗伦萨出发去旅行，第一天就听到一些奇怪的故事。其中一个故事说，无论什么宗教制度都可能有对有错。有些观点既无法证实又无法否定，持这种观点的人怎么会被判处绞刑呢?

著名学者瓦拉一直到死都是罗马教会中备受尊敬的要员。他在钻研拉丁文时发现，《君士坦丁惠赐书》是一份伪造的文件。该文件载明罗马帝国君士坦丁大帝授予教皇西尔维斯特一世及其后历代教皇凌驾于其他大牧首之上的地位，统管信仰和崇拜事务之权，以及管辖罗马及整个西部帝国的世俗权力。瓦拉看出该文件使用的拉丁文十分粗俗，撰写了著作《论君士坦丁赠礼》，论述该文献不可能产生于君士坦丁大帝时代。在此之前，无论是赞成还是反对教皇权力的人，都相信它是真的。

圣奥古斯丁教导信徒们说，地球的另一边是荒无人烟的，因为不信仰基督教的可怜虫不可能看见基督再次降临，他们根本就没有理由活在这个世界上。虔诚的信徒们对此话深信不疑。公元1499年，达·伽马首航印度归来，告诉人们，他在地球的另一边看到了人口稠密的王国。虔诚的信徒们还会相信奥古斯丁的教诲吗?

头脑简单的人们一直以为，这个世界是一个巨大的圆盘，耶路撒冷是宇宙的中心。“维多利亚”号环球航行平安归来，证明《旧约》在地理学方面存在着严重的错误。人们还会相信《旧约》的话句句是真理吗?

人们对新的生活越来越感兴趣，足以说明人们对教会的说教越来越厌烦，对现行的社会制度越来越不满。

薄伽丘《十日谈》英文版封面

马基雅维利

从薄伽丘到伊拉斯谟这200年间，抄写匠和印刷工从来就没有闲过。除了教会出版的图书外，所有的名著几乎无一例外地在暗示：野蛮人的入侵无情地摧毁了希腊和罗马的古代文明；无知僧人紧随其后横行欧洲；世界文明被愚民政策取代，陷入了极其悲惨的困境。

马基雅维利[1]和罗伦佐·美第奇[2]的同代人对伦理学没有多大兴趣。他们是现实的人，最会利用现实的社会。他们知道教会是个庞然大物，随便被它碰撞一下就会造成很大的伤害。要想相安无事，最好不要去搞什么宗教改革，不要去抨击现行的社会制度。

文艺复兴运动的方向，无论向前看还是向后看，实际上都是对现状的不满，对现行社会制度的否定；无论从哪个视角看，这都意味着思想在更新，意味着追求更理想的生活。随着视野的不断扩展，人们常常挂在嘴上的肯定句“我早就知道了”，在不知不觉间转换成为疑问句：“我真的知道了吗？”

这要比拉斐尔的画集和彼特拉克的诗集更值得后人赞扬。

---

1 马基雅维利（1469—1527），中世纪晚期意大利新兴资产阶级的代表，主张结束意大利在政治上的分裂状态，建立强大的中央集权国家。他的《君主论》提出了现实主义的政治理论。

2 美第奇是意大利佛罗伦萨的著名家族。

《两个监狱，一个制度》| 房龙

第12章
宗教改革

现代心理学教会了我们一些有关我们自己的东西。其中之一就是，我们所做的任何事情，几乎都不会只有一种动机。无论是把100万美元捐赠给一所新建的大学，还是拒绝把一个铜板施舍给饥肠辘辘的流浪汉，无论是宣称真正的精神自由只有生活在外国才能获得，还是发誓永远不离开本国，无论是坚持把黑的说成是白的，还是把白的说成是黑的，总会有各种各样的动机促使我们去做这些事情。至于真正的动机是什么，大家都是瞎子吃汤圆——心里有数。我们不敢把肚里的汤圆和盘托出，一五一十地告诉人家，因为我们害怕有损自己的光辉形象。为了完全彻底地维护自己的光辉形象，有时还会装瞎装到底，索性自己都不去看它。我们有一种迎合大众的本能，善于根据大众的价值观精心选出一个普遍看好的理由，然后修饰一番，公之于众："这就是我做这件事的真正动机。"

这种搞法虽然在大多数情况下瞒得过大多数人，但是，有一个人是不可能被瞒过的，那个人就是他自己。

大家对这个尴尬的事实都心照不宣，因此也就不以为然。自从有了文明以后，人们一直配合默契，从来不会当面点醒别人。自己心里是怎样想的，那完全是自己的事情。只要外表庄重严肃，不露破绽，也就心安理得了。大家都自觉自愿地遵守这条游戏规则："你相信我的谎言，我也相信你的谎言。"

自然法则不懂文明礼貌，不遵守通行的行为准则，所以它常常被神圣的文明社会拒于门外。历史只受自然法则的支配，是个不懂礼节的家伙，说话从不把握分寸，不管别人高兴不高兴听，只管实打实地往下说，所以没有多少人对它感兴趣，害得主管历史的女神克利俄一直过着默默无闻的生活。那些地位比她低下的神仙姊妹们反而比她风光多了。她们大模大样地出席各种宴会、歌舞会和演唱会，到处有人追捧。自从开天辟地以来，情况一直都是这样。克利俄对此非常恼恨，时不时地想要报复一下，出口恶气。

报复是人类的天性。这种天性非常危险，常常使人类付出生命财产的巨大代价。

每当这位历史女神把人类的谎言抖出来时，整个世界就会动荡不安，硝烟滚滚；骑兵到处横冲直撞，步兵满山遍野地爬来爬去；大家互不相让，打得你死我活，打得筋疲力尽，然后死者入墓，生者回家；结果是田园荒芜，财物空空如洗。

渐渐地，我们开始认识到：历史是一门科学，也是一门艺术，它只受自然法则支配。自然法则不以人的意志为转移，我们只能尊重它，不能改变它，因为它是客观事实。如果我们不喜欢客观事实，只喜欢美丽的谎言，用谎言把事实遮住，那是在愚弄自己。纸怎么能包得住火？

话题至此，引出了本章的主题：宗教改革。

对于这场给社会和思想带来空前大变革的运动，一直存在两种截然不同的看法：一种认为这个运动搞得好，另一种认为这个运动糟透了。

持赞同观点的人认为，这场运动是由一些怀抱崇高理想的神学家为了净化神圣的宗教而引发的。他们对教皇邪恶的统治和贪这本小册子是马丁·路德的最后一篇檄文，引发了无休止的争论。

《魔鬼建立的罗马教皇制度》的扉页

污受贿深恶痛绝，自己建立起独立的教堂，向一心一意要做真正基督徒的人传授真正的信仰。

那些效忠罗马教廷的人已经麻木不仁，毫无生气。

阿尔卑斯山那边的学者则认为，所谓的宗教改革，就是那几个王室成员搞的阴谋，他们不想承担婚姻责任，却想要拿走教会娘家的财产。

也许两种说法都对，也许两种说法都错。

宗教改革运动是各种各样的人抱着各种各样的动机促成的。我们现在回顾这段历史过程，可以清楚地看到，宗教上的不满在这场大动荡中只是一个次要角色，神学的背景也很淡薄。它实际上是一场不可避免的社会和经济的大变革。

我们教导孩子们说，高尚的菲利普王子对改革后的教义很有热情，是一位开明的统治者。这样说很容易。要是把菲利普在跟其他基督徒对阵时接受了土耳其异教徒的援助这种事情也抖出来，说他是一个缺乏宗教道德的政客，满肚子的阴谋诡计，菲利普高尚的形象就树立不起来了。因为不提及此事，所以几百年来，新教徒一直把一个野心勃勃的年轻伯爵装扮成一个宽厚仁慈的英雄人物。

我们把克莱门特主教描绘成一个可爱的牧羊人。他全心全意看护着他的羊群，为了羊群免遭误入歧途之祸而耗费了毕生精力。只有这种光辉形象才能写进天主教的课本。如果这个主教跟美第奇家族一样，把宗教改革运动看成是喝醉了酒的德国人在吵吵闹闹，并且乘机利用教会的力量来扩展自己的利益，这种事情最好就不要提了。

为了维护某种观点编写的史书，作一定的取舍是必要的。但是，我们这些新时代的幸运儿没有必要坚持祖先的错误，可以根据自己的判断得出自己的结论。

黑森的菲利普，这位路德的挚友和支持者，确实是一个很有政治抱负的人，但并不能因此就断定他是一个毫无宗教热情的人。

不能根据一件事情就把话讲死了。

1529年，当他把自己的名字签在著名的《抗议》上时，他和与他一道签名的朋友们一样清醒地看到，他们已经置身于惊涛骇浪之中，随时都有可能葬身于绞刑架上。

如果他不是一个英勇无畏的男子汉大丈夫，他就不会挺身而出充当这样一个角色。

我要说明的是，评价一个历史人物（其他人也是一样），如果不深入了解是什么动机促使他去做这件事情，或者是什么动机迫使他放弃他想要做的事情，那就难以得出正确的判断，也可以说不可能得出正确的判断。

法国有一句谚语："了解就能宽恕。"我想把这句话略微调整一下，改成"了解就能理解"。宽恕只有仁慈的主才能做到，我们还是低调点为好。

对于人类有限的能力来说，能够"理解"已经很不错了。

说到宗教改革，我对这场运动的理解是：它最初是一种新精神的体现，是近10个世纪经济和政治发展的结果，后来演变成"民族主义"运动。

《抗议》| 房龙

没有同心同德的精神，德国人、芬兰人、丹麦人、瑞典人、法国人、英国人和挪威人就不可能团结一致，形成一股巨大的力量去战胜共同的敌人。

如果不是一个伟大的理想把他们拧成一股绳，如果他们各自为政，自行其是，如果他们不抛开私仇和野心，宗教改革运动就不可能成功。

它会沦落为小规模的地方起义。对付这种起义，随便调遣一支雇佣军和几个耀武扬威的宗教法官，就可以轻而易举地把它镇压下去。

运动的领导人就会落个胡斯一样的下场，他们的追随者也会步沃尔多派和阿尔比派的后尘被赶尽杀绝。

这场运动只是取得了表面性的胜利，实质性的成功却微不足道。胜利者刚刚得胜，致命的威胁刚刚排除，新教徒的阵营便分化成无数个互相敌对的小集团，在各自为政的范围内重演敌人在集权时代所有的错误。

一位法国主教曾经说过，我们无论如何都应当学会爱人类。

回顾过去，我们看到，人们满怀希望去追求未来，结果等待着他们的却是更大的绝望。多少男女同胞怀抱着崇高的勇气视死如归，大义凛然，为了美好的理想，把他们宝贵的生命舍弃在绞刑架上，把他们的一腔热血抛洒在战场上，可惜他们孜孜以求的理想从来就没有实现。那默默无闻的芸芸众生，为了理想社会的实现，付出了多少默默无闻的努力，到头来，日子却是过得一年不如一年。新教徒们挺身而出，英勇起义，本想建立一个更加自由开明的新世界，但遗憾的是，他们砸碎了旧的枷锁，却又铸就了新的锁链。所有这一切对人类的博爱之心是一个严峻的考验。

实话实说，新教徒从这个世界带走的是善美和高尚，带来的却是更多的狭隘、粗暴和仇恨。世界并没有因为新教徒的得胜而变得更加纯洁更加和谐，反而变得更加复杂更加混乱。话又说回来，所有这些都不能用来说明宗教改革是一个错误的运动，只能说大多数人的旧习气太顽固。这些旧习气一旦进入新世界，所起的作用比在旧世界更加恶劣。

他们不愿意奋起直追。

他们跟不上先行者的步伐。

他们不是不向往美好的生活，他们迟早都会跨过通向新世界的桥梁，只是还要等一下，等到他们看好时机，而且不会忘记尽可能多地带上一些老祖宗留下来的家当。

宗教改革本想革除过去的一切偏见和腐败，在基督徒与上帝之间建立一种全新的关系，结果却被追随者背负的中世纪包袱给拖累，形成进退两难的局面，致使整个世界成了教廷体系的复制品。

新教徒起义的悲剧就在这里，它无力超越大多数人固有的旧习气。

西欧和北欧并没有取得预期的进步。

宗教改革运动没有产生一个统一指挥的领导，却产生了无数个小霸王。他们在自己的小天地里君临天下，唯我独尊。

原来的基督教世界分为两大部分：一部分是在朝人士，一部分是在野人士；一部分是正统基督徒，一部分是异端分子。宗教改革运动把基督教世界分化为无数个小团体，这些小团体各自为政，各执己见，互不相容，彼此仇视。宽容思想在这里没有立足之地，早期教会的恶习却随处可见：争权夺利，残酷斗争，无情打击，想方设法消灭异己。

真是太令人失望了。

这在16世纪至17世纪的思想发展历程中是不可避免的。

像路德和加尔文这样的领袖人物所具有的勇气，只有一个词可以来形容。这个词是一个令人生畏的形容词：胆大包天。

德国边远地区的一所学院有一位教授，他是多明我会一个朴实的会员。他烧掉了教皇的训谕，把自己的叛逆观点贴在教堂的大门上。法国一位体弱多病的学者把瑞士的一个城镇变成独树一帜的堡垒，公然藐视教皇的权威。这些人展示出来的大无畏精神，恐怕在现代社会中也难得见到。

那些胆大包天的反叛者很快就有人响应和支持。但是大多数响应者和支持者都有各种各样的动机和目的，不是沽名钓誉就是浑水摸鱼，如此而已。

反叛者奋不顾身只是为了追求良知的自由，并没有想到这个世界会因此而发生什么变化，更没有想到竟会有那么多民族和国家聚集在他们的旗帜之下。

然而，他们一旦被卷进了运动的洪流，便身不由己，不得不随着潮流而去。

如何使自己浮在水面而不被淹没？这个问题很快就耗尽了他们的气力。罗马教皇终于明白，这场该死的动乱比多明我会和奥

《马丁·路德》| 老卢卡斯·科拉纳赫

古斯丁派僧人之间的争吵要严重得多。为了收买人心，教皇临时决定停建他那心爱的大教堂，紧急召开会议，准备发动战争。教皇的训谕和把叛党逐出教会的告示飞速传递，帝国的军队开始行动了。造反派的领袖们无路可退，只好铤而走险，背水一战。

伟人在生死大搏斗中失去理性平衡，这在历史上是常见的现象。路德曾经大声疾呼："烧死异教徒是对圣灵的背叛。"仅仅过了几年，他一想起德国人和荷兰人居然倾向于再洗礼教的思想，就怒不可遏，觉得不能容忍。

一个无私无畏的改革家为了"人不能把自己的逻辑强加于上帝"这个理念而开始了他的改革生涯，最后却把坚持和发展了这个理念的人视为敌对分子而烧死。

今天持不同见解者，到了明天就容忍不了所有持不同见解者。

加尔文和路德一直在说，黑暗过后是黎明。但是，他们却一直未能从中世纪的黑暗里走出来。

他们从来就没有珍惜过宽容，他们也不可能珍惜宽容。他们只是在走投无路的时候才喊出"信仰自由"这个神圣的口号，用以保护自己，打击敌人。他们一旦得胜，立即就把这有力的武器小心翼翼地放进新教徒的废品仓库，还有许多善良的愿望因为失去了利用价值一同被丢弃在这里。它静静地躺在这里，渐渐地被人们忘记。许多年以后，人们在装满旧式说教的箱子后面发现了它，把它捡起来，擦去锈迹，拿着它重上战场。然而，时过境迁，此时的人不再是彼时的人，时光早已越过了16世纪。

话说回来，新教革命仍然促进了宽容事业的发展。这不是革

Doctor
Martin
Luther
Ecclesiast
Schwirmer
Barrabas
Martinus Luther
Siebenkopff.

《马丁·路德的七个脑袋》

罗马天主教会的钦定《圣经》是由圣·杰罗姆于公元4世纪翻译的，也是第一个拉丁文《圣经》全译本。本图是1528年在维纳斯印刷的钦定《圣经》的扉页。

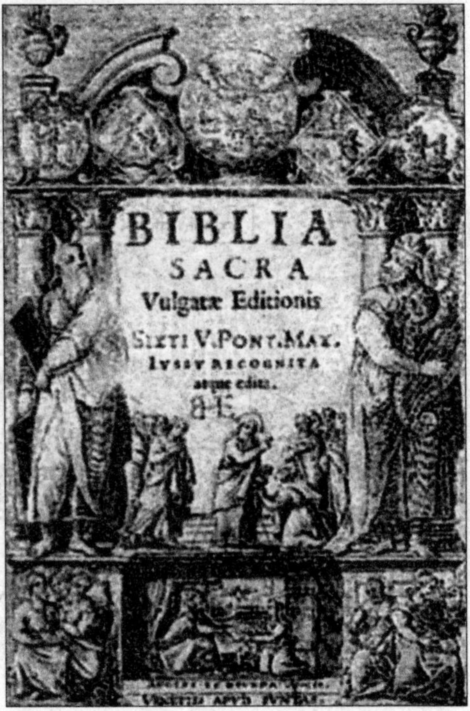

钦定《圣经》扉页

命的直接成果，而是宗教改革运动在社会各个方面间接地起到了进步作用。

过去，教会虽然没有明令禁止普通百姓阅读《圣经》，但也从来没有提倡普通百姓去读这本书。凡是教会不提倡的事情，做了总会心有余悸。现在，每个人都可以放心大胆地阅读这本圣书，按照自己的理解得出自己的结论，再也不用担心被绑到火刑架上了。

我们敬畏或者惧怕某些神秘莫测的事物，那是因为我们不熟悉它，不理解它。宗教改革后的200年里，虔诚的新教徒通过自己的阅读，知道《旧约》实际上是一个部落的民族史。这个部落由牧人和商人组成，并不是原来想象的那样神秘。自由的学习和研究，产生了路德、加尔文和其他改革家未曾预见的结果。

如果他们预见到这一步，我敢肯定，他们也会像教会一样，把这本书小心地抓住不放，决不让它落入别人之手。后来，越来越多的学生把《旧约》当作一本有趣的书来读，认为书中那些残忍、贪婪、谋杀等等血腥的故事，不可能是受神的启示写出来的。从故事内容的性质看，这本书的作者应该是仍然处于半野蛮状态的人。

从那以后，人们不再把《圣经》看成是所有智慧的惟一源泉。自由思考的障碍一经排除，被压制了近千年的科学研究思潮便沿着自然的渠道自由奔放。希腊、罗马哲学家的思想成果从20个世纪以前被扔掉的地方找了回来。

从宽容的视角看，宗教改革运动使西欧和北欧从专制体系中解脱出来。这个体系名为宗教机构，实为罗马帝国专制主义的延续。

也许信奉天主教的读者不同意我的这些观点，但是他们不能不承认，宗教改革势在必行，谁也无法抗拒，况且天主教在这场运动中也获得了新生。教会这个圣名早已被贪婪和专横搞得声名狼藉，教会正好乘着改革的浪潮把自身的污点清洗干净。

新教皇的选举十分慎重，不是德高望重者不能当此重任。新主人在耶稣会士尽心尽力的辅佐下开始了彻底的大扫除，务必要把一切肮脏的东西从教会中清扫出去。

赎罪券已经穷途末路，寿终正寝。

修道院的神职人员必须好好学习修道院创始人制定的章程。

文明城市再也见不到行乞修士的踪影。

消极观望被追求圣洁生活的热情取而代之，大家都以助人为乐事，尽其所能地帮助那些丧失劳动能力的人和生活负担太重的人。

此后，欧洲北半部信奉新教，南半部信奉天主教。

中世纪有一座巨大的思想牢笼。

新教徒摧毁了旧的监狱，接着就地取材，建立了一座新的监狱。

1517年以后有了两座监狱，一座为天主教徒服务，一座为新教徒服务。

新教徒缺乏迫害和镇压的经验，有监狱也不会管理使用。

不服管教的囚徒纷纷从窗户、烟囱和地牢门口逃跑出去，溜之大吉。

赎罪券是中世纪时西欧教会出售的一种赦罪券，据称可以免除『原罪』导致的惩罚。赎罪券作为教会的敛财工具，是教会堕落的表现，也是宗教改革的导火线之一。

《赎罪券》| 佛兰德斯 | 卢卡斯·克拉纳赫

《呼吸的空间》丨房龙

囚徒不服管制，教众也难约束。新的规章制度刚刚张贴出来，大批不满分子便一去不回头。他们的上级领导，现在叫做牧师教长，由于不能使用旧式方法（革出教门、大刑伺候、抄没家产、杀头流放）维持秩序，只好任由这些去意已决的教众离开他们。这些教众另起炉灶，根据自己的喜好选择适合自己的信仰。

这种事情经常发生。后来，在不同的领地之间渐渐形成无人管辖的精神地段。在这里，求知的人可以任意寻找他们的知识宝藏，追求理想生活的人可以放情地遐想。

这就是新教对宽容事业的奉献。

它重建了个人的尊严。

《可怕的小册子》 | 房龙

第13章
伊拉斯谟

无论写什么书都会有危机感，有时在前50页就已出现，有时一路写下去都觉得平安无事，直到快要完稿时，危机感才显现出来。这并不奇怪，一本不冒风险的书，就像一个孩子没有出过天花一样。关键问题恐怕就在这里。

这本书才写不久，危机感就出来了，因为在1925年这个特权时代，写一本论述宽容理念的书不但吃力不讨好，而且显得荒唐可笑。我真想把伯里、莱基、伏尔泰、蒙田和怀特等人的书付之一炬，连同我自己的著作一起烧掉算了。

此话怎讲？

原因有很多。其一，作者每天写作，与自己要写的东西朝夕相处，形影不离，时间久了，难免会觉得有些枯燥厌倦。其二，这本书毫无实用价值，写了我怕也是白写。其三，我担心不喜欢宽容的同胞们会把这本书倒过来看，对正面的题材不屑一顾，对反面的题材津津乐道，为自己的不宽容找到了历史依据而沾沾自喜，扬扬得意。

除了上述原因（大多数伦理学著作都存在这些问题）外，这本书还有一个棘手的“体裁”难题。

一本完整的书总该有个开头，有个结尾。这本书有开头，但是它会有结尾吗？

我要讲的就是这个问题。我可以列举很多打着公正和正义的旗号犯下的恐怖罪行，实际上，真正的罪魁祸首就是不宽容。

我可以描绘出不宽容思想在备受推崇和热烈赞扬的时候，人类是怎样落难遭罪的。

我可以谴责不宽容，可以嘲讽不宽容，可以让读者们同声高呼：“打倒不宽容！我们要宽容！”

然而，有一件事我却无法做到。我不知道怎样才能实现宽容这个崇高的理想。现在市面上教导我们这样那样的书多如牛毛，从饭后的言谈到魔术口技之类的手册应有尽有，层出不穷。上个星期天我看到一张函授教育广告，至少登有249个科目，校方保证把学生教得炉火纯青，出神入化，而且学费也不算高。但迄今为止，从未见过有谁提出要用40（或者4000）个课时教导我们如何学会宽容。

历史理应是一把解密的钥匙，它却一直未能帮助我解决这个难题。

人们可以写出洋洋大观的学术著作，详细地论述奴隶制、自由贸易、死刑问题和哥特式建筑，因为这些东西都很具体，大家都能一目了然。即使缺乏一些相关的资料，从这些方面持对立意见的人物的生平，从他们的生活习惯和社会关系，从他们对食物、饮料和烟草的喜恶，甚至从他们穿的衣裤，我们都可以得出某些结论。

几乎没有一个人把宽容事业当作自己的专业。热烈鼓吹宽容只是一种偶然性。宽容充其量不过是一种副产品。他们追求的不是宽容，而是别的事业。他们是政治家、作家、国王、物理学家、美术家。在国王的事务中，在行医或者刻钢板的过程中，他们有时也会说几句宽容的好话。但是，他们不会把宽容看得高于一切，更不会锲而不舍地追求下去，为之奋斗一辈子。他们对宽容的兴趣就像业余时间拉提琴和下棋一样。

人们常常会从警句中得到某些启示。但是，在这个特殊的问

斯威夫特

题上，《圣经》、莎士比亚、艾萨克、沃尔顿甚至老本哈姆都没有给我们留下过什么提示。乔纳森·斯威夫特[1]的一席话倒是和这个问题有些关联，他说："大多数人都会从他们的宗教信仰中找到充分的理由去恨邻人，却不会找到充分的理由去爱邻人。"这番话确实讲到了点子上，不过，仍然未能完全解决我们面临的难题。一些人完全与宗教信仰无缘，他们却会满腔热情地关爱邻人，关爱迷路的小狗小猫。

看来我得自己去找答案才行。

为宽容而奋斗的人都有一个共同之处：他们不会盲目认同，盲目信仰。他们凡事都爱问个为什么，力求把面对的事物认识得更准确更深刻。

在今天这个爱国主义高高在上的时代，我们狂热地高呼，要百分之百的这个，要百分之百的那个。我们怎么就不睁开眼睛看一看，大自然曾经给了我们多少惨痛的教训？它似乎对任何标准化的理想都有一种本能的反感。

大家都知道，未经杂交的猫和狗生下来若是白痴，要是无人把它们从雨中抱走，它们就会活活地被雨淋死。百分之百的纯铁早已被称之为钢的混合金属取代。珠宝商不会用纯金纯银去打造首饰。音色好的小提琴一定是由六七种木材制作而成。要是一顿饭菜百分之百是蘑菇，连油盐都不加进去，这样的饭菜我不会去品尝，多谢了！

简言之，世间一切最有用的东西都是由多种元素构成的。我

1　乔纳森·斯威夫特（1667—1745），英国著名的讽刺作家，著名作品是寓言小说《格列佛游记》。

看不出信仰有什么理由是个例外。我们“肯定”的基座要是没有一定的“怀疑”合金含量，这个基座就不会牢固，我们的信仰就会像纯银制成的闹钟一样刺耳，或者像纯铜制成的长号，吹起来难听得要死。

文艺复兴时期，国际贸易的复苏给西方的贫困国家带来了新的资本。新建的城市形成了新的阶层，新兴的阶层开始了新的生活。他们资助艺术，购置图书，投资办学。一些“人文学”的忠实拥护者把研究领域扩展到整个人类社会，突破了旧式经院哲学的局限。

本书往下陆续讲述这些人文主义者的故事，这一系列故事首先从伊拉斯谟开始。

伊拉斯谟性情温顺，却参加了当时所有的文字大论战。他的有力武器是幽默。他把幽默这炮弹用他的远程大炮准确无误地射向敌人，厉害无比，打得他的敌人晕头转向，闻风丧胆。

他的幽默妙语好像芥子气炮弹，对着敌人的国土猛烈轰击。伊拉斯谟式炮弹种类繁多，杀伤力极大，十分可怕。表面上看，这些炮弹形同新式烟花爆竹，多姿多彩，妙趣横生，非常可爱。这种烟花爆竹对孩子们有巨大的吸引力，散发出来的芥子气会不知不觉地渗进幼小的心灵，而且根深蒂固，遗传下去就是整整4个世纪。

奇怪的是，北海东岸一个泥泞脏乱的小镇上，竟然会生长出这样一位天才人物。公元15世纪时，这片潮湿的土地尚未成为独立富强的国家，只有一些微不足道的小公国。它们那时还处于文明社会的边缘。这里到处都弥漫着鲱鱼味，鲱鱼是他们的主要出口商

《伊拉斯谟像》丨德国丨小汉斯·霍尔拜因

品。如果有客人来到这里，那个客人多半是个航船触礁的倒霉鬼，无路可投才到这里来，勉强找个安身之处，暂时歇一阵子。

如此恶劣的环境，会使一个孩子在恐惧和失望的阴影中丧失自己的天赋，也会使一个好奇心强的孩子奋力挣扎，积极向上，最终脱颖而出，成为那个时代名满天下的人物。

他是个倒霉透顶的人，一生下来就不顺当，只因他未经合法婚姻许可就被生了出来。中世纪的人头脑古板，不像我们现代人这样开放，对这种事情可以满不在乎。他们对这件事感到很遗憾。这种事情根本就不该发生。他们对此非常不满，心烦意乱。好在他们的头脑也很简单，不像我们现代人这样灵活，随便灵机一动就可以轻而易举地收拾这个不该生出来的家伙，一了百了。他们没有想到要去惩罚摇篮里的这个小生命，无论怎么说也不是这个孩子的错。他的父母应付不了局势，糊里糊涂就把他和他的哥哥一同送给了不是白痴就是无赖的亲戚照看。

孩子的母亲去世后，两个小家伙没有了自己的家，他们的叔叔和监护人不知如何打发这两个被监护人，干脆就把他们送到代芬特尔一所学校。学校有几位教师是“共同生活兄弟会”的会员。根据伊拉斯谟后来的书信判断，“共同生活兄弟会”的弟兄们过着完全不同的生活，这才是他们真正的共同之处。随后，两兄弟被分开。弟弟被送往豪达一所拉丁文学校，由校长直接监督。这位校长是孩子继承产业的3位监护人之一。4个世纪之后，我曾经参观过那所学校。如果伊拉斯谟在校时如我所见的那样糟糕，我真是为这个孩子感到万分难过。更糟糕的是，三个监护人把留给孩子的产业挥霍一空。为了逃避起诉（那时荷兰法庭对这类事情执法非常严厉），他们赶在事情败露之前把这孤儿送进了修道院，并且为他祝福，因为“从此以后他的前途有了保障”。

中世纪末期，修道院里的僧侣大多是一些满手老茧、一字不识的农民和粗汉。伊拉斯谟这个文弱敏感的小青年生活在这样的人群之中，很难想象他是怎么过来的。历史的磨盘真神奇，竟然把这段黯淡的生活经历碾磨成具有伟大文学价值的精神财富。

好在施泰因修道院纪律松弛，伊拉斯谟得以把大部分时间用于阅览前任修道院长收藏的拉丁文手稿。这些手稿存放在图书馆里束之高阁，无人问津。在这与世隔绝的小天地里，在这孤独凄凉的生活中，伊拉斯谟研读了大量古今著作，为他日后成为百科全书式的人物打下了坚实的基础。在往后的生活中，他很少到图书馆去查阅资料，因为他把读过的书全都记在了脑海里。

后来，伊拉斯谟离开了那座古老的修道院。像他那样的人不可能受环境的约束。他们是创造环境的人物，善于营建适合于自己的生活环境。

伊拉斯谟崇尚自由，喜欢过清静恬淡的生活。因为他的名气太大，慕名而来的人太多，他不得不时常搬迁，搬到更清静的地方，以便静下心来从事他的研究工作。

他从童年时代就一直向往着“有生命的上帝”，一生孜孜不倦地追求圣洁的理想生活，直到生命的最后时刻，才得以享受片刻“真正的清闲”。

他到巴黎去求学，因为是个穷学者，经常挨冻受饿，差点死在那儿。他在剑桥讲过学，在巴塞尔出版过著作。他试图（完全是徒劳）把启蒙的火花播撒到卢万大学。他在英国住了很长一段

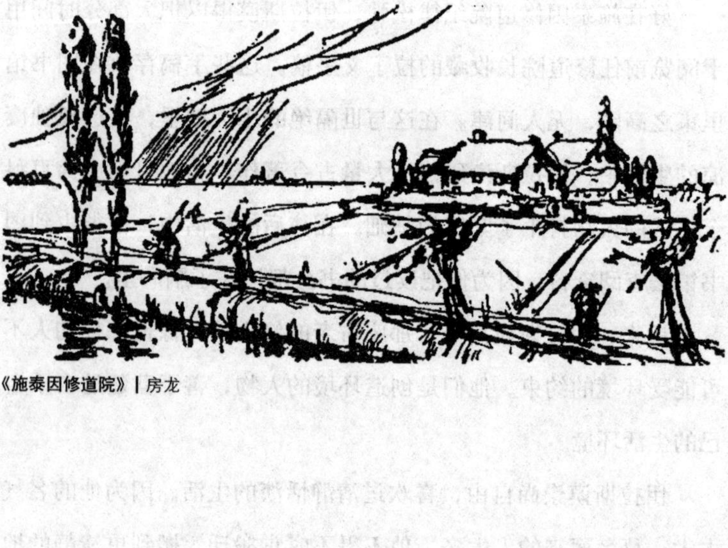

《施泰因修道院》| 房龙

时间，获得了都灵大学神学博士学位。他熟知威尼斯大运河，漫游过泽兰岛。罗马的天空、公园、人行道和图书馆在他脑海里留下了深刻的印象。他先后旅居法国、英国、德国、意大利和奥地利。只要他入住威尼斯，便可得到一笔丰厚的年金。只要有新大学开办，肯定会邀请他去做教授，随便他教哪门课程都行，甚至他根本不用授课，做个样子到校园里走动一下，校方也会感到莫大的荣幸。

但是，他毫不犹豫地回绝了这一切邀请，因为他崇尚自由，不愿受到任何约束，尤其不愿受到金钱和名位的约束。他过惯了独立自主的生活，不习惯依赖于任何人。在他眼里，世间的一切事物中，自由是最宝贵的。他喜欢新的生活，不喜欢生活一成不变；他喜欢有新意的朋友，不喜欢装腔作势的老古板；他知道葡萄酒和墨水的区别；然而，他要按照自己的方式过自己的生活。他很清楚，一旦俯首听命，把别人叫做“主人”，那就什么事情也做不成了。

伊拉斯谟最大的愿望就是要做一盏指路的明灯，用知识之光把前进的道路照亮，让人们清楚地看到，“愚蠢”和“无知”是最大的路障。

他在历史大动荡时期，既没有招致新教狂热分子的打击，也没有遭遇宗教法庭的火刑，在狂风暴雨中安然无事地走了过来。这可以说是善于避祸，也可以说是贪生怕死，没有献身精神。这是他一生中最有争议的地方。

后人提起英勇献身的烈士，景仰之情便会油然而生。殉道者视死如归的壮举，不能不使人由衷地敬佩。

“为什么这个荷兰人不挺身而出支持路德，不和改革者们并肩战斗？”至少有12代的知识分子对此疑惑不解。

答案其实很简单。他天生就不是一个暴力主义者，对暴力不感兴趣。他从来就没有把自己视为任何运动的领袖人物。他不是那种自以为是的人，他不会把他自己的任何观点强加于任何人。但是，他有自己的看法，有自己的主见，他不是一个随波逐流的人。他认为，重新装修住房时，把过时了的东西、不适用的东西和垃圾废料清理出去就行了，不一定非要把整座旧房子拆掉不可。激进派嘲笑他中庸保守，对他嗤之以鼻，不屑一顾。他们一意孤行，非要闹个天翻地覆不可。结果是一个暴君被推倒，两个暴君又站了起来。

像所有真正的伟人一样，伊拉斯谟不是制度的支持者。他认为，拯救世界在于拯救每一个人的灵魂，在于唤醒每一个人的良知。人人都有了良知，整个世界自然就会和谐美满。

他试图用文化交流的方式来消除各种社会弊端。

他写了大量的信件，分别寄给国王、皇帝、教皇、修道院长、骑士、恶棍以及社会各阶层人士。

他编辑整理了大量被传抄得走了样的经典古文。为了恢复原作风貌，他下了很大的功夫学习希腊文。那时教会禁止使用希腊文，许多正统的天主教徒认为伊拉斯谟学习希腊文，就像异教徒一样心术不正。这话现在听起来觉得荒唐可笑，而那时的情况确实如此。公元15世纪那个时候，正统的基督徒做梦也不会梦到学习希腊文这门禁用的语言。这是一门邪恶的语言，学会了它只会惹是生非，不得安宁。它会诱导人把福音书的原文拿去对照教会的译文。这样一对照，教会的权威就会被动摇。因为原文跟译文相去甚远，而教会却一口咬定译文是原文的忠实再现，任何人都不许提出质疑。伊拉斯谟不但学了希腊文，而且跑到犹太区去学希伯来文，简直是在公然藐视教会的权威。那个时候，谁要是拥有一本外文书，谁就会被视为里通外国，图谋不轨，那本书就是铁的罪证。

教会当局经常闯入私人住宅查抄非法读物。一些拜占庭难民为了谋生，私下教授点希腊文却常常遭到恐怖袭击，不得不逃离这座灾难深重的城市。

伊拉斯谟不畏艰险，不怕困难，终于学会了希腊文。他在编辑教会神父的书时，巧妙地加入了一些注释，暗含着许多时事评论。这些注释的内容如果单独成册，绝对不允许被刊印出版。

才思敏捷的伊拉斯谟创造了另一种文学形式。他把古代谚语编辑成册，加上风趣幽默的注释和评语，让孩子们都能学会古文，以寓教于乐的方式提高孩子们的文化素质。

公元1509年，他用拉丁文写成著名长篇讽刺作品《愚人颂》，于1511年出版。他借助“愚人”（即一个类似神经不正常妇女的人）之口，用通俗而尖锐的语言，揭露教会、帝王将相、封建贵族和贪官污吏的一切罪行。他抨击教会僧侣和神学家的“疯狂和愚蠢”，嘲笑僧侣的禁欲主义和伪善，揭露他们自己放荡淫逸，却要别人远离肉欲享受去追求来世幸福。他讽刺神学家们的烦琐论证和不学无术，说他们可以用“600个三段式”去证明别人是异端，自以为无所不知，实际上一无所知。他还揭露教皇和贵族的专横和好战，痛斥他们“用刀剑来继续行善”。他认本图是老汉斯·霍尔拜因为伊拉斯谟的《愚人颂》作的插图。

《伊拉斯谟》丨德国丨老汉斯·霍尔拜因

为社会上各种宗教礼仪都是可悲的愚行。

伊拉斯谟以沉痛的感情和幽默讽刺的笔法抒发了内心的感受。同时，他歌颂人性的解放，认为“人的生活必须有欢乐”，“有更多的情欲”，“顺从自然的本性去生活”，强调只有顺应自然才能得到真正的幸福。他把人作为自然的中心，谴责中世纪的经院哲学没有认识到人的本性和价值。

在临终前几天，他拒绝了罗马教皇封他为红衣主教的任命。他一生为争取人的自由而奋斗，宁愿以一个自由平民的身份离开这个“无情的世界”。

《愚人颂》是富有哲理的长篇演讲词，是16世纪人文主义的代表作之一，也是世界古典文学名著，在当时的欧洲各国广为流传。

他对教会的无情的讽刺和揭露大大损害了教会的威望，触怒了罗马教会统治者。教皇保罗四世于1558年将其所有著作列为禁书。其著作还有《基督战士手册》、《箴言集》和《论自由意志》等。

公元1536年7月，他在他的出版商家里离开了人世。

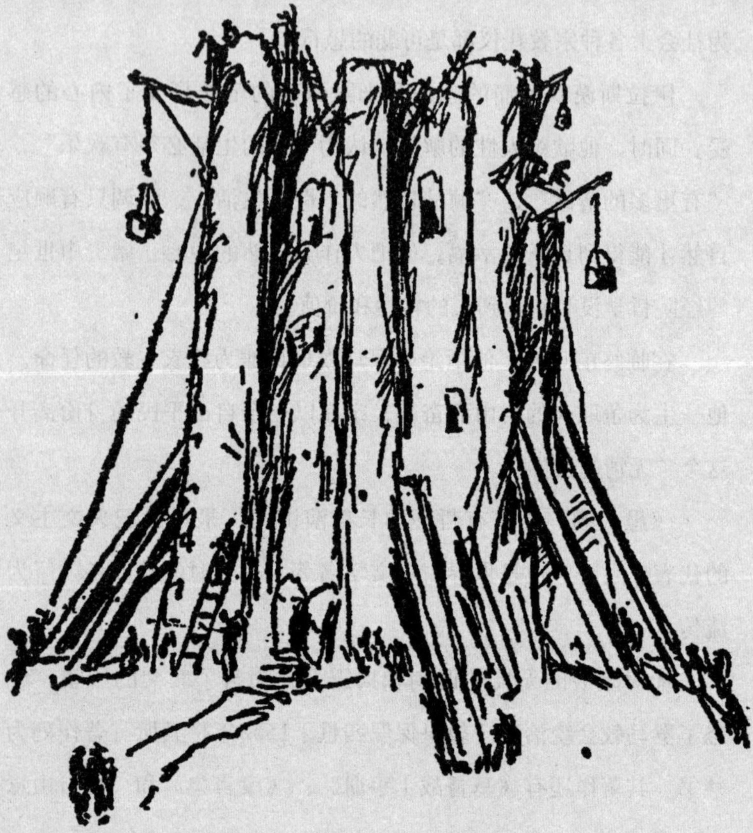

《旧大厦维持新时代》 | 房龙

第14章
拉伯雷

社会动荡造就奇怪的人物。

伊拉斯谟的大名可以赫然印在封面上，全家人不分男女老少，都可以随意阅读他的书。但是，在公共场合谈论拉伯雷，就显得伤风败俗了。这个家伙是个危险分子。我们的国家通过了一项法律，禁止童男童女接触他的作品，因为他的作品邪气太重。在很多国家里，他的书只能从铤而走险的书贩手中得到。

这纯粹是贵族老爷们的阴谋诡计，是恐怖统治惯用的荒唐伎俩之一。

拉伯雷的作品对20世纪的普通读者不会有多大的诱惑力，读他的作品就像读《汤姆·琼斯》和《七面山墙的房舍》一样，令人觉得枯燥无味，难得有人耐住性子读完平铺直叙的第一章。

拉伯雷的语言没有什么挑逗性，所用词汇都是当时的常用词。我们现在的人嫌这种词汇缺乏想象力，所以就不常用了。那时90%的人都过着“靠山吃山，靠水吃水”的生活，不懂语法修辞，讲话干巴巴的，铁锹就叫做铁锹，母狗则不会叫成“贵妃狗”。

这位非凡的外科医生写的书遭人反对，不只是他的作品用了太多不加修饰的词汇，更重要的是，众多优越感很强的人士，面对不肯向生活低头的人，心里不免会有些发慌。

据我观察，人类可以分为两种：一种人顺应自然；一种人不爱自然。前一种人坦然地接受生活，无论命运如何都会尽其所能地过好自己的生活。

后一种人也接受生活（能不接受吗？），但是，这种人不喜欢自然的生活，只喜欢人为的生活。要是大自然降福于他，他不会感到高兴，只会感到烦恼，就像只想要木偶或玩具火车的小孩

拉伯雷

子得到的却是一个活生生的小弟弟。

前一种人天性乐观，心态平和，能够谅解后一种人，认为各人有各人的想法是自然的。后一种人总是忧心忡忡，不是担忧这个，就是担忧那个，并且很看不起前一种人，认为无忧无虑就是无头无脑，是傻瓜型的人。

如果有可能的话，后一种人肯定会立即把那些傻瓜从这个星球上清除干净。

但那是不可能的。于是，后一种人就想尽办法去迫害前一种人，因为前一种人老是在说世界属于快乐的人，不快乐的人等于是个死人。这些话听起来实在是太刺耳了。

拉伯雷是前一种类型的人，属于紧随伊拉斯谟那一代，仍然生活在教会控制的世界里。他生于希农，父亲不是药商就是酒贩（15世纪这两种职业差别很大）。富有的老人家把儿子送进了好学校。年轻的拉伯雷结识了当地赫赫有名的杜贝莱家族的后裔。这些男孩颇有天资，能文能武，像他们的父辈一样，偶尔也上战场。他们效忠国王，担任过数不清的公职，编写炮兵和步兵训练教材，翻译古文，各项工作都做得非常出色，尽到了贵族应尽的责任。然而，他们一旦得了主教、红衣主教、大使这样的头衔，他们的生活就只有责任和义务，没有乐趣可言了。

拉伯雷与杜贝莱家族的关系十分亲密。他们经常同桌共餐，但他却不仅仅是一个言谈风趣的食客。在他多灾多难的一生中，由于这些老同学的援手，总能使他化险为夷，度过难关。教会要找他的麻烦时，他发现杜贝莱家族古堡的大门总是向他敞开。这位直言不讳的伦理学家在法国一遇到危险，正好就会碰上杜贝莱家族的一位成员奉命出国，急需一位精通医术和拉丁文的秘书。

每当这位学识渊博的医生陷入绝境时，老同学强有力的手就会拉他一把，把他从巴黎大学神学院和加尔文教派的怒火中拉出来。加尔文教派原来把他视为同道中人，他却口无遮拦地嘲笑加尔文教派的领袖人物是偏执狂，就像在丰特莱修道院嘲笑那些假正经的同事们一样。

加尔文教派名震一时，声势浩大，然而比起巴黎大学神学院来，威胁相对要小一些。加尔文派的怒吼像电闪雷鸣，煞是吓人，但是过了瑞士疆界，这电闪雷鸣就像烟花爆竹一样了。

巴黎大学神学院是“正统学术”的象征，其权威性不容质疑。它对挑战者决不心慈手软，而且总会得到国王和刽子手的默契配合。

拉伯雷从学校一毕业出去，就以调皮捣蛋而闻名。这并不是因为他特别爱喝酒，或者特别爱开同事们的玩笑。如果单单是这样，还不算糟糕，糟糕的是，他竟然受了希腊文的诱惑。

他的修道院长听说此事便如临大敌，立即带人搜查了他的房间，查出一大堆禁书，其中有《荷马史诗》、《新约》，还有希罗多德的著作。

一个修士如此胆大妄为，胆敢在修道院里偷读禁书，简直是罪该万死。要不是他的朋友施加影响，仅这一回他就彻底完蛋了。

在教会的发展史上，这是一个微妙的阶段。

起初，修道院是基督教文明的先锋，修士和修女为教会的事业做出了不可估量的贡献。然而，不止一个教皇清楚地意识到，修道院体制发展得太强大，是一个潜在的危险。他们只是一时尚无良策，才没有对修道院采取什么措施。

有人认为，一个组织不管多么庞大，只要由一个人说了算，其他所有人都跪下喊“阿门”，无条件地服从，那么，管理起来就顺当得多了。

这就是说，教皇“一贯正确”，教徒们在重大的信仰问题上必须承认教皇的绝对权威，放弃自己思考的权利，像一群驯良的羔羊。

如果真是这样，住在梵蒂冈和拉特兰宫殿里的人就可以高枕无忧了。实际情况并不是这样。那些主张信仰改革的人，以为只有路德、加尔文和茨温利才知道教会存在的弊端，而罗马当权者却全然不知。

教皇如艾德里安六世和克莱芒七世等人，对教会存在的严重问题了如指掌。但是，就像可怜的哈姆雷特不得不承认的那样，指出丹麦王国的腐败现象是一码事，能不能肃清这些腐败现象则是另外一码事。

那个不幸的王子决不是最后一个美好幻觉的牺牲品。数百年积累下来的种种弊端，不可能在一夜之间就被一个诚实无私的人彻底清除。

俄国的知识分子都知道，腐败无能的旧式官僚结构是民族安全的最大威胁。

他们付出了巨大的代价致力于改革，结果还是以失败告终。

当形势变化到超出了教皇的控制时，教皇为了站稳脚跟，不得不尽量采取安抚政策。

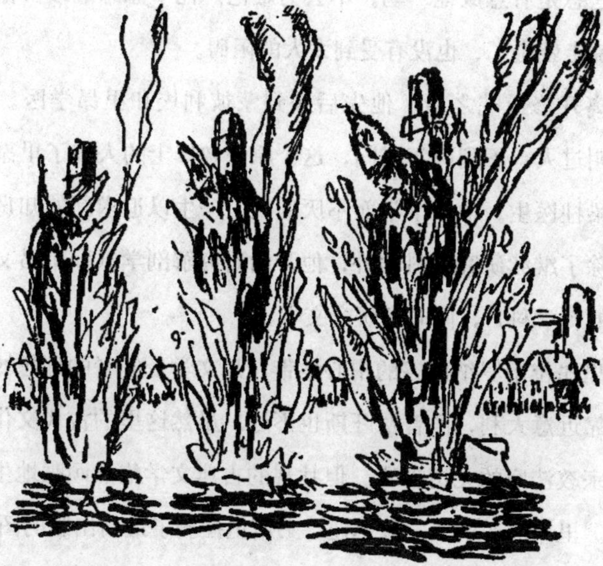

《劝诱》| 房龙

伊拉斯谟就是受到教皇保护的学者之一。尽管卢万大学和多明我会对这位学者极为不满，恨之入骨，教皇却仍然护着他，不愿扩大事态，但求息事宁人。

所以，调皮捣蛋的拉伯雷将要受到他的顶头上司惩处时，罗马教廷总是有意放他一马，不去为难他。他不愿意继续留在修道院，说走就走了，也没有受到太大的阻碍。

离开修道院之后，他先后来到蒙彼利埃和里昂学医。拉伯雷聪明过人，不到两年时间，这个原来做修士的人成了里昂医院的顶梁柱医生。他是个学而不厌的人，一生以追求新的知识为乐趣。除了继续研究内科学外，他开始研究解剖学（和希腊文一样危险的新学科），同时还研究文学。

里昂位于罗纳河谷的中心地带，是文学爱好者的理想城市。这里靠近意大利，离普罗旺斯也不远。虽然这里的古代文化曾经遭到宗教法庭的无情摧残，但壮观的古典文学依然顽强地生存了下来。里昂的印刷业发展迅速，书店里摆满了最新出版的图书。

一位名叫塞巴斯蒂安·格里弗斯的书商想物色能人帮他编辑一部中世纪的古典作品集，自然而然地想到了这位博学的新医生。于是，他聘请拉伯雷主持这项编辑工作。在编辑这部古典作品集的过程中，一部旷世奇书问世了。

1532年8月，里昂市的书店里突然出现一本奇特的小说，书名是《庞大固埃》，作者署名那西埃。小说立刻被抢购一空。这个那西埃不是别人，正是本市名医拉伯雷先生。刻意创新是拉伯雷的天性。这种天性不但使他成为一个能干的医生，而且使他成为一个伟大的作家。他喜欢做前人不敢做的事情。他打破了1000

《庞大固埃》

年来学者们谨守的旧传统。这个传统要求学者写文章必须使用学术语言，而所谓的学术语言就是普通百姓看不懂的语言。拉伯雷精通古希腊文和拉丁文，但他并没有用古人的语言来写作，而是用当代普通百姓的语言。他大量采用俗语、习语、俚语，并且不加任何修饰，使作品的语言生动活泼，平易流畅，有声有色，具有强烈的感染力。

1500年前，有关卡冈都亚和庞大固埃的传奇就已广泛流传于民间故事之中。拉伯雷巧妙地采用民间传说的题材，把自己渊博的知识和生活中积累的现实素材结合起来，以惊人的勇气完成了法国第一部成功的通俗小说。

然而，他的书并不是现代意义上的“通俗书”，而是用通俗的语言热情地宣传了人文主义。他主张尊重自然，尊重人权；主张个性的自由发展，反对教会用神权扼杀人性；主张享乐主义，反对禁欲主义；主张科学，反对迷信。拉伯雷之所以采用通俗小说的形式，是因为他知道这种体裁深受广大民众喜爱。

这部书讲的都是滑稽唐突、逗乐取笑的故事。然而，在捧腹大笑之余，回头想一想，就不难发现这些故事蕴含着严肃丰富的思想内容。

拉伯雷的《巨人传》（《庞大固埃》）在揭露社会黑暗的同时，满腔热情地歌颂了人文主义理想。人文主义的基本问题在小说中通过各种活生生的艺术形象得到了阐发。这本书可以说是人文主义艺术化的百科全书。

不管怎么说，拉伯雷给人们带来了欢乐，为人类的欢笑做出了巨大的贡献。

拉伯雷是个老练的神学家，一次又一次逃避了来势凶猛的迫害。他的处世原则是：监狱外面一个喜笑颜开的幽默家，胜过铁窗里面一打愁眉苦脸的改革家。他不屑去跟那些顽固不化的卫道士白费口舌，争执不休。

为了逃避教会的纠缠，拉伯雷把自己的名字拆散后重新组合，造出一个古怪的笔名。相隔一年，他继续沿用这个假名出版了小说的第2卷。不久，巴黎法院宣布这两本书为禁书。1545年，第3卷用医学博士拉伯雷的真名发表。小说被巴黎议会裁决为禁书，出版人被火焚示众，作者逃到当时在日耳曼帝国统治下的迈茨。

1550年，他回到法国。

1552年，他出版小说的第4卷，被巴黎法院定为禁书。

1553年4月9日，他与世长辞。

《巨人传》全书共5卷，作者生前只出版了4卷。死后9年，有人整理他的遗著共16章，作为小说的第5卷。1564年，5卷本的《巨人传》第一次出版。

《新暴政》| 房龙

第15章 穿新鞋走老路

一位伟大的诗人把这个世界看成一片汪洋大海，海面上有许多船只来来往往，来往的船只有时会互相碰撞，发出奇妙的声音，人们把这种声音叫做历史的旋律。

我愿借用海涅的大海来打一个比方。童年时代，我们喜欢往池塘里扔石子，那是一件很有趣的事情。石子溅起亮晶晶的水花，溅出一个美丽的圆圈，圆圈在水面上伸展，渐渐扩大，煞是好看。如果手边有砖头（有时正好有），便用核桃壳和火柴盒组建成“无敌舰队”，放入水中，让它们在人造的惊涛骇浪中沉浮。有时投掷的石块太重，投掷者一不小心失去了平衡，连人一起落进了水中，那天晚上他就只好忍饥挨饿在床上熬一夜了。

在专门为成人保留的世界里，类似的消遣随处可见，但结局就惨重得多了。

万里无云，风和日丽，平静的湖面上小船在游荡。船上的人怡然自得，欢声笑语，其乐融融。突然间，一个胆大妄为的坏男孩抱着一块磨石（天知道他从哪儿弄来的）走到湖边，别人还没来得及拦住他，他已把磨石扔进了湖里。人群顿时大乱。大家抓住这个坏男孩，嚷着要给他两巴掌，教训他一下。某人说：“算了，放他走吧。”这样一来，大家开始嫉妒这个孩子了，因为他做了一件引人注目的事情。于是，大家以他为榜样，把湖边破旧的东西一件一件地扔进湖里，溅得满身是水，湿淋淋的。大家开始互相埋怨，吵吵闹闹，打成一团。成人世界里的闹剧通常就是这样发生的，结局是好几百万人你争我斗，打来打去，打得头破血流。

亚历山大就是这样一个胆大妄为的坏男孩。

《环绕地球的大海》丨房龙

海伦这位绝世美人是特洛伊战争的导火索。这场战争给特洛伊城造成了巨大的破坏。

《海伦》丨古希腊雕塑

特洛伊的海伦魅力无限，也是个胆大妄为的坏女孩。纵观历史，这样的人无处不有，无时不在。

然而，最坏的坏人还是那些居心叵测之辈。他们把人们平静的脑海当作游乐场，玩思想游戏。正统人士对这些人深恶痛绝，一旦抓住他们就绝不轻饶，非要往死里整不可。这是情有可原的，对此不必大惊小怪。

想想看，近400年来他们搞了多少破坏。

他们是复古的领头人。

中世纪，气势恢宏的护城河反映出一种平静的社会状态。这种状态虽然不很完美，人们却也安于现状。他们守望着与高大的灰教堂融为一体的自家小屋的红砖墙；高高在上的教堂塔楼守望着他们的灵魂。

文艺复兴来了，溅起冲天的浪花，平静的生活一夜之间被彻底打破。然而，这才是开始。可怜的市民们惊魂未定，可怕的德国僧人又接踵而至。他们带来满满一车特意准备好的砖头，直接投向教皇的环礁湖中心。这个恶作剧搞得太过分了，搞得这个世界过了3个世纪才从震惊中回过神来。

过去的史学家对这段历史的看法有些许偏颇。他们认定这场动乱是由一个共同原因造成的，那就是文艺复兴和宗教改革。

时至今日，我们对这个问题看得明白一些了。

文艺复兴和宗教改革喊出的口号是一个调子，但是，它们为了达到自己的目的所采用的手段却截然不同，以至于人文主义者和新教徒之间经常互相敌视。

中世纪时期，个人完全埋没在集体之中。约翰·多伊是个聪明人，他想来就来，想去就去，想买便买，想卖便卖，全由着自己的性子。十几个教堂他想去哪个就去哪个，或者哪个都不去。这要看他自己喜欢不喜欢，愿意不愿意。其他人就不像约翰那样过日子了。他们从生到死都按照一本小册子的教导过生活。这本小册子教导他们，人的身体只是一件虚有其表的衣服，只是用来暂时寄托灵魂而已，除此之外毫无价值，只有人的灵魂才是不朽的。

这本小册子要让人相信，这个世界只是通往美好未来的中转站，无足轻重，不值得留恋。就像前往纽约的人不会留恋中转站昆斯敦和哈利法克斯一样。

约翰觉得这个世界很好，他很乐意在这个世界生活，因为他只知道这个世界。这时来了两个神仙教母，一个是文艺复兴，一个是宗教改革。她们说："起来吧，高贵的人，从现在起你就自由了。"

约翰问："自由了又去做什么呢？"回答的话却完全不一样。

文艺复兴说："自由了就可以去追求美。"

宗教改革说："自由了就可以去探索真。"

"可以回到那个曾经真正属于人类的世界，沿着诗人、画家、雕塑家和建筑家的足迹追求美好的理想，把整个宇宙变成你的研究室，不断地探索美的奥秘。"文艺复兴如是说。

"可以研究上帝训谕的真正含义，你的灵魂就会得到拯救，你的罪过就会得到宽恕。"宗教改革如是说。

她们转身走了，把新的自由留给了可怜的约翰·多伊。然而，新的自由比旧的束缚更令人难受。

这是幸运还是不幸，那就很难说了。文艺复兴很快就适应了现实生活。希腊雕塑家菲迪亚斯和罗马诗人贺拉斯的后裔们发现，只要把赫拉克勒斯神叫做施洗的约翰，把赫拉叫做圣母玛利亚，就可以放心地画异教的画，写异教的诗。

这就好像去印度旅行，只要遵守一些象征性的条文，就可以自由出入寺庙，想去哪里就去哪里，不会遇到什么麻烦。

但是，在路德的忠实追随者眼里，最小的细节也至关重要，非同小可，决不可掉以轻心。《旧约全书》中一个逗号搞错了，就意味着流放；《启示录》中一个句号搞错了，就会招来杀身之祸。

这种人坚信自己的宗教信仰至高无上，绝对正确，必须誓死捍卫，决不妥协。他们认为文艺复兴立场不坚定，革命不彻底，是懦弱，是胆小怕事。于是，文艺复兴与宗教改革分道扬镳，一刀两断，从此井水不犯河水。

宗教改革穿上“正确”的铠甲，单枪匹马挑战整个世界，誓死捍卫自己最神圣的精神财产。

起初，造反大军几乎全部由德国人组成。他们英勇奋战，不怕牺牲，不怕困难，取得了一个又一个胜利。然而，祸由嫉妒生。北方各国跟着一哄而起，争名夺利，争吵不休，吵得他们打不下去，只好接受停战协议。路德就此告退，加尔文顶了上来。

这也正是时候。

被法军炮弹炸伤右腿的西班牙残废军人罗耀拉，仿照军人纪律在巴黎大学创建耶稣会，直属教皇领导，企图粉碎宗教改革运动，要把异教徒杀得片甲不留。

罗耀拉与加尔文都是狂热分子，正是“棋逢对手，将遇良才”。

《罗耀拉》 | 房龙

只有加尔文这种冷酷无情的人，才能对付得了那个狂妄自大的罗耀拉。

我很庆幸自己没有出生在16世纪的日内瓦。同时，我也很庆幸16世纪有这么一个日内瓦存在。

如果没有它的存在，20世纪的世界更加不堪设想，像我这样的人，老早就被抓进监狱里蹲起来了。

加尔文比路德小几岁，1509年7月10日出生于法国北部的诺阳市。家庭出身：法国中产阶级；父亲：低级神职人员；母亲：酒店老板的女儿；兄弟姐妹：五男二女；本人个性特征：节俭、质朴、不吝啬、有条不紊、耐心细致、注重实效。

加尔文是二儿子，家里想好了让他去做教士。父亲有一些得力的朋友，可以帮他在一个好教区谋一份差事。他还没满13岁就在城里的教堂当差，有了一小笔固定的收入。这笔钱可以供他到巴黎的好学校读书。他聪明伶俐，表现不凡。和他打过交道的人都说："不可小瞧这位年轻人！"

19岁那年，加尔文便取得了布道资格，接下来，做一个副主祭不成问题。

但是，家里吃饭的人多，挣钱的人少，而教堂职位的升迁又很缓慢。比较起来，学法律赚钱的机会要多一些。况且，这时宗教局势动荡不安，将来是怎么回事很难说。加尔文有个表兄在巴黎。这位表兄名叫彼尔·奥利维坦，正在把《圣经》译成法文。他时常在表兄家里住，因为两人意见不合，又各执己见，互不相让，关系越搞越僵，无法处下去。于是，他便离开巴黎，去了奥尔良，跟一个资深律师学习法律。

不到一年，这个学生就变成了老师，为那些差劲的学生补习法律基础知识。他很快就掌握了一个律师必备的法律知识，可以独当一面办理案子了。这正是他父亲梦寐以求的事情。当律师又有钱又体面，发表一点意见，100金币就到手了。出门是豪华的四轮马车，会见的人都是大律师、社会名流，甚至是国王本人。

然而，这个梦想没有到来。加尔文没有去当律师。

他回到了他最初爱上的宗教事业，卖掉了法律汇编和法典，一心一意只顾收集神学著作，一丝不苟地从事他最热爱的研究工作。这项工作为他今后的事业打下了坚实的基础，使他成为20个世纪以来最重要的历史人物之一。

虽然他没有当律师，他的法律知识却也没有白学。罗马法典深深地印在他的脑海里，使他不会感情用事地看问题。他看问题细致入微、明察秋毫、切中要害，对事物的判断令人心服口服。那些因为追随他而落入天主教手中的人，在被火刑慢慢烧死的过程中，仍然默念着加尔文写给他们的信件。他们认为这信件是人间的瑰宝，它表达了对人类心理最深刻的理解。可怜的牺牲者临死之前还念念不忘这个人的名字，满怀深情地为他祝福，而正是这个人的教诲把他们引入了绝境。

他的敌人说他是个冷漠无情的人，其实不是那样。他是一个满腔热情投入生活的人。他认为，生活是他神圣的职责。

教皇庇护四世听到他的死讯，说："这个异教徒的力量在于他对金钱毫不动心。"连教皇都不得不佩服这个敌人的无私无畏。加尔文一直都很穷，即使在疾病缠身、无力挣钱的情况下，他仍然拒绝接受薪资补贴。

其实，他的力量并不在于对金钱的漠视，而在于他自始至终都怀抱着一个坚定的信念，这个信念才是真正的力量源泉。

他一生最大的愿望就是要从《圣经》中找到真正的上帝。经过反复研究和论证，他得出了自己的结论，形成了自己的观点。确信自己的观点经得起任何推敲，并且可以驳倒所有的反对意见后，他便以这种观点作为生活的准则，把它奉为最高的行动纲领。一旦决心已定，就不考虑后果如何。他的力量来自他的信念，只有信念的力量才会推动他勇往直前，决不后退。

然而，在他的信念尚未形成之前，他也不得不面对挣钱谋生这个平庸的问题。

“新学”进入了巴黎大学，希腊文和希伯来文的研究有了新的突破，其他一些被禁的知识也取得了相应的成果。这一系列胜利引起了普遍的反响，可惜好景不长。以博学著称的院长大人似乎也受了日耳曼新教义的污染，情况就显得很不妙了。学校当局不得不采取措施，清理校内那些“思想病毒携带者”。据说加尔文曾经把几篇最有争议的演讲稿呈送给院长大人，于是他的名字便登上了嫌疑犯排行榜。他的房间被查抄，文章被收缴，连逮捕证都为他准备好了。

他一听到风声，赶紧躲进了朋友家里。

学校“茶壶”里的风暴自然翻不起什么大浪，但是，在罗马教会里的差事已经不能再干下去了，何去何从就得马上做出抉择。

1534年，加尔文与旧信仰一刀两断，离开了巴黎。他四处漫游，不为别的，只为找到一个清静的地方，能够静下心来读书学习，研究探索，寻找真正的上帝。

《狮穴中的但以理》| 佛兰德斯 | 鲁本斯

在前往斯特拉斯堡的路上，他被西班牙国王查理五世与法国国王弗朗西斯一世之间的战争挡住了去路。于是，他只好绕道往瑞士西部去。途经日内瓦时，他受到吉勒莫·法雷尔的盛情接待。法雷尔是一只把宗教改革风暴带进法国的海燕，刚从教会和宗教法庭的囚笼中逃出来。法雷尔坦诚地留他在日内瓦住下，推心置腹地对他说，瑞士虽然只是个小小的公国，在这里一样可以成就辉煌的业绩。加尔文考虑再三，觉得留在这里也好。

西班牙与法兰西一场无谓的战争把加尔文带到了日内瓦，导致了一个新的天国建立在阿尔卑斯山脚下。

这个世界真奇怪。

哥伦布一心一意去寻找印度，却无意中找到了新大陆。

加尔文只想寻找一个清静的地方闭门读书，潜心学习，不期然却走进了瑞士一个三等小镇，干起了一番轰轰烈烈的事业。这个小镇被他改造成精神王国的首都，天主教王国的领地很快就被新教帝国大片大片地占领了。

加尔文常读的那本《圣经》不知是否保存了下来。如果这本书还留在世上的话，你会看到《但以理书》第6章磨损得特别厉害。但以理是犹太人的先知，在巴比伦王尼布甲尼撒攻陷耶路撒冷时被掳掠到巴比伦。因为他遭人嫉恨，被诬以不实之罪，巴比伦国王令人把他扔进狮子坑。由于他有美好的灵性，是上帝忠实的仆人，上帝差遣使者封住狮子的口，叫狮子不要伤害他。后来，国王下令把诬告但以理的人扔进了狮子坑。他们还没有到坑底，狮子就抓住他们，咬碎了他们的骨头。

日内瓦不是巴比伦。它是个令人肃然起敬的小城镇，居住着生活严谨的瑞士裁缝。他们对待生活严肃认真，但是，这位新宗教的领袖比他们更加严肃认真。

“日内瓦改信新宗教”的消息很快就传了出去。这个消息引来了一大批热血沸腾的传教士。他们聚集在莱蒙湖边，信心百倍地宣讲他们最新发明的教义。这些传教士来自各种不同的教派，宣讲的教义花样繁多，形形色色，凡是人能够想得出来的花招，他们全都使出来了。

加尔文非常厌恶这些业余预言家。这些狂妄的家伙都是些成事不足、败事有余之辈，对他的事业是一个巨大的威胁。经过几个月的调理，身体恢复了元气，他便开始制定出简单明了的规章制度，要求新教民逐条照办。有了明确的规程，就没有人可以用“我不知道嘛”这个天经地义的借口来打马虎眼了。他和好友法雷尔亲自出马，把日内瓦人分成10人一组，一个不漏地严格检查，要求每一个新教民宣誓效忠新的宗教法规，否则就不能享有公民权利。

接着，他为年轻人编写了一本详细的《教义问答手册》。

随后，他说服市议会，把所有对新教信仰持否定态度的人驱逐出城。

障碍一旦排除，他便按照《出埃及记》和《申命记》中的政治经济模式，着手建立一个独立自主的政体。许多杰出的改革家与其说是新时代的基督徒，倒不如说是旧时代的犹太人。他们口头上崇拜耶稣的上帝，心里却更向往摩西的耶和华。加尔文就是这样的人物。

谦卑的拿撒勒木匠把他对仇恨和争斗的看法讲得一清二楚：

加尔文向支持者陈述改革计划

“你们听见有人说：‘以眼还眼，以牙还牙。’只是我要告诉你们：不要与恶人作对。有人打你的右脸，连左脸也转过去由他打。”这话讲得太直截了当了，完全不可能用别的话来做出另一种解释，所以只好弃之不用。2000年来，无论是民族还是个人，都只想以暴力来达到自己的目的。

战争一旦爆发，大家都暂时搁下《福音书》，重新翻开《旧约》，找出“以眼还眼，以牙还牙”这条古训，心甘情愿地在血雨腥风中摸爬滚打。

宗教改革也是一场战争，而且是一场十分残忍的战争。在这里没有人求饶，也不可能被饶恕。加尔文的政体其实是一座兵营，任何个性自由都理所当然要毫不留情地被压制下去。

1538年7月，以下层市民为主体的自由派将他和法雷尔驱逐出日内瓦。1540年，日内瓦宗教改革派重新掌权。加尔文应邀重返日内瓦领导宗教改革及市政工作。在一片钟声和教士们热烈的赞美声中，加尔文又回到了罗纳河的城堡，成为日内瓦没有王冠的国王。政权的形式按照加尔文政教合一的“神权共和国”模式建设。

《牛津大辞典》把“纪律”这个词条解释为：“使受控制；训练服从；建立秩序。”这就是加尔文梦寐以求的政治宗教结构的精神实质。

路德和大多数德国人一样，容易感情用事。他认为，只有上帝的话才能引导人们走上正途。

加尔文认为，上帝的话固然是希望的灯塔，然而，前进的道路不但漫长而且黑暗，各种各样的诱惑随时都会使人忘记自己真

《日内瓦》| 房龙

正的目标而误入歧途。

加尔文这个新牧师是个出类拔萃的人物。他头脑清醒，不会感情用事，不会被收买，也不会掉到陷阱里去。

我们去登山旅游的人都知道，职业导游随时都有可能以一个暴君的姿态出现。他们知道山上隐藏的危险，知道哪里有陷阱，哪里会发生雪崩，他们对自己带领的团队有绝对的命令权。要是哪个傻瓜胆敢不听指挥，立刻就会遭到厉声呵斥。

加尔文理想中的政体就是这样，教士就该有职业导游那样的职权。对那些跌倒在地伸出求援之手的人，他们会热心地伸出援助之手；对那些故意离开团队的人，那只伸出去的手就会立即收回来变成拳头，一拳过去，决不姑息。

在许多教区里，教士们都喜欢使用这样的权力。然而，地方行政长官却不喜欢他们拥有特权，不允许教士争夺司法权和行政权。于是，加尔文在他的辖区建立了一种教会秩序。这种秩序的建立实际上超越了法律，使教士无可争议地拥有司法权和行政权。

加尔文对集权情有独钟，他几乎掌握了拿破仑成功的秘诀。但是与那个皇帝不一样，他没有任何个人野心。他饮食节制，不苟言笑，神情严峻，令人敬畏。

他以《旧约》为依据，证明他的宗教观点是上帝的启示，然后让日内瓦人全盘接受他对犹太历史的解释。

罗纳河畔这座可爱的城市，一夜之间就变成了可悲的集中营。城中居民日日夜夜都受到严密的监视。谁要是被怀疑有“异教言论”倾向，就要被传讯到教会法庭。教会法庭由6个教士和12个长老组成，在加尔文的指导下审理各种案件。被传讯者必须向

《戴皇冠的拿破仑》| 法国 | 安格尔

法庭坦白交待，他的“异教言论”是从哪里听来的，是谁说的，或者是从哪本书里读到的。如果被告认罪态度好，有悔过自新的意愿，罚他到主日学校学习改造就完事了。如果他固执己见，拒不认错，就把他立即驱逐出城，并且永远不许回到这座城市。

然而，“异教言论”并非唯一的罪过。下午跑到邻村打了一场滚球，如果被人检举（常常有这种事情），就会受到狠狠的责罚。开玩笑，无论是什么形式的玩笑，都被视为不正经而被禁止。婚礼上说一些打趣的话，就构成了严重的犯罪事实，为自己创造了蹲监狱的条件。

渐渐地，新天国里到处都是禁忌，不准这样，不准那样，搞得大家提心吊胆，人人自危。昔日生活的风采荡然无存。

不许跳舞，不许唱歌，不许打牌，不许下棋，不许赌博，不许举行生日宴会，不许举办农贸市场，不许穿华丽的衣裳。只许去教堂，去学校，因为加尔文才是思想最正确的人，一切都要听从他的指挥。

禁止可以挡得住罪恶，却不会使人崇尚美德。美德来自内心的感悟。日内瓦建立了优秀的学校和一流的学院，鼓励学习，增长知识，提高文化素质。此外，还经常组织一些集体活动，把剩余的精力引入健康的娱乐活动之中，让人忘记被限制的痛苦。如果加尔文的制度完全漠视人性因素，它就不可能存在下去，也不可能在近300年的历史中起到举足轻重的作用。然而，若是问起日内瓦为宽容事业做出了什么，结论是：新教徒的罗马并不比天主教的罗马好到哪里去。

西班牙人文主义者、生理学家塞尔维特因为反对“三一论”，被加尔文向设在法国里昂的天主教异端裁判所告发。当塞尔维特越狱逃至日内瓦时，加尔文又授意当地教会法庭以火刑将其处死。

按照现代护照的规则，塞尔维特是一个“过境者”，过24四个小时就要离境。只因他误了船，连性命也跟着赔了进去。这是一个令人毛骨悚然的故事。

塞尔维特是西班牙公民，父亲是个令人尊敬的公证人。他也打算从事法律工作，于是便去了图卢兹大学。图卢兹大学的全部课程都用拉丁文教授，学科范围十分广泛，几乎涉及到所有的知识，但学习任务并不繁重，日子过得还算轻松。

塞尔维特在这所法国大学认识了胡安·德·金塔那，此人日后成了查理五世皇帝的忏悔神父。

中世纪时，皇帝的加冕典礼有点类似于现代的世界博览会。1530年，查理在博洛尼亚加冕，金塔那聘请塞尔维特做秘书，一同参加了加冕典礼。这个聪明的西班牙年轻人可算是大开了眼界。像当时的许多年轻人一样，他有一种无法满足的好奇心。随后的10年中，他涉猎广泛，研究过医学、天文学、占星术、希伯来文、希腊文，也许千不该万不该，他不该学了神学。他是一个悟性极高的医生，在研究神学时，触发了他的灵感，悟出肺循环的原理。这个原理成了他反对三位一体的理论根据之一。有关论述可以在他的第一本反对三位一体的书的第15章中找到。负责检查塞尔维特著作的人竟然没有发现他对人类历史做出的这项伟大贡献。

要是塞尔维特只管研究医学就好了！他可以平安无事地活一

辈子，一直活到寿终正寝。他却偏偏没有远离那是非之地，反而情不自禁地卷进了激烈的神学争论之中。

如今一位百万富翁可以说服一所学院，把“三位一体学院”之名改成一种时尚的烟草商标名称，改了就改了，好像什么事情也没发生一样。新闻媒体说：“丁古斯先生如此慷慨捐资办学，那不是很好吗？”大家齐声高呼：“阿门！”

在塞尔维特那个年代，哪怕只是怀疑一个市民可能对三位一体不敬，就像天要塌下来似的，大家都会感到惶恐不安。塞尔维特不知天高地厚，竟敢跳出来反对三位一体，真是太冒失了。

其实，他不是一个激进主义者。

他只是一个自由主义者。

新教徒和天主教徒虽然闹得你死我活，但双方都还承认三位一体。塞尔维特认为三位一体有误，既然是信仰，就该信仰真理，不该信仰谬误。他把自己的看法坦率地写在信上，寄给了加尔文，建议去日内瓦会晤这位新宗教的领袖，就此问题恳切地交换意见，求得共识。

他天真地等着日内瓦的邀请，却被里昂宗教法庭的大法官邀请进了监狱。法官大人从加尔文派人送来的告密信中得知，这个年轻人有严重的亵渎神明行为。

加尔文跟着又秘密地送来了一些塞尔维特的手稿，进一步证实了他的犯罪行为。加尔文急不可耐地要置他于死地，巴不得他快点死去，并不在乎他死在谁的手里。然而事与愿违，里昂的宗教法官居然玩忽职守，让塞尔维特逃跑了。

他本想直接往西班牙边境逃跑，但考虑到自己已经名声在外，目标显眼，长途跋涉于法国南部危险太大，为了安全起见，只好舍近求远，绕道往日内瓦、米兰、那不勒斯和地中海方向前行。

1553年8月某日，他到达了日内瓦。那天是星期六，天已将晚，时近黄昏。他本想找条船渡到湖对岸，可是，船只在安息日来临的时候不开船，必须等到星期一才能起航。

第二天是星期天，无论本地人还是外地人，统统都要到教堂去做礼拜。塞尔维特一到教堂就被认了出来，立即被捕。他是西班牙人，没有违反日内瓦的任何法律。凭什么逮捕他？只因他是一个自由主义者，发表了自己对三位一体的见解。单凭这一条就抓他没商量。这种人想要得到法律的保护，简直就是妄想。一个普通的刑事犯罪分子可以得到饶恕，对持不同见解的异端分子决不可以宽容！他立即被关进肮脏潮湿的地洞里，随身携带的钱钞和物品都尽数没收。两天后，他被带到法庭受审，要他回答审查表上列举的38个问题。

审判持续进行了2个月又12天。

结果他被控犯有"散布反对基督教基本原理的异端邪说"罪。在质问他的观点时，他的回答使法官恼羞成怒，暴跳如雷。对这类案件的判处，尤其是对外国人，通常是永远驱逐出日内瓦。但是，日内瓦的法官有权超越法律行事，尤其是对塞尔维特这种智慧超越他们的异端分子，必须破格定案，判处火刑，把他慢慢地烧死。

与此同时，法国的宗教法庭也开庭审理了这个逃犯的案子。判决与新教法庭一样，判处塞尔维特死刑，并派出司法官员到日内瓦交涉，要求把罪犯带到法国行刑。

要求遭到拒绝。

加尔文执行火刑，不需要别人代劳。

一队牧师护送着这个异端分子走向刑场，喋喋不休地念着忏悔词，一路走，一路念，一直持续了半个多小时。有人看不过去，出于对这位可怜的牺牲者的同情，想尽快结束他的痛苦，向火堆扔进了一大把柴枝。对于喜欢关注这类事情的人来说，这种情节一定非常有趣，读起来很过瘾。我看还是略过不谈为好。这不过是一次火刑而已，在宗教狂热横行的年代里，这种事情司空见惯，习以为常，一点也不稀奇。

塞尔维特的案件表明，新教徒不过是穿了一双“新教”的鞋子，走的仍然是天主教的老路。他们曾经振振有词地奋臂高呼：“人人都有保留自己观点的权利。”他们之所以喊出这样的口号，只是把它当作对敌斗争的思想武器，用以打击自己的敌人。一旦得势之后，他们便把这话忘得干干净净，一心只顾建立自己的恐怖统治，剥夺每一个人保留自己观点的权利。

话说回来，在判决塞尔维特死刑时，加尔文到底还是发了点善心，建议把烧死改为砍头。塞尔维特对他的一番好心深表谢意，提出了另一种解决办法，他要求获释。他认定法庭无权审判他。他只是一个探索真理的正派人士，有权利在大庭广众之下与加尔文进行辩论。他的要求合理合法。

加尔文理屈词穷，无言以对。

加尔文曾经发过毒誓，这个异端分子一旦落入他的手中，就休想再活下去。他必须信守这个誓言。为了达到这个目的，他不惜充当奸细的角色，向与他势不两立的天主教宗教法庭告密。如果此计不成，他还可以委曲求全，勾结教皇将这个年轻人置于死地。这个年轻人是他的心头大患，他不能容忍比他见解高明的人活在这个世界上。为了除掉这个心头大患，他必须不惜任何手段。

塞尔维特临死那天早上求见加尔文，加尔文来到了又黑又脏的牢房。

面对一个马上就要结束生命的人，至少也应表现出一点人性，说话温和一些。

然而，他一看见塞尔维特就怒从心头起，不停地破口大骂，骂得口沫横飞，那情形就好像他是个受害者。这个人仅仅是把自己的见解写信坦诚地告诉他，却遭到他如此残忍的迫害。他害人害到这个地步还不解恨，仍要恶狠狠地大发雷霆："你这是罪有应得。烧死你，烧死你这顽固的流氓，烧死你这该死的东西！"

这是很久很久以前的事了。

塞尔维特死了。

所有的塑像和纪念碑都不会使他复活。

加尔文死了。

千卷万卷痛骂他的书也触及不了他那早已不知去向的骨灰。

审判时狂热的宗教改革者激动得浑身颤抖，深怕亵渎神明的流氓会逃脱法律的制裁。行刑后教会的支持者兴高采烈，手舞足蹈，热烈欢呼，互相写信祝贺："日内瓦万岁！罪犯难逃法网，罪有应得。"这些人全都死了。

他们都死了，也许最好还是把他们全都忘记吧。

我们只需记住一件事。

宽容就像自由。

讽刺加尔文的漫画

它不会因为乞求就能够得到，只有持之以恒地关注它，珍惜它，守护它，才能把它留住。

为了子孙后代的塞尔维特，我们理应把这件事记住。

《再洗礼教徒》| 房龙

第16章
再洗礼教徒

每一代都有不可思议的怪物。

我们有“赤党”。

父辈有社会主义者。

祖辈有莫利·马圭尔社。

曾祖辈有雅各宾派。

300年前的祖先也好不到哪里去。

他们有再洗礼教徒。

16世纪最流行的《历史纲要》是一本编年史。作者名叫塞巴斯蒂昂，家住乌尔姆城，是个肥皂匠，又是个禁酒主义者。该书于1534年出版。

塞巴斯蒂昂对再洗礼教徒的情况很熟悉。他是一个再洗礼派家庭的女婿。他没有被该教派的思想同化，因为他是一个坚定的思想自由主义者。关于再洗礼教徒，他说：“他们有爱心，有信仰，有献身精神。他们教导人无论生活多么艰难，也要顽强地生活下去。要忍耐，要谦逊，要真诚，要互助，大家都要情同手足，有福同享，有难同当。除此之外，别无他求。”

奇怪的是，这样一群追求完美生活的人，这样一群理应受到高度赞扬的人，100年来竟然像一群野兽那样被追杀，遭受最残酷无情的迫害和打击。

要想解开这个谜，必须从宗教改革中的一些事情说起。

宗教改革实际上没有解决任何问题。

原来只有一座监狱，宗教改革造成了两座。原来只有一个绝对正确的人，现在只有一本绝对正确的书。原来是白袍教士统治，现在是黑袍教士统治。

经过半个世纪的浴血奋战，结果却是如此这般，这不能不使人心灰意冷，万般无奈。他们以为这是最后的斗争，社会宗教的千禧年马上就要来到，从此不会再有宗教迫害和经济奴役了。

他们打算破釜沉舟，决一死战，不获全胜，决不收兵，却不料掉进了码头和航船间的空隙里，别说求进退，能使自己挣扎着浮在水面不被淹死，就很难得了。

他们举步维艰，进退两难，已经跟原先的教会决裂，开弓没有回头箭。原先的宗教意识决定了他们不可能改换门庭，改变信仰。他们无门无派，失去了合法的地位，失去了生存的空间。然而，他们人没死，心还在跳动，头脑还在思考。他们坚信自己是上帝的宠儿，这就是他们要活下去的理由。活下去是他们义不容辞的神圣职责。他们要把这个世界从邪恶和愚昧中解救出来。

他们总算是活过来了。但请不要问他们是怎样活过来的。

他们失去了旧的社会关系。他们必须组成一个新的团体，找到一个新的领袖。

然而，务实的人怎么会与这些不务实的人为伍呢?

于是，鞋匠和接生婆便自告奋勇地担起了预言家的重任。他们聚集在昏暗的木屋里祈祷、布道、齐声欢呼、赞美上帝，直到村里的法警出面干涉，集会才被迫结束。

其中几位会众被请进了监狱。村镇议员们开始对此事件展开调查。

这些人既不去天主教堂，也不去新教徒的苏格兰教会。他们究竟是些什么人，到底信奉什么教？还是请他们自己说明一下吧。

说句公道话，这些议员们也怪可怜。他们的处境确实很尴尬，因为他们面对的囚犯是所有异教徒中最不幸的人，这些人对宗教信仰又格外执著，非常认真，决不肯有半点马虎，没有一点通融的余地。这种案件十分难办。

许多令人尊重的改革家处世机敏，应变力强，只要能够过上舒服体面的生活，做点妥协让步也是值得的。

真正的再洗礼教徒是十足的另类人物。他们厌恶所有拖泥带水的行为，鄙视所有不彻底的改革。耶稣告诫他的追随者，敌人打你的右脸，把左脸也转过去让他打。耶稣还教导说，弄刀剑者必死于刀剑之下。再洗礼教徒对这些话听得很认真。这是绝对的法令：不许使用暴力。

他们拒绝应征入伍，拒绝扛枪打仗。如果因为坚持和平主义而被逮捕，他们无怨无悔地接受自己的命运，默念着《马太福音》第26章第52节“凡动刀的，必死于刀下”，直到死亡结束他们的苦难。

反对战争只是其中的一方面。耶稣曾经说过，上帝的王国完全不同于恺撒的王国，两者之间互不兼容。这话已经说得很明白。真正的再洗礼教徒总是小心翼翼地避开国家公务，拒绝担任国家公职，与其把时间浪费在政务上，不如静下心来研读《圣经》。

耶稣教导他的弟子不要与人争执。再洗礼教徒宁愿失去自己的合法财产，也不愿与人对簿公堂。

他们的所思所想、所作所为与世人格格不入，使得过惯了世俗生活的邻人对他们十分反感。

在常人看来，他们有很多不可思议的愚蠢行为。他们读《圣经》读得太痴迷，痴迷得走火入魔。他们对《启示录》的预言深信不疑，坚信预言中的新天国马上就会降临。

对再洗礼教徒的每一次迫害，几乎都是由一场宗教疯狂事件引发的。男人和女人赤条条、一丝不挂地在大街上跑来跑去，宣告世界末日已经来到。面目狰狞的老太婆闯入其他教派正在举行的宗教仪式大呼小叫、胡说八道，叫嚷着魔鬼就要来了。这类事件时有发生，搞得邻人非常苦恼。

1534年发生在德国明斯特的事件，那就非同一般了。新天国在那里正式宣布建立，这是再洗礼教徒理论与实践相结合的产物。

有一位年轻英俊的裁缝，名叫简·贝克世宗，史书提及此人时称之为莱顿的约翰，因为他是莱顿人。他在莱茵河畔随着缓缓流淌的河水度过了自己的童年时光。像当时所有的学徒一样，他去过许多地方拜师学艺，学习裁缝技术的诀窍。

他没有受过正规教育，读写水平稀松平常，最多只能滥竽充数，玩玩而已。未受过正规教育的人一般都会耻于自己地位低下、知识贫乏因而显得谨小慎微。但他不是一般的人，他自恃年轻英俊，并不觉得自卑。他爱慕虚荣就像孔雀一样。

在英国和德国混了一段时间后，他回到了故乡，经营高档服装，同时涉足于宗教，成为托马斯·闵采尔的信徒，开始了不一般的生活。

这个做面包生意起家的闵采尔是个响当当的人物。1521年，有3个再洗礼派的预言家突然出现在维滕贝格，要给路德指点迷津，闵采尔就是其中的一个。他们用心良苦，但却枉费心机，不受欢迎，被逐出新教徒的城堡。从此，他们不许在撒克逊公爵的领地上露面。

再洗礼教徒屡屡受挫，却又不甘失败。到了1534年，他们决定破釜沉舟，大干一场，拼个鱼死网破。

他们在威斯特法伦选中了明斯特做实验地，这个选择很有策略。该城主教是弗朗兹·范·沃尔德克公爵。这位主教大人是个酒色之徒，长年与十几个女人公开姘居，从16岁起就放荡不羁，品行不端，为正派人士所不齿。新教在这座城市兴起后，他顺应潮流，妥协让步，随遇而安。但是，他早就以说谎骗人闻名于世，他的和平协议不能取信于人，新教徒觉得在他的治下没有安全感，明斯特的居民仍然过着提心吊胆的生活。他们只好耐心等待，等到下次选举再做计较。不料选举结果让人大吃一惊，城市政权落入了再洗礼教徒之手。伯纳德·尼普多林克当上了主席。他白天是布商，夜晚是先知。

前主教无可奈何地望了一眼新的议员们，就灰溜溜地逃走了。

莱顿的约翰终于找到用武之地了。他以圣徒的身份来到了明斯特。他听说正义的事业在这里取得了胜利，便风风火火地赶了过来，帮助清理前主教遗留下来的影响，从而进一步扩大胜利成果。再洗礼教徒做事干净彻底，不留余地。他们把教堂变成了采石场，把修女院改成收容所，让无家可归的人居住。除了《圣经》以外，所有的图书全部当众焚毁，一本不留。凡是拒绝按照再洗礼派仪式进行再洗礼的人，统统关进集中营，砍头的砍头，溺死的溺死，一个不留。异教徒活在世上有害无益，杀死他们是为社会减轻负担。

这才是开始。

接着，许多教士带着各自的新教义，从各个地方奔赴这个新

《焚书》

中世纪时，印制发行未获教会恩准的书籍是犯禁，禁止这类书的方法之一是焚书。烈火可以烧毁印制的文字，却无法扑灭人们的思想。

的耶路撒冷。这些人个个都以为自己是真理的化身，只要振臂一呼，所有的人都会归顺自己。其实，他们都是空谈家，毫无实干能力。

明斯特被再洗礼教徒统治了5个月。这是天翻地覆的5个月。所有社会制度的改革和精神复活的计划都付诸实施，每一个初出茅庐的预言家都上台亮了相，过了一把当预言家的瘾。

但是，这座城市里到处都是逃犯、瘟疫和饥饿，显然不适合做一个社会学试验室。宗派之间意见分歧严重，争吵不休，搞得军队首领无所适从，徒劳无功。一切都乱了套。在这关键的时刻，裁缝约翰站出来了。

城市里尽是些饥肠辘辘的人群和受苦受难的儿童，一切事情都有可能在这里发生。约翰全盘照搬《旧约》的古老神学政府形式，开始建立自己的王国。明斯特的自由民被划分成以色列的12个部落，约翰自任国王。他的原配夫人是先知克尼帕多林的女儿，现在他又娶了一个寡妇，这个寡妇是他老师马迪斯的遗孀。之后，他想起了所罗门，又添了两房妃子。

约翰整天坐在商业区大卫王的御座上。周围站满了人，听宫廷牧师宣读国王的最新指示。因为城里的形势日趋恶化，情况瞬息万变，最新指示必须频频下达。

约翰是个乐观主义者，他坚信他的最高指示具有攻无不克、战无不胜的力量。

人们抱怨肚子饿，约翰一条最高指示颁发下去，命令城里的富人和穷人把自己的财产全部交出来，然后平均分配，人人平等。他命令把街道改成菜地，所有的食物一律共同享用。

讽刺耶稣会教士反革命行动的漫画

有人举报说，富人藏匿了一部分财产。约翰又是一条最高指示颁发下去：不彻底执行最高指示者，立即砍头。请注意，最高指示不是用来吓唬人的，是要彻底贯彻执行的，而且要雷厉风行，不可懈怠。国王本来就是裁缝出身，使用刀剑砍头和使用剪刀裁布一样灵巧。他经常以身作则，亲自担任刀斧手。

随后进入幻觉时期，人们沉浸在宗教狂热之中。商业区人山人海，男女老少日日夜夜都在翘首盼望，等待着报喜天使吹响天国来临的号角。

恐怖时期接踵而至。宗教狂热造就了国王滥杀无辜的非凡气魄。他把自己的一位王后也拿来试刀，亲手割断了她的喉咙。

最后是报应之日。两个绝望的市民打开了被围攻的城门，主教的军队杀将进来，把这位先知锁进铁笼里，押到威斯特法伦各地游街示众，把他活活地折磨死了。

这场闹剧的演出，给众多虔诚敬畏上帝的朴素教民造成了灾难性的后果。

从此，所有的再洗礼教徒被通缉。那些在明斯特大屠杀中漏网的大小头目像野兔一样被追捕，一旦捕获就地处决。各国政府和各派宗教组织一致严厉谴责再洗礼教徒，痛斥他们是穷凶极恶的共产主义者，是罪该万死的社会渣滓。这种人连疯狗和野狼都不如，毫无生存的价值。

对异端的围剿很少会如此成功。再洗礼教徒作为一个公开的教派已不存在。但是，一件奇怪的事情发生了。他们的许多思想观点继续活了下来，被其他教派接受，融于各种各样的宗教和哲学体系之中，成为令人尊重的精神文化遗产。

叙述一件事的发生很容易，解释这件事是怎样发生的就不容易了。

再洗礼派是中世纪欧洲宗教改革时期新教中一些成人洗礼的激进派别。该派否认婴儿洗礼的效力，认为只有在成年信徒公开承认信仰的情况下，洗礼才有意义。他们奉行和平主义，反对暴力，反对基督教徒以武力维持社会秩序，反对一切战争，拒绝发表非宗教性的誓愿，主张政教分离，信徒的社会地位一律平等。

再洗礼派从最初出现并流行于瑞士和德国开始，就不断受到世俗当局和教会权威包括天主教和新教的双重迫害。

再洗礼派一般流行于下层社会，至今仍在一些地区传播。在把基督教发展得更理智、更宽容的事业中，他们的思想起到了重要作用。

《索兹尼一家》| 房龙

第17章
索兹尼一家

宗教改革在意大利不会成功，那是不可能成功的。首先，意大利人不大关心宗教问题，不会为它而斗争；其次，罗马近在咫尺，武装到牙齿的宗教法庭虎视眈眈，磨刀霍霍，令人望而生畏，谁也没有闲心去谈论个人对宗教问题的看法。

再说，他们有许多机会发泄他们过盛的精力。无论是男人还是女人，可以随意去俱乐部、咖啡厅和时尚沙龙，随心所欲地说说笑笑，谈天说地，交流文化知识。只要不去谈论那些惹是生非的宗教问题，他们就不会得罪帝国，就会过得悠然自得，顺心如意。在世界末日到来之前，这样生活不是很好吗？何必去为某个信仰问题的细枝末节斤斤计较，自寻烦恼？

别看他们温文尔雅，从容不迫，在推翻专制暴政方面他们所做的贡献，要比那些大吹大擂、大吵大闹的改革家们大多了。这是无法预见的怪事。事情既然是这样，我们当然觉得可喜可贺。不过，为什么会是这样？我们就不大搞得清楚了。

理智的葡萄园里有两个人在默默地工作。

他们是叔侄两代人。

叔叔名叫莱利奥·索兹尼，侄儿名叫福斯图斯·索兹尼。

论影响，叔叔倒是比不上侄儿。我们按先后顺序，先谈叔叔，再谈侄儿。

莱利奥·索兹尼是锡耶纳人。父辈是银行家或法官。他从博洛尼亚大学毕业后本该干法律这一行，但他和当时许多人一样，把法律搁在一边，研究起神学来了，钻进了希腊文、希伯来文和阿拉伯文里面。结果他（这一类人常常如此）成了一个理性神秘主义者——这种人自以为对人情世故了如指掌，实际上是似懂非

希伯来文

懂，到处碰壁。

他的父亲觉得自己的儿子有望成为世界文化名人，便给了他一张支票，让他去周游世界，增长见识。在往后的10年中，莱利奥游历了许多地方，从威尼斯到日内瓦，从日内瓦到苏黎世，从苏黎世到维滕贝格，又去了伦敦、布拉格、维也纳和克拉科夫。有时，他在某个城镇或村庄住几个月，有时住几年，希望在那里结交一些有趣的新朋友，学到一些有趣的新知识。那时候，人们谈论的主要话题是宗教，就像我们现在谈论生意一样。他每到一处都留意听取别人的宗教观点。人上一百，形形色色。对宗教的看法，各人都有各自不同的见解。通过广泛的交游，莱利奥了解到很多与教会观点相对立的思想，教会把这些思想一概斥责为异端邪说。

他带着知识的行李来到日内瓦，受到了很客气的招待。这过分的客气分明流露出不欢迎的意思。加尔文充满疑虑的目光冷冷地打量着这位意大利的来访者。这位来访者是个出身高贵且颇有声望的年轻人，不是塞尔维特那种出身寒门而没有靠山的流浪汉。但是，据说他的思想倾向于塞尔维特，这个问题可就严重了。加尔文以为烧死了那个西班牙异端分子，三位一体已成定论，不会再有非议了。结果恰恰相反！从马德里到斯德哥尔摩，越来越多的人在关注塞尔维特的观点，塞尔维特的命运成了人们谈话的主题。世界各地的有识之士纷纷站到了反对三位一体的立场上。问题还不止于此，他们利用谷登堡那该死的印刷发明，把他们的观点到处散发。由于日内瓦离他们不是很近，他们说话不太在乎日内瓦爱不爱听。

前不久，市面上出现了一本文采飞扬的小册子。它收录了历代教会神父如何惩罚异教徒的言论和文章。这本书立即成为畅销书，购书者都是一些被加尔文斥之为“憎恨上帝的人”，或者套用加尔文的话，他们自称为“憎恨加尔文的人”。加尔文放出口风，意欲邀请这本精彩小册子的作者到日内瓦单独交谈。作者早就预见到会有这种邀请，生怕别人打扰，没有把自己的真实姓名写在封面上。

据说作者名叫塞巴斯蒂安·卡斯特利奥，曾经在日内瓦一所中学当老师。这也只是据说而已，没有任何真凭实据。这本书是谁写的倒不是很重要，最重要的是，一旦有人开了这个先例，若有人跟着效仿，这种书就越出越多了。

因此，加尔文对莱利奥·索兹尼不得不严加防范，不愿意看到他跟着添乱惹麻烦。他建议这位锡耶纳朋友去巴塞尔，那里气候温暖宜人，比这里潮湿的气候好多了。当莱利奥启程前往伊拉斯米安著名的古城堡时，加尔文真心实意地送了他一程。

不久后，索兹尼一家被宗教法庭盯上了。莱利奥被搞得倾家荡产，得了重病，在苏黎世病故，年仅37岁。这对加尔文来说，实在是一件幸事。

然而，加尔文高兴得太早了。

莱利奥虽然去世，但他的遗孀还活着，守护着他留下来的几箱遗稿。此外，他还有一个侄儿。这个侄儿不仅继承了叔叔尚未发表的手稿，而且比叔叔更热衷于塞尔维特的思想。

福斯图斯·索兹尼和他的叔叔莱利奥一样，年轻时就游历过许多地方。他的祖父给他留下了一笔遗产。因为他喜欢研究神学，直到快50岁他才结婚。

他似乎在里昂做过生意，大概也没做多久。

不知道他做的是什么生意，只知道他经营具体的物质商品，而非精神产品。他在生意场上悟出了一个道理：竞争对手处于绝对优势时，想靠打打杀杀、吵吵闹闹来压服对方，那是徒劳。

1563年，福斯图斯回到意大利。途经日内瓦时，他没有去拜访加尔文。况且加尔文抱病在身，卧床不起，索兹尼家族成员来访只会使他烦恼不安。

接下来的10多年里，福斯图斯一直在伊莎贝娜·德·梅迪希的公司里工作。1576年，这位太太新婚后没几天就被她的丈夫杀死了。福斯图斯从此辞去工作，告别了意大利，来到巴塞尔。他把《赞美诗》译成通俗的意大利文，写了一本关于耶稣生平的书。

福斯图斯是一个谨慎小心的人，出版一本书之前，总要请朋友们看一遍，认为安全可行了才拿去出版，而且用的都是笔名。

那本关于耶稣生平的书越过了《禁书目录》这张巨大的罗网，一直流传到南喀尔巴阡山，传到了一位思想自由的意大利人手里。这位意大利人是米兰和佛罗伦萨贵妇们的私人医生，与波兰和南喀尔巴阡山的贵族关系密切，是某贵族家庭的女婿。

那时的南喀尔巴阡山是欧洲的“远东”，直到公元12世纪初期还是一片荒野。在德国无处容身的人纷纷迁移到这里，建起了自己的家园。勤劳的撒克逊人把这片荒野变成了一个繁荣昌盛、秩序井然的小国家。他们兴建了城市，开办了学校，还建立了几所大学。这个小小的国家远离商业交通要道，对于那些希望摆脱宗教法庭纠缠的人来说，是个理想的栖身之地。

至于波兰，人们一直把这个不幸的国家跟保守主义和沙文主义联系在一起。其实，在16世纪上半叶，它是一个真正的避难所，保护了所有来自欧洲等地受宗教迫害的人。

这种情况出乎预料之外，却又在情理之中。它从另一个侧面反映了典型的波兰风格。

长期以来，这个国家是欧洲管理水平最差的国家。这是众所周知的事实。主教的腐化堕落和乡村牧师的好酒贪杯，已经成为所有西方国家的通病；上层教士玩忽职守，国家的管理没有受到应有的重视。

15世纪下半叶，日耳曼大学里的波兰学生迅速增多，致使波兰教会管理的学院无法办下去了。可怜的波兰人求学无门，只好跑到国外去受教育。后来，条顿大学受了新教的影响，来自华沙、拉多姆和琴斯托霍瓦的学生也跟上了新潮流。

他们回归故里时，个个都是翅膀硬了的路德派新教主义者。

宗教改革刚开始的时候，国王、贵族和教士要清除他们视为谬论的思想不过是举手之劳，轻而易举。但是，必须有一个前提，那就是所有的领导成员得统一思想，毫无异议地拥护一项明确的政策。这个奇怪的国家有一个神圣的传统，它实行一票否决制。一项新的法律，只要有一票不赞成就不能通过。要做到这一点太不容易了。

思想尚未统一之前，会形成一种“间歇”状态。波兰人自古以来就是运用这种“间歇”缓解矛盾，从容思索，以便找到更合理的解决方法。在此期间，各方势力处于静止状态，而新教徒却借此良机大兴土木，不到一年时间就在全国各地建起了自己的教堂。

由于新教徒们为了各自不同的神学观点而争吵不休，农民们回到了天主教的怀抱，波兰又成了天主教坚固的堡垒。到了16世纪下半叶，这个国家开始享受宗教自由，允许各种宗教派别同时存在。西欧的天主教和新教发动了剿灭再洗礼派的战争，侥幸逃脱的再洗礼教徒放弃了向西逃窜的计划，转而逃往波兰，定居在维斯瓦河畔。正是这时，布兰德拉塔医生读了索兹尼那本关于耶稣生平的书，很想拜会这位作者。

乔吉奥·布兰德拉塔医生是意大利人。他不但精通医术，而且多才多艺，毕业于蒙彼利埃大学，是一位医术精湛的妇科专家。他生性好动，足智多谋，和当时许多医生一样，既是神学家，又是神经病专家。他研究的领域十分广泛。他成功地治愈了波兰皇太后的头痛病。皇太后原来总是有幻觉，认为怀疑三位一体的人头脑有毛病。幻觉消除之后，她恍然大悟，支持三位一体的人才真是头脑有毛病的人。

唉，可惜这个好皇太后死了（被她的情人谋杀）。她的两个女儿嫁给了当地的贵族。布兰德拉塔以医生顾问的身份，对这里的政治发挥了很大的影响。他清醒地看到，这个国家政局动荡不安，内战一触即发，要想避免战争，就得采取有效措施结束宗教问题上的争吵。他斡旋于对立的教派之间，尽其所能地使他们平息怒火，停止争吵。为了化干戈为玉帛这个善良的愿望得以实现，他需要一个比他更精通宗教问题的人来帮忙。这时他想起了有关耶稣生平那本书的作者。

他给索兹尼写了一封信，恭请他大驾光临。

遗憾的是，索兹尼到达南喀尔巴阡山的时候，布兰德拉塔因为私生活问题曝出丑闻，被迫辞职，人也不知去向了。索兹尼既来之则安之。他留在这个遥远的地方，娶了一位波兰姑娘。1604年，他在这个国家逝世。

他生命中的最后20年过得最有价值，因为他的宽容思想在这20年里得到了充分的发挥和具体的表达。

为了结束教派纷争，索兹尼撰写了一本《教义问答手册》，委婉地表达了他的宽容思想和一些基本原则。

16世纪下半叶，编写教义问答手册盛行于德国、瑞士、法国、荷兰和丹麦。人们通过这种书面形式来阐述自己的宗教思想。然而，大多数小册子都表明了一个可怕的信条：他们，只有他们，才是真理的代言人。如果不信仰他们的真理，那就是异端邪说；为了维护他们的真理，就必须用刀剑、十字架和火刑柱来对付一切异端分子。

索兹尼却与众不同，别具一格。他的小册子开宗明义地指出，写这本书的真正意图绝不是为了与人争吵。

他在书中写道："许多虔诚的人都在抱怨，时下出版的各种教义手册导致了基督徒之间的分歧。这种抱怨有充分的理由。其根本原因是，每个人都想把自己的某些观点强加于人，把持不同见解者视为异端。"

鉴于此，索兹尼语重心长地宣布，绝不主张剥夺和压制任何人的宗教信仰自由。他从人道主义精神出发，呼吁大家："每一个人都有权利自由选择自己的宗教信仰，这是《新约》定下的规矩。早期的教会为我们树立了好榜样。我们都是挣扎在苦难中的人，我们有什么理由去扑灭别人心中闪亮的圣火？我们怎么可以

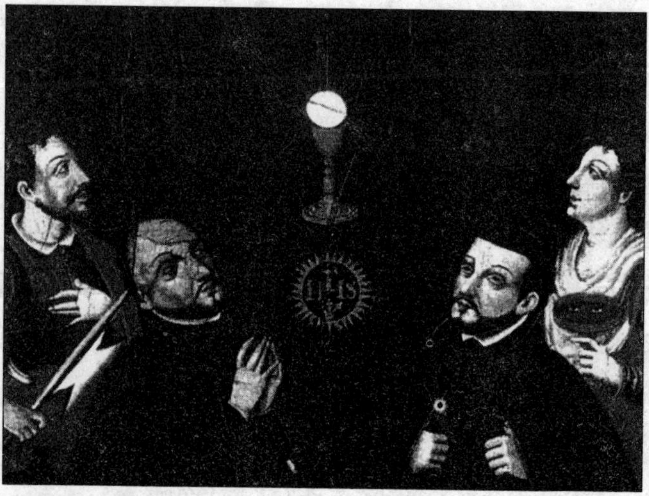

祭拜圣饼和耶稣会章

垄断《圣经》，凭着一己之见去强加于人？难道我们已经忘记，我们的主惟有耶稣基督？难道我们已经忘记，我们大家都是好兄弟？谁也没有权利凌驾于别人之上。也许，我们的某一个兄弟比别人博学多才，但是，所有的人和基督的关系都是平等的。”

这些话全是金玉良言，只是早说了300年。在那动荡不安的世界里，一切努力都是徒劳。反对宗教改革的势力重新抬头。耶稣会的神父们无法无天，恣意妄为。新教徒们一边干活一边争吵。东部地区的人很快又回到了罗马的阵营。

前几天，我去了一趟图书馆，翻阅了一下最流行的历史教科书。所有的书都是从社会民主派跳跃到汉诺威的索菲亚，从索毕叶斯基跳跃到撒拉逊，没有一本书提及索兹尼派或索兹尼叔侄。

只有一卷隐隐约约提到了这两位伟大的锡耶纳人文主义者，而且仅是在叙述路德和加尔文时随便提了一下，出现在附录中。

我想，在今后300年的通俗史书里，所有这些都会改变。索兹尼叔侄将会占据一个完整的篇章，而宗教改革的传统英雄人物将会放到不显眼的位置。

索兹尼叔侄的名字即使放在脚注里，依然是熠熠生辉，光彩照人。

《蒙田》丨房龙

第18章
蒙田

中世纪时有一种说法，城市的空气对自由有益。

的确如此。

高高的城墙是安全的保障。自由民可以借助这道屏障，不把贵族和教士放在眼里。

随后，欧洲大陆的情况有所好转，国际贸易有了重新启动的可能，历史开始进入新的阶段。

人们随之看到："商业对宽容有益。"

俄亥俄州瓦恩斯堡镇可以支持三K党，纽约就不行。如果纽约人发起一场运动，要把犹太人、天主教徒和外国人统统驱逐出去，华尔街就会陷入一片恐慌之中。劳工运动就会滚滚而来，整个城市就会被毁坏得一塌糊涂。

中世纪后半期的情况类似于此。莫斯科这个小小的公国可以对异教徒怒目而视，诺夫哥罗德就不行，因为它是国际贸易中心，必须对外国商人彬彬有礼。如果冒犯了瑞典、挪威、日耳曼和佛兰芒商人，他们的资金就会流向维斯比。

一个单纯从事农业生产的国家，可以肆无忌惮地欺压农民。但是，如果威尼斯人、热那亚人和布吕赫人在自己的城墙内迫害异教徒，外国公司就会立即撤离，抽回所有的投资，这个城市的经济就会崩溃。

有些国家认识不到发展商业经济的利害关系（如西班牙、教皇统治区和哈布斯堡的领地），依然故我，妄自尊大，墨守成规，固步自封，把信仰与己不同的人视为仇敌并无情地驱逐出去。结果，这些国家不是自取灭亡，就是日渐衰落，沦为毫不起眼的弱小国家。

《楼顶的主人》丨房龙

商业国家和城市的统治者对既定事实都很尊重。他们懂得权衡利害关系，在意识形态领域保持中立。天主教、新教、犹太人和中国人，只要是来做生意的就热情欢迎。谁爱信仰什么宗教，那是人家自己的事情，并不妨碍大家做生意。

威尼斯通过了一项反对加尔文教派的法案，那也只是做个样子而已。10人内阁悄悄地告诉宪兵，这条法令不必执行得太认真，随便走走过场就行了。只要那些异教徒不破坏社会治安，不影响大家做生意，他们爱信仰什么宗教，由他们去信仰好了。

阿姆斯特丹也是这样。每个星期天，新教牧师都要集会，严词谴责“淫妇”的罪孽。就在同一条街道上，天主教徒在一间不引人注目的房间里安静地做弥撒。信奉新教的警官在外面守护着他们，防止新教极端分子来捣乱，以免把这些法国和意大利的款爷们吓跑了。

这并不意味着威尼斯人和阿姆斯特丹人放弃了自己的信仰。他们仍然是自己教会的忠实信徒，一如既往地热爱自己信奉的宗教。但是，他们心里很明白，汉堡、吕贝克或里斯本的异教徒带来的是财富，而日内瓦和罗马的教士只会唱高调，却一毛不拔。得到财富可以发展经济，得到虚名只会束缚自己。

蒙田的祖父和父亲是做鲱鱼生意的，母亲是西班牙犹太人的后裔。如果把蒙田开明自由的观点与他的长辈相联系，似乎有些不着边际，但是在我看来，商人长辈对他的影响是不可忽视的。他是一个政治家，是一个为宽容而斗争的战士。对狂热和偏执深恶痛绝是他的个性特征。这种个性特征源于波尔多码头不远处的一家小鱼铺。

蒙田像

要是我当着蒙田的面这样跟他说，他大概不会对我的这一发现深表谢意。因为在他出生的时候，所有“生意”的痕迹都已从华丽的家族纹章中抹去了。

蒙田的父亲获得了一块叫做蒙田的领地。做父亲的要把儿子培养成绅士，花起钱来毫不吝啬。蒙田刚刚学会走路，他的家庭教师便用拉丁文和希腊文把他那小脑袋瓜子塞得满满的。6岁时，他被送进高级学校。13岁，他开始学习法律。他曾在波尔多法院任职13年。

38岁，他回到庄园过退隐生活，因为他“倦于法庭诉讼，疲于功名利禄”，要享受安宁和闲暇。当然，他退隐主要是出于政治原因。他目睹了法官们贪赃枉法的行为，新教徒被活活烧死的惨状，开始厌弃官场。当时法国政局动荡不安，内战不止，他苦闷彷徨，不忍看生灵涂炭。

蒙田回到他继承下来的乡间领地，潜心研读古希腊、罗马作品，随手写心得笔记。1580年出版的《随笔集》一、二卷，正是他整理读书笔记和思考的成果。《随笔集》的出版，事先征得了国王亨利三世的首肯，后来又得到了教廷的承认。教皇还授予他“罗马市民”的称号。

蒙田活着的时候是天主教徒，死的时候依然是天主教徒。年轻的时候，他还是天主教贵族联盟的一位积极分子。该联盟的主要任务是抵制加尔文主义，不许它在法国有立足之地。

1572年8月，教皇格列高里八世热烈庆祝杀死了3万名法国新教徒的业绩。蒙田闻知此事便永远离开了天主教会，不过他也没有加入另外一个教派。为了避免旁人说三道四，他继续参加某些重要的仪式。自从圣巴托洛缪惨案发生之后，他的作品越来越接近马库斯、奥勒留、爱比克泰德和其他10来个希腊、罗马哲学家的著作了。《论良知的自由》这篇随笔尤为值得缅怀，文章的语气好像是伯里克利的同代人，而不像是法国皇后凯瑟琳·德·美第奇的臣仆。他以叛教者尤里安为例，阐明真正的政治家应该完成的使命。

文章很短，只有2000多字，你可以在本书附录中读到。

蒙田看透了那些顽固不化的新教徒和天主教徒倡导的绝对自由体制，这种自由（在当时的环境下）只会挑起新的内战爆发。但是，只要那些新教徒和天主教徒睡觉时不再把匕首和短枪放在枕头下面，政府就该明智一些，尽量地不去干涉别人的思想，允许臣民们依照他们自己的情感方式来爱上帝。

这种想法并非蒙田一人才有。早在1560年，凯瑟琳·德·美第奇的前大臣米歇尔·德·豪皮塔尔就曾经建议，对异端分子只宜用文字论战。良知在人的心里，不可能屈服于暴力。两年后，他为《皇家宽容法》的颁布发挥了重大作用。该法令使胡格诺教派享有集会的权利，可以大大方方地举行宗教会议讨论本教派的事务。胡格诺教派成为一个自由独立的教派，不再是躲躲闪闪的小教派了。

让·博丹是巴黎的律师，一位令人尊重的公民。他反对托马斯·莫尔《乌托邦》的共产倾向，保卫私人财产。这位律师也发表过类似的观点，反对国王强迫臣民进这个教堂或者那个教堂。

大臣们的演讲和政治哲学家的拉丁语论文极少有人问津，而蒙田的书却深为读书人所喜爱。书友们常常聚集在一起翻译和讨

托马斯·莫尔

托马斯·莫尔（1478—1535）是英格兰政治家，作家与空想社会主义者。1516年，他写成《乌托邦》一书，此书对以后社会主义思想的发展有很大影响。

论，并且持续了300多年。

蒙田的书是心声的自然流露，因此，众多读者越来越喜爱《蒙田随笔》。不然，人们做梦也不会想到要去购买或借阅一本被官方列为“哲学类”的图书。

《阿明尼乌》丨房龙

第19章
阿明尼乌

一个国家的宽容程度与大多数居民享有的个性自由程度成正比。

历史上有时会出现相当开明的统治者。他对自己的臣民说："我对'己所不欲，勿施于人'这条古训深信不疑，但愿你们都能宽以待人，否则后果自负。"

于是，臣民们争相收藏政府发行的纪念章，上面铭刻着堂皇的文字："宽容第一"。

但是，这种突然的转变只是因为惧怕国王的刀斧手，难以持之以恒。只有恩威并举，同时再建立一整套宽容教育体系，在日常的政治生活中不断实施，才会有真正的实效。

16世纪下半叶，宽容理念与政治活动相结合的局面，在荷兰共和国出现了。

这个国家有很多城镇和村庄已处于半独立状态。那里的居民大多数是渔夫、水手和商人。他们习惯于独立行动。职业的性质要求他们具有独立思考的能力，做事要干脆果断，刻不容缓。

他们并不是比世界上其他地方的人头脑更聪明，心胸更开阔，而是他们勤奋工作与志在必得的干劲使他们的谷物和鱼类生意兴旺于北欧和西欧各地。他们务实不务虚，知道天主教徒的钱和新教徒的钱并无区别，还知道支付现金的土耳其人要比赊账6个月的长老会教徒更可爱一些。商业流通使这个国家成了宽容实验的理想场地。大家互通有无，各得其所，皆大欢喜。

沉默的威廉深知"不了解世界，就不可能管理好世界"这句古老格言的含义。他是荷兰反对西班牙统治的英雄。在他出使法国时，法王亨利二世讲述了把新教徒赶出荷兰的计划。威廉听后大为震惊，却沉默不语，缄口不提反对意见，从而获得了“沉默者”的绰号。当荷兰人举行反对西班牙的武装起义时，他站到了斗争队伍的前列。

他是欧洲最富有的贵族之一，拥有令人羡慕的社会地位。他年纪轻轻就当上了皇帝查理五世的机要秘书。他生活奢侈，挥金如土，娶了好几个富有的女继承人。他为人随和，不喜欢刻苦用功，只喜欢尽情玩乐，从来不去操心明天的事情。他觉得游戏图表要比宗教手册有趣得多。

起初，他并没有把宗教改革引起的社会动乱当成一回事。在他眼里，这不过是劳资双方又一次争吵而已。这种事情很容易处理，派出几个雄赳赳、气昂昂的警察，立马就能摆平。

接着，他很快意识到，这场动乱非同小可，不比一般，它关系着国家的前途，民族的命运。他赶快卖掉了宫殿、马匹、金银器具和乡间的地产，挺身而出担起了领袖的重任。

在这场为了宗教自由或政治自由的斗争中，他得到一位杰出人物的支持。这个人名叫德克·科恩海特，是个富家子弟，年轻时经常出国旅行，对德国、西班牙和法国的情况很熟悉。他一回到家里便爱上了一位身无分文的姑娘。他那一丝不苟的父亲坚决反对这门婚事。儿子不顾父亲的反对，跟姑娘结了婚。父亲大骂儿子是个忘恩负义的不孝之子，剥夺了他的继承权。

年轻的科恩海特不得不独自挑起了谋生的重担。他聪明能干，很快就学会了一门手艺，成了一个铜雕匠。

到了晚上，他放下雕刻刀，拿起鹅毛笔，开始写笔记。他的文笔不像人们通常说的“妙趣横生”，但是，字里行间却透露出伊拉斯谟式的道理，让人觉得和蔼可亲。朋友们都喜欢和他接近。沉默的威廉慧眼识珠，聘请他做机要顾问。

1565年，威廉组织“贵族同盟”。次年4月，他向西班牙驻尼德兰总督玛格丽特呈递请愿书，提出停止宗教法庭的活动等项要求。1567年8月，西班牙国王菲力二世派阿尔法为尼德兰总督。阿尔法设立“调查骚乱委员会”，血腥镇压尼德兰革命，并推行新的税制。

1572年，北方各省举行大起义，解放了荷兰、泽兰两省大部。同年8月，威廉被推为北方各省执政。1579年，北部诸省宣布独立，并选举威廉为世袭执政。

菲力二世对威廉恨之入骨，悬赏两25000金币，许以贵族头衔和赦免一切罪行的优厚条件，要除掉世界上这个人类的敌人。1584年7月9日，一个法国天主教徒拿到了这笔赏金。6年之后，科恩海特还没来得及把伊拉斯谟的著作全部译成荷兰文，也跟着去世了。

最后敌人被赶出了新共和国的领土。不同教派在西班牙大兵压境的时候团结一致，共同对敌，现在却又互相争吵起来，恨不得割断对方的喉咙。

莱顿大学有两个教授持不同见解，这也不是什么新鲜事。但是，他们争论的是意志自由问题，跟以往的争论就不一样了。人们跟着一哄而上，纷纷加入到争论的行列中。不到一个月，整个国家就分成了两大阵营。

一边是阿明尼乌。

一边是戈马尔。

《争吵的教授们》| 房龙

戈马尔虽然出生在荷兰家庭，却在德国生活成长，是条顿教育体系的典型产品。他在学术方面显得非常渊博，在常识方面却显得十分浅陋。他的大脑跟着希伯来律学旋转，他的心脏却按照阿拉米语的句法规则跳动。

阿明尼乌是另外一种类型的人。他出生于奥德瓦特，这座小城离施泰恩修道院不远，伊拉斯谟曾经在这所修道院里度过了凄凉的岁月。他的邻居鲁道夫·斯内利厄斯很喜欢他。这位邻居是马尔堡大学的著名数学家兼天文学家。鲁道夫·斯内利厄斯把阿明尼乌带到德国，让他接受正规教育。当这孩子第一次放假回家时，他伤心地看到，他的家乡已被西班牙人洗劫一空，他的亲人全部惨遭杀害。

他的前程看来就到此为止了。后来，一些有钱的好心人听说了这个孤儿的悲惨遭遇，纷纷解囊相助，凑了一笔钱，送他到莱顿大学修习神学。他学习用功刻苦，6年之间便学完了所有的课程，随后又进入新的学习领域。

那时候，只要是爱学习的优秀人才，总会有人愿意投资帮助他完成学业。阿明尼乌得到了几个行会的赞助，他们给他提供了去南方求学深造的机会。

他首先来到了日内瓦。加尔文已经死了，接替加尔文的是西奥多·贝萨。这个捕猎异端的老手嗅觉非常灵敏，马上就嗅出这位年轻的荷兰人身上有一股拉姆主义气味，毫不客气地把他拒于门外。

拉姆主义这个词条对于现代读者来说已经毫无意义。然而，熟悉《弥尔顿文集》的人都知道，300年前它被视为十分危险的异端邪说。一个名叫波尔·德·拉姆的法国学生对过时的教学法十分反感。他在撰写博士论文时，选择了一个令人大吃一惊的题目：《亚里士多德传授的一切全是错误的》。

几年以后，他又写了几本书，详细地阐述了自己的观点。这些观点把他送上了死亡之路。他成了圣巴托洛缪惨案中第一批被屠杀的人。

但是，这些书不愿意与作者同归于尽。它们顽强地活了下来。拉姆的逻辑体系在西欧和北欧很受欢迎。然而，谨小慎微的人却把拉姆主义视为通向地狱的口令。有人建议阿明尼乌去巴塞尔。那里的人深受伊拉斯谟的影响，欢迎思想自由的人到那里去。

阿明尼乌离开日内瓦后，便启程北行。为了求学，他冒险进入敌人的领土，在意大利帕多瓦大学进修了几个学期，还去了一趟罗马。1587年，他回到了祖国。在国人眼里，他成了一个危险人物。不过，他头上既没有长角，屁股上也没有长尾巴，怎么看也不像个怪人。他的正常表现赢得了大家的好感，他被任命为阿姆斯特丹的新教牧师。

他不但充分发挥了自己的作用，还在一场抗击瘟疫的战斗中赢得了英雄的称号。大家都真心实意地爱戴这位新教牧师，委托他重建城市公共教育体制。1603年，他被调任莱顿大学神学教授，全城居民没有一个人舍得让他离开。

我敢肯定，要是他知道莱顿大学发生的事情，他就不会去了。他前往莱顿的时候，那里的上拉普萨里安派教徒和下拉普萨里安派教徒正在吵得不可开交。

阿明尼乌的天性和他所受的教育使他倾向于下拉普萨里安派

的观点。他本想不带偏见地对待同事戈马尔，这位上拉普萨里安派的代表人物。但是，两派之间针锋相对，形同水火，完全没有调和的余地。阿明尼乌只好表明立场，宣布自己属于下拉普萨里安派。

这是一场由来已久的争论。一派认为，人在某种程度上有意志的自由，可以决定自己的命运。阿明尼乌等人持这种观点。另一派如苏弗克里兹、加尔文和戈马尔等人则认为，人生的一切是命中注定的，人的命运取决于上帝的安排。

1600年以来，北欧大多数人都是上拉普萨里安派。他们最喜欢听布道说，自己的邻人注定要下地狱。如果哪个牧师胆敢布道说未必如此，他就要被怀疑患有软弱症。这是一种不可饶恕的罪恶，犹如一个医生不肯开苦口的良药给病人吃，害得病人活活地病死那样。

莱顿的多嘴婆婆们发现，阿明尼乌是下拉普萨里安派，便到处鼓噪，把他说得一无是处。原来的朋友和支持者也大肆攻击谩骂他，把他折磨死了。后来，两派都渗透到政治领域，这在17世纪是不可避免的事情。上拉普萨里安派在选举中获胜，下拉普萨里安派被宣布为公众的敌人和国家的叛徒。

但是，加尔文主义者并未如愿以偿。

荷兰共和国名义上是共和国，实际上是商人和银行家的俱乐部，是富豪们的天下。这些大老板们对平等和博爱毫无兴趣，对法律和秩序却是深信不疑。他们承认并支持现有的教会，星期天准时来到新教徒的布道厅。这里过去是天主教堂。可是到了星期一，教士找到市长和议员反映情况时，官员们正在“开会”，无暇接见这些可敬的牧师。如果教士们坚持到底，非要反映情况不可，甚至召集数千教民围在市政厅门前“示威”（这种事情经常发生），官员们也会以礼相待，接过抄写整齐的诉苦状和建议书。然而，最后一个黑袍教士刚刚走出大门，他们送来的文稿立即就被用来点了烟头，全部化为灰烬。

那几年，上拉普萨里安派掀起的大规模内战吓坏了这些大老爷们。为了维护法律和秩序，他们必须坚定不移地遏制宗教狂热的蔓延。

后辈人并不完全赞赏那些掌权的贵族老爷们。他们把国家视为自己的私有财产。他们缺乏胸怀整个民族利益的视野，总是大事糊涂小事不糊涂。但是，他们做了一件值得我们赞赏的事情。他们把国家变成了国际交流站，来自世界各地的人在这里享有最充分的自由，可以自由地表达自己的思想，可以各抒己见，畅所欲言，可以写自己想写的文章，可以出版各种类型的书籍。荷兰成了世界各地因思想见解受迫害的人最理想的去处。将近两个世纪，这里一直是思想者真正的天堂。

这座失而复得的天堂声名远播。在以后的200年间，荷兰的印刷厂和咖啡厅挤满了热血沸腾的思想者。他们是思想解放的开路先锋。

《布鲁诺去威尼斯》| 房龙

第20章
布鲁诺

争取精神独立的斗争是一场世界大战。

这场战争没有几十万人的正面交锋。

没有成群结队的士兵冒着枪林弹雨向前冲杀。

更进一步说，芸芸众生都不知道正在打仗，不过是出于好奇心去打听一下，今天上午烧死了谁，明天下午谁将会被绞死。他们或许还会发现，有几个不顾死活的人在继续为几项自由原则而斗争。这些消息只会令人轻声叹息而已。只有自己的家人落到如此悲惨的境地，他们才会悲痛不已。

殉道者为了正义事业所做的一切，不可能简化成数学公式，也不可能用安培、马力等物理概念来解释和说明。

攻读博士学位的勤奋学生很可能会仔细地阅读布鲁诺文集，品读到一些闪光的语言，如“政府无权命令人们应该想什么”、“社会不应该用刀剑惩处对标准教理有异议的人”等等。领会到这些语言的深刻含义，就能写出一篇题为《布鲁诺（1549—1600）和宗教自由原则》的论文，为热爱真理的人所接受。

但是，那些不再研究这些重要课题的人，会从另一角度去看待这个问题。

许多有识之士对当时的宗教狂热感到非常痛心，对套在人们头上的精神枷锁极端痛恨，对被迫生活在枷锁之中的各国人民深表同情。目睹这些丑恶的社会现象，他们忍无可忍，于是就奋起反抗。他们一无所有，吃的在肚里，穿的在身上，连睡觉也没有一个固定的地方。但是，他们有一颗炽热的心，心里燃烧着圣火。他们要用这圣火照亮黑暗的大地。他们满腔热情地演讲，呕心沥血地写作，与高深学府里的教授辩论，和乡间酒店里的村民探讨；他们所到之处不为别的，只为阐明一个道理：人活着就该一心向善，互相理解，宽容为怀。他们穿着破旧的衣服，提着一捆书册四处奔波，直到生命最后的时刻。有的人在穷乡僻壤死于病魔的折磨，有的人死于无知村民的私刑，有的人在路上被车轮压死。

我之所以提到布鲁诺，并不是说他是这类人中惟一值得提起的人，而是他的生活，他的思想，他追求真理那执著的热情，堪称思想先驱者的典范，是一个很能说明问题的例子。

布鲁诺的父母是穷人。他们的儿子貌不惊人，才不出众，只是个普通平常的意大利孩子，按照一般惯例进了修道院。随后，他入了多明我会。他的性格与这个团体格格不入，因为多明我会教徒最喜欢迫害持不同见解者，被称为“地地道道的宗教警犬”。他们聪明过人，非常敏锐，识别能力特别高超，看一个人是不是异端分子，从他的神态举止就能判断出来，不需要白纸黑字来证明。一个眼神，一个手势，耸一耸肩膀，就可暴露出这个人的异端身份，应该交给宗教法庭去处理。

布鲁诺生长在唯命是从的环境里，却养成了叛逆反抗的性格，搁下了《圣经》，而捧起了芝诺和阿那克萨戈拉的著作。这个不守本分的见习修道士还没有修完规定的课程，就被赶出了多明我会，成了一名四处漂泊的流浪汉。

他越过了阿尔卑斯山。在他之前，有多少年轻人冒着生命的危险，奔向罗纳河与阿尔沃河的交汇处，希望在新教强大的堡垒里找到梦寐以求的自由！

又有多少人悲伤失望地离开了这里。他们发现这里和那里都是一个样子，改变了教义并不等于改变了人的心灵。

布鲁诺在日内瓦待了不到3个月就待不下去了。这座城市挤满了意大利难民。布鲁诺的乡亲们给他找来一套新衣服，还给他找了一份校对员的工作。到了晚上，他就读书写作。他得到了一本德·拉姆的书，如同得到了一个知心朋友。德·拉姆认为，中世纪教科书专制体系不打破，世界就不能进步。布鲁诺还不至于像这位法国老师那样激进。他并不认为希腊人教授的一切都是错误的。但是，为什么16世纪的人还要拘泥于耶稣降生前4个世纪的知识框架呢？这不是作茧自缚，裹足不前吗？

“一直都是这样的。”支持传统观念的人回答。

“我们和祖先是什么关系，祖先和我们又是什么关系？死去的人已经死了。”这位反传统观念的年轻人愤愤不平地争辩说。

没过多久，警察登门拜访，劝他趁早离开这里，到别处去碰碰运气。

此后，布鲁诺到处流浪，一心想找到一个自由安宁的地方，能够安安心心地工作和生活。从日内瓦到里昂，从里昂到图卢兹，他一直没有找到一个安身之处。那时他已经开始研究天文学，成为哥白尼的热情支持者，步入了一个极其危险的研究领域。那个时代的人把哥白尼的日心学视为异端邪说。

他徒步向法国走去，走到了巴黎。1583年春，他以法国大使私人秘书的身份来到英国。然而，英国并没有给他带来希望。英国的神学家并不比欧洲大陆其他地方的神学家好多少，只不过是实际点而已。例如牛津大学，对于反对亚里士多德的学生，并不惩处，罚他10个先令就行了。

《布鲁诺赴日内瓦》丨房龙

殉道者布鲁诺

他在牛津大学发表了一系列演讲，阐述哥白尼学说。《圣灰星期三晚餐》不仅重申了日心学理论的真实性，还提出宇宙是无限的，是没有中心的，从而推翻了天主教会奉为经典的地球中心说。

《论无限、宇宙和诸世界》发展了宇宙论学说，系统地批判了亚里士多德物理学，同时在哲学和宗教的关系方面形成了阿维罗学派的观点。这种观点认为：宗教是统治无知者的手段，而哲学是特权集团统治别人的一门学科。

《驱逐趾高气扬的野兽》是他三组论道德篇的第一篇对话，讽刺当时的迷信和罪恶，强烈地批判了基督教的道德学，特别批判了加尔文的有关学说。

1588年，他出版《160个题目的对话集》，阐述其宗教思想——所有宗教在互相了解和自由辩论的基础上和平共存。

1591年8月，他应威尼斯贵族乔凡尼·莫森尼戈的邀请回国。

1592年返回祖国时，他在威尼斯被捕，然后被引渡到罗马监狱。

宗教法庭在1593年至1560年间对他进行了长达8年的关押和审讯。他在狱中受尽折磨摧残，始终坚贞不屈，拒绝修改论著。最后，教皇克莱芒八世下令把他按顽固异端分子判处。

1600年2月17日，布鲁诺在罗马百花广场被活活烧死，为捍卫真理和人权献出了宝贵的生命。

作为哲学家，布鲁诺的理论影响了17世纪的科学和哲学思想。自18世纪以来，许多近代哲学家吸收了他的学说。作为思想自由的象征，他鼓励了19世纪欧洲的自由运动，成为西方思想史上的重要人物之一，也是现代文化的先驱者。

《斯宾诺莎》| 房龙

第21章
斯宾诺莎

历史上有些事情实在是令人费解，其中之一就是过去年代中一些艺术家和作家的工作量。

现代专事写作的人有打字机、录音机、秘书和自来水笔，每天可以写三四千字。莎士比亚有五六种其他工作要打理，有一个成天骂骂咧咧的老婆在身边，还有一支经常写不出水的鹅毛笔，他怎么就写出了37个剧本呢？

“无敌舰队”的老兵维加一生忙忙碌碌，他从哪儿弄来那么多墨水和纸张，写了1800个喜剧和500篇文章？

那个奇怪的巴赫更加令人不可思议，在一间有20个孩子吵吵嚷嚷的小屋里，他居然谱写了5个清唱剧、198个教堂大合唱、3个婚礼大合唱、12支圣歌、6支庄严的弥撒曲、3部小提琴协奏曲（仅一部协奏曲就足以使他的名字万古流芳）、7部钢琴管弦乐协奏曲、3部钢琴协奏曲、30部管弦乐谱，还为长笛、风琴、提琴、法国号等乐器谱写了大量曲子，光是这些曲子就足以让一个普通学生练习一辈子。

像伦勃朗和鲁本斯这样的画家，30多年来，几乎每个月都要创作4幅画像或蚀刻画，这又是怎样完成的？安东尼奥·史特拉瓦里不过是一个普通百姓，怎么会在一生中制作了540把小提琴、50把大提琴和12把中提琴呢？

姑且不论他们的智力如何发达，想得出那么多情节，听得出那么多旋律，能够对复杂的颜色与线条的组合体一目了然，能够选择出恰到好处的木材；单单就体力而论，我就百思而不得其解。他们不睡觉吗？他们不打几个小时桌球吗？他们从来就不知疲倦吗？他们从来就没有听说过神经系统的规律吗？

17世纪至18世纪，这样的人有很多。他们无视健康法则，大吃大喝，暴饮暴食，有一顿没一顿，完全不懂得保养自己的身体。但是，他们干起活来却是成果累累，十分惊人。

这一章的主角斯宾诺莎在数量上没有追随当时的潮流。他的全集只有三四个小册子和几捆信札。

斯宾诺莎是犹太人。那时的犹太人还没有受过犹太隔离区的侮辱。他的祖先在西班牙定居的时候，那里还是摩尔人的一个省。基督教“西班牙再征服”和“拯救西班牙”开始后，这个国家陷入了四分五裂的状况。斯宾诺莎一家被迫离开西班牙，坐船来到荷兰，在阿姆斯特丹买了一幢房子住了下来。他们埋头苦干，省吃俭用，积攒钱财，很快就成了“葡萄牙移民”中最受尊重的家族之一。

那时的荷兰共和国只有阶级偏见，没有种族偏见，外来的民族可以在北海和须德海沿岸找到避难所，平安无事地过日子。这是荷兰生活的一大特色。

在欧洲其他许多地方，甚至到了近代，犹太人和非犹太人之间的关系仍然不尽如人意，两者之间的矛盾简直不可调和，因为双方都是对的，同时双方又是错的，大家都是专横和偏见的受害者。这本书前面已经说过，不宽容是自我保护的一种手段。根据这个道理，只要基督徒和犹太人坚信自己的宗教是惟一正确的宗教，他们就会把对方视为敌人。首先，双方都认为自己信仰的上帝才是真正的上帝，其他民族的上帝全是假的。其次，双方是商业竞争对手。犹太人来到欧洲，就像当初进入巴勒斯坦一样，是寻找新家园的移民。当时的工会，也就是行会，极力排挤他基督将高利贷者从祭坛前赶走，他视追逐金钱为罪恶。后来的基督教会却发售赎罪券敛财，显然是违背了基督精神。

《基督驱逐高利贷者》

们，不许他们涉足自己的行业。为了生存下去，他们只好去干别人不愿干的事情，例如当铺和钱庄。中世纪的人最瞧不起这两种行业。

令人费解的是，一直到加尔文时期，教会对金钱（税收除外）都非常反感，把收取利息视为罪恶。当然，任何政府都不会容忍高利贷。早在4000年前，巴比伦就通过一项法律，严厉制裁放债人。在《旧约》的一些章节中，我们看到，摩西也禁止他的追随者放债。对外国人放债可以另当别论。再往后看，亚里士多德和柏拉图以及希腊所有的大哲学家，都不赞成放债这种做法。教会神父对这种事情态度更加直截了当，坚决反对和禁止。放债人在中世纪时期最受鄙视。但丁甚至在“地狱”里为他的银行家朋友们专设了一个小金库。

总而言之，当铺老板和银行家是不受欢迎的公民。但是，世界已不再完全是农业世界，没有信用贷款，连最简单的生意也难以做成。于是，放债人成了大家需要的魔鬼（按照基督徒的看法），注定要下地狱的犹太人别无选择地干起了这门不体面的行当。

这些沦落异国他乡的犹太人被迫从事别人看不起的行业，无论是富人还是穷人，都把他们当做冤家对头。尤其是他们发了财之后，别人对他们更加恼怒，骂他们是暴发户，是守财奴，把他们关进城里最肮脏的地方，实在气不过了，还会把他们当成邪恶的无信仰者绞死，或者定下叛教者的罪名把他们活活烧死。

这种无休止的辱骂和迫害并没有使犹太人爱上他们的基督徒邻居，结果只是让才华横溢的有识之士退出了公共事业，让本来可以在商业和科学领域中有所建树的年轻人把聪明才智浪费在无用的旧书上，让孩子们在臭气熏天的小屋里过着压抑的生活。他们的老前辈对他们说，他们是上帝的特选子民，将来一定会成为整个大地的主人，继承所有的财富，而他们的邻居却骂他们是蠢猪，只配上绞架或刑车。

生活在这种恶劣环境中的人（无论是谁），都不可能用正常的眼光看待生活。

哪里有压迫，哪里就有反抗。犹太人被逼得走投无路时，不得不采取一些反抗措施来保护自己。于是，他们被斥为“叛徒”、“忘恩负义的恶棍”，受到更加严厉的制裁和羞辱。这样反反复复地搞来搞去，搞得犹太人越来越心灰意冷，越来越仇恨非犹太人。

斯宾诺莎出生在阿姆斯特丹，有幸避免了大多数犹太人生来就要遭受的苦难。他最初被送进犹太教堂管理的学校，刚刚学会希伯来文的动词变化，就被转送到弗朗西斯科·阿皮尼厄斯·冯·登·恩德博士那儿，跟这位博学的老师学习拉丁文和科学。

弗朗西斯科出身于天主教徒家庭。有谣传说他是卢万大学的毕业生。按照城里教堂执事的说法，他是一个隐藏身份的耶稣会成员，是一个危险人物。不过这些说法都是流言蜚语。弗朗西斯科确实在天主教学校里读过几年书，但他对那里开设的课程不感兴趣。他离开家乡安特卫普后，就来到了阿姆斯特丹，开办了一所私立学校。

他有一种独特的教学方法，能让学生们对古文课发生兴趣。阿姆斯特丹的加尔文派市民们不在乎他过去与天主教的关系，愿意把孩子们托付给他，并且引以为自豪。因为这个学校的孩子很快就学会了六步韵诗和变格，比其他学校的孩子强多了。

弗朗西斯科是科学领域最新发现的热情追随者，他非常崇拜布鲁诺。斯宾诺莎不但从他那儿学到了拉丁文，还学到了正统犹太家庭不会提及的一些科学常识。

斯宾诺莎没有和其他同学留宿学校，而是住在自己家里。他那渊博的学识使他的家人感到十分惊奇。亲戚们都自豪地叫他小博士，经常给他零用钱。这些零用钱没有花在烟草上，全部用来买了哲学书。

有一个作家对他特别有吸引力。

那就是笛卡尔。

笛卡尔出身于土伦省一个贵族家庭。他不满10岁就被送到耶稣会受教育，在那里过了10年不受欢迎的生活，因为这孩子爱思索，什么事情都要打破沙锅问到底。没有经过实践检验的东西，他就是不肯接受。

笛卡尔20岁开始服兵役，到了荷兰。纳索亲王莫里斯在那里完善了他的军事体系，使他的军队成为培养年轻军官的进修学院。笛卡尔很少去纳索亲王的司令部。一个虔诚的天主教徒去侍奉一个新教徒的首领，这听起来就像是叛国。笛卡尔只对数学和炮兵学感兴趣，对宗教和政治不大关心。荷兰和西班牙的战事刚刚平息，他便辞了职，来到慕尼黑，在巴伐利亚的天主教公爵麾下投入战斗。

那场战争很快就结束了。笛卡尔回到法国，本想学点高级攻坚战术，可是军营生活已经使他厌倦，他决定告别军旅生涯，专心致志地研究哲学和科学。

笛卡尔（1596—1650），法国哲学家、科学家、数学家。其最著名的论断是：『我思故我在。』

笛卡尔

他有一笔足以维持生活的收入。他清心寡欲，淡泊名利，又不想结婚，只想过安宁快乐的生活。他就这样过来了。

他为什么会选择荷兰作为居住地，那就只有他自己才知道了。这个国家到处都有印刷厂、出版商和书店，只要不恶意攻击现存的政府和宗教，出版检查制度不过是一纸空文，做个样子而已。另外，他不懂这个国家的文字（这种文字对法国人来说并不高深），避免了不必要的人际交往，得以把时间（几乎每天20个小时）全部用于研究工作。

对于当过兵的人来说，这样过日子不免显得太枯燥。但是，笛卡尔有明确的生活目标，他很满足这种自我流放的生活。生活的经验使他清醒地看到，世界仍然被蒙昧无知所笼罩，当时称为“科学”的东西，实际上与真正的科学风马牛不相及。错误的观念不排除，人类社会就不可能进步。笛卡尔痛下决心，非要为真正的科学事业做出贡献不可。功夫不负有心人。到了30岁，他开始向我们奉献出崭新的哲学体系。他的崇高使命激励着他勇往直前，再攀高峰。他在原来的提纲里加进了几何学、天文学和物理学。他的治学态度严谨公正，毫无偏袒，以至于天主教徒谴责他是加尔文派，而加尔文派教徒诅咒他是无神论者。

对于那些无聊的吵闹，他视而不见，听而不闻。他静静地继续他的探索，直到静静地躺在斯德哥尔摩的墓地里。在斯德哥尔摩，他曾经和瑞典女王探讨过哲学。

笛卡尔主义在17世纪就像达尔文主义在维多利亚女王时代一样，引起了很大的轰动。笛卡尔主义者被视为危险人物，是社会秩序的敌人，是自甘堕落的下等人。尽管如此，笛卡尔主义仍然

《达尔文教授》| 英国 | 霍金斯

达尔文认为，人类和猴子是从共同的祖先进化而来。这幅漫画把达尔文也画成猴子，意在嘲讽达尔文和他的进化论。

像一块巨大的磁铁，吸引着知识界的众多学者，为有识之士所接受，就像我们的前辈接受达尔文主义一样。但是，阿姆斯特丹的正统犹太人从不提及这类话题，似乎笛卡尔主义根本就不存在。然而，人们一旦发现笛卡尔主义在斯宾诺莎的头脑里存在时，问题就严重了。只要犹太教堂出面调查此事，采取官方行动，斯宾诺莎就不能存在下去了。

斯宾诺莎15岁的时候，一位葡萄牙流亡者来到了阿姆斯特丹。此人名叫艾考斯塔。他放弃了被强迫接受的天主教，回到了父辈信仰的宗教。但是，这个艾考斯塔不是普通寻常的犹太人，他喜欢在帽子上插一根羽毛，在腰间挎一把长剑，一副绅士派头。他很讨厌那些在日耳曼和波兰学校受过训练的荷兰犹太教士，对他们的傲慢态度十分反感。他生性孤傲，从不掩饰自己的观点。

在犹太社会的那种小圈子里，如此公开的蔑视是不可容忍的。一场残酷的斗争开始了。一方是孤独的梦想家，另一方是无情的卫道士。

起初，有人到当地警察局告发艾考斯塔，说他写了几本小册子，否认灵魂不朽，严重亵渎神灵。加尔文派教士由此而找上了他的麻烦。事实很快就被澄清，撤消了控告。犹太教会从此把他革出教门，断了他的谋生之路。

在往后的几个月里，这个可怜的人在阿姆斯特丹流浪街头，处处碰壁，最后走投无路了，只好又回到犹太教会。重新回到犹太教会的条件非常苛刻。首先，他要当众认罪，让所有的会众鞭抽棍揍，拳打脚踢，然后表示心服口服，方可入会。是可忍孰不可忍！他悲愤交集，买了一支手枪，结束了自己的生命。

阿姆斯特丹的市民对自杀事件议论纷纷。犹太团体觉得不能再次出现类似的丑闻。当犹太人的学校里最有发展前途的学生被发现沾染了笛卡尔的新异端思想时，犹太教会明智地采取了息事宁人的措施。斯宾诺莎被告知，只要他与教会和睦相处，继续留在犹太教堂里，不发表任何反对法律的言论，就可以给他一笔固定的年金。

斯宾诺莎最讨厌妥协，他直截了当地拒绝了这些条件。结果，依照古老的《惩处条例》，他被革出教门。

诅咒他的骂声铺天盖地而来，他却若无其事地坐在屋里，想读书就读书，想看报就看报。《惩处条例》的疯狂执行者威胁要杀死他，他也不当一回事，坚决不离开这座城市。

这无异于给了犹太教士一记响亮的耳光。在短短几年内，居然又有人向他们的权威挑战。他们急不可耐地跑到市政厅，求助于市政府。他们告诉市长大人，这个被赶出犹太教会的斯宾诺莎是个危险分子，是不可知论者，是不信仰上帝的人，不应该让他居住在阿姆斯特丹这座令人尊敬的城市里。

那些官老爷们有个好习惯，凡事都不亲自动手。他们把这事推给基督教牧师委员会去打理。委员会经过调查，发现斯宾诺莎没有任何违法乱纪的行为，调查结果如实向政府部门作了汇报。同时，他们也顾及到犹太教会的面子，觉得多一事不如少一事，建议市长请这位个性倔强的年轻人暂时离开阿姆斯特丹几个月，避免不必要的纠纷，等事态平息下来后，阿姆斯特丹随时都欢迎他回来居住。

斯宾诺莎离开了阿姆斯特丹，搬到城外一个村庄暂住，靠磨制光学镜片维持生活。1660年，斯宾诺莎从阿姆斯特丹迁到离莱顿不远的莱因斯堡村。在这里，他写了《神、人及其幸福简论》、《理智改进论》、《笛卡尔哲学原理》的大部分和《伦理学》的第一卷。

他的朋友提议资助他，让他把全部时间用于学习研究。他回答说，他对朋友的深情厚谊感激不尽，但他更愿意过独立自主的生活。他从来不借一分钱，过着一个真正的哲学家令人敬佩的清贫生活。

他放弃了去德国当教授的机会。普鲁士国王给他写信，愿意做他的资助人和保护人，他谢绝了。他宁愿过无牵无挂的流亡生活。

1663年8月，斯宾诺莎移居靠近海牙的伏尔堡。在这里，除了继续撰写《伦理学》，还撰写了《神学政治论》，于1670年化名出版。

1670年5月，斯宾诺莎移居海牙。在这里，他开始写《希伯来语法》，并于1675年完成《伦理学》。

磨制镜片的劳作损害了斯宾诺莎的健康，他因肺病于1677年2月20日逝世。同年，他的朋友在阿姆斯特丹用拉丁文出版了他的《遗著集》，其中包括《伦理学》、《政治论》、《理智改进论》、《书信集》和《希伯来语法》，同年又译为荷兰文。

斯宾诺莎逝世后的一段时期内，他的著作继续受到不同宗教派别的谴责，而没有受到进步思想家和哲学家的重视。17世纪末，法国的贝勒在著名的《历史批判辞典》中，肯定斯宾诺莎的哲学是为纪念斯宾诺莎逝世200周年，人们募捐为他建立一尊全身像，捐款来自世界各地。从来没有哪一座纪念碑建造在如此宽广厚爱的基座上。

斯宾诺莎

一个无神论体系。他的无神论影响了18世纪法国的战斗无神论者。在德国18世纪末至19世纪初的启蒙运动中，斯宾诺莎的哲学经过莱辛、赫尔德、歌德等人的努力宣扬，才为人们所重视。

《新的天国》 | 房龙

第22章
新的天国

害怕斯宾诺莎的书会流传开来，这种担忧是多余的。他的书和三角学教科书一样，无论挑哪一章来读，很少有人能够读上两三句。

新思想的传播需要另一种人做先导。

法国君主专制体系的确立，严重地挫伤了独立思考和调查研究的积极性。

德国的30年战争带来了贫穷和恐怖，个人的创造力被窒息了200多年。

17世纪下半叶，英国是欧洲大国中在独立思考方面惟一有进步的国家。国王与国会的长期争吵增加了不安定因素，同时也促进了个性自由的发展。

多年来，不幸的国王困扰在天主教和清教徒之间。

天主教臣民一直叫嚷，要回到英王向教皇俯首称臣的幸福时代。

清教徒臣民眼巴巴地望着日内瓦，梦想有朝一日英格兰没有国王，变得像瑞士那个山脉角落里的幸福联邦一样。

统治英格兰的人是苏格兰国王。苏格兰臣民理直气壮地认为，反对宗教信仰自由是完全正确的。他们认为，在新教徒的土地上容忍其他教派存在，简直就是犯罪。他们坚持认为，所有的天主教徒和再洗礼教徒，包括索兹尼派教徒和阿明尼乌派教徒以及笛卡尔主义者，都应该被赶出不列颠群岛；凡是怀疑上帝存在的人都应该被绞死。

斯图亚特王朝和克伦威尔坚持各教派有同等权力。并不是他们喜欢那些教派，也不是那些教派爱戴他们，他们仅仅是为了尽

克伦威尔

克伦威尔（1599—1658），英国资产阶级革命时期的主要军事、政治领导人。1653年12月，克伦威尔就任护国公。

量稳住当时的政治局面。马萨诸塞州的殖民地由于一个教派权力过大而发生了一件可怕的事情。我们可想而知，如果众多互相对立的小教派中，有一个教派建立了全国范围的绝对专制，英格兰的命运将会是什么样子。

克伦威尔位高权重，完全可以为所欲为。但是，这位护国公很明智，他知道自己的统治是靠军队维持的，便尽量避免过激的行动，以免迫使敌人联手对付他。他的宽容仅此而已，不过是一时的应急措施。

至于那些该死的“无神论者”，包括前面提到的索兹尼派教徒、阿明尼乌派教徒、笛卡尔主义者及其他宣扬个人神圣权利的人，仍然得不到任何宽容。

好在他们住的地方离大海不远，只要在海上漂泊36个小时，就能到达荷兰。荷兰的印刷厂大量印刷南欧和西欧被禁的图书。穿越北海就意味着去出版商那儿领稿酬，顺便看看思想反抗文学有什么新的动向。

在那些利用这种机会进行研究和思索的人当中，洛克是出类拔萃的佼佼者。

洛克和斯宾诺莎同年出生。他的家庭成员都是虔诚的信徒，就像斯宾诺莎及大部分独立的思想家一样。斯宾诺莎的父母是正统的犹太教民，洛克的双亲是正统的基督徒。这样的家庭向孩子们灌输他们的宗教思想，本来也是出于好意。但是，他们那些陈腐的观念不是摧毁孩子的心灵，就是迫使孩子成为叛逆。洛克和斯宾诺莎一样是个不肯盲从的人。他咬紧牙关，毅然离家出走，他要走他自己的路。

约翰·洛克

约翰·洛克（1632—1704），英国哲学家。他在社会契约理论上做出了重要贡献，对后来政治哲学的发展产生了巨大影响。

20岁时，洛克来到牛津，听说了笛卡尔的大名。在圣凯瑟琳大街的书摊上，他找到了一些很对胃口的书，其中之一便是托马斯·霍布斯的著作。

霍布斯是个有趣的人物。他在牛津大学读过书，在意大利和伽利略谈过话，与笛卡尔通过信，一生大部分时间都在欧洲大陆，为的是逃避清教徒的攻击和迫害。他的哲学著作有《论物体》、《论人》、《论公民》，但集中表现其伦理思想的著作，应推《利维坦》一书。

《利维坦》系统地阐述了关于专制主义的国家学说，直言不讳地指明了君主的本质、权力和职责。尽管他本人也是个保皇派，却用一本至少5磅重的书揭露了保皇派的虚伪。当然，霍布斯这样的人是不可以简单归类的。当时有人把他称为“不拘于教条的人”，也就是说，他的兴趣在于基督教的伦理学，而不在于基督教会的戒律和教条。他主张允许人们有一定程度的“自由”。

洛克与霍布斯心气相通。他一直到死都没有脱离教会。但是，他由衷地赞同宗教宽容。他认为，国家摆脱一个暴君，只是导致另一个暴君继续滥用权力，那有什么作用呢？今天反抗一帮傲慢专横的教士，而明天却接受另一帮同样傲慢专横的教士统治，这又是为什么呢？这些话的确言之有理，但是，如果“自由人”成功了，把僵化的社会变成伦理辩证的社会，那些靠愚弄教民吃饭的人就无法生存下去了。因此，这样的观点在专制体系下是行不通的。

洛克是个很有魅力的人。几个有势力的朋友一直在保护他，使他不受地方长官的怀疑。可惜好景不长，他到底没有逃脱“无

伽利略

伽利略（1564—1642），生于意大利比萨城，伟大的物理学家、天文学家，科学革命的先驱。他是改变了世界的大科学家之一，曾受到宗教裁判所的迫害。

神论者”的嫌疑。

1683年秋，洛克来到了阿姆斯特丹。斯宾诺莎已经去世6年了。荷兰首都的学术风气很自由，洛克可以自由自在地学习和写作，丝毫不受官方的干扰。他勤奋好学，在4年的流亡生活中，写下了著名的《论宗教宽容》。他直截了当地指出，政府无权干涉宗教。政府只是一个保护性组织。人们建立政府的全部目的只是为了保护人民。这样一个组织为什么要命令公民信仰这个宗教而不许信仰那个宗教呢？政府并没有规定人们应该吃什么喝什么，为什么偏偏要规定人们应该去这个教堂而不许去那个教堂呢？

清教徒不彻底的胜利使17世纪成了一个奇怪的宗教妥协时代。

随着威斯特法利亚和平条约的签订，所有的宗教战争都平息下来了。这意味着“所有的臣民都必须服从统治者的宗教信仰”。一个公国的臣民今天是路德派教徒（因为公爵是路德派教徒），明天就会变成天主教徒（因为男爵是天主教徒）。

洛克指出：“如果政府有权安排臣民的灵魂归宿，那么一半人注定要下地狱，因为不可能两种宗教都正确（按照各自宗教手册第一条）。生在国界这边的肯定会进天堂，生在国界那边的注定要下地狱。因此，一个人出生的地理位置就已经决定这个人的灵魂归宿了。”

遗憾的是，洛克没有把天主教徒列入他的宽容计划中。这也情有可原。17世纪不列颠人普遍认为，天主教不是一个宗教团体，而是一个政党，一直都在蓄意破坏英国的安全。它组建了对付英国的“无敌舰队”，三番五次地制造阴谋，企图炸毁英国国会。

洛克认为，宁愿把权力交给殖民地的异教徒，也不能交给天主教徒，并且请他们快点离开英国，越快越好，因为他们从事危险的政治活动，并不是因为信仰不同。

一位罗马皇帝说过，宗教是上帝与个人之间的事情，如果上帝有什么委屈，全能的上帝懂得照顾自己，不需要凡人来为他操心。

英国人在不到60年的时间里就经历了4个政府的更替，他们易于接受宽容的基本常识。

1689年，洛克回国后，主要从事理论著述。1690年，他出版了《人类理智论》；1695年，他写了《基督教的合理性》。他后期集中精力研究宗教宽容问题和《圣经》，晚年退隐到艾克斯郡的奥提斯。1704年10月28日，他逝世，享年72岁。

17世纪的政治纷争耗尽了英国的精力。其他国家还在为三位一体争斗得你死我活的时候，大不列颠的宗教迫害已经停止。偶尔有一两个放肆的评论家也许会触犯法律，比如像笛福这样的倒霉鬼。不过，《鲁滨逊漂流记》的作者被戴上枷锁，并非因为他是个神学家，而是因为他是个讽刺家。盎格鲁-撒克逊民族自古以来就忌讳讽刺。假如笛福正儿八经地写一本维护宽容的书，想来不会有人去难为他。他把对教会的攻击转换成一本幽默的小册子，书名叫做《消灭不同教派的捷径》，这就证明了他是个没有教养的粗人，只配关进监狱与小偷为伍。

笛福还算是幸运的，没有被逐出不列颠群岛。而专横被赶出国门之后，在大西洋彼岸的殖民地找到了更加理想的栖身之地。虽然这片新土地的发现要归功于那些不屈不挠的先行者，但事实上，新世界提供了比旧世界更大的经济优势。

英格兰是个人口稠密的小岛。岛上的居民如果不谨守“互惠

笛福

笛福（1660—1731）英国作家。其代表作《鲁滨逊漂流记》是英国近代小说的开山之作。

互利，互相妥协”这个古老的原则，什么生意都做不下去。美国地大物博，人口稀少，发展的空间无限宽广，此处不留爷，自有留爷处，犯不着去跟谁达成什么妥协。

于是，在马萨诸塞湾海岸产生了一个小小的共产团体，自命为绝对正确的正统宗教堡垒。

天寒地冻的查尔斯河畔第一次住上了人。人们通常把这个功劳归于那些“朝圣神父”。朝圣者这个词义一般是指“为宗教信仰而去朝拜圣地的人”。按照这个词义，“五月花”号的旅客算不上朝圣者。他们是英国的泥瓦匠、裁缝、搓绳匠、铁匠和木匠。他们不愿意面对可恨的天主教，于是就离开英国，出来寻找自己的天地。

他们首先渡过北海来到荷兰，到达这里时正好碰上经济大萧条。我们的教科书说，因为他们不愿意让孩子们学荷兰语，以免被这个国家同化，所以就离开这里到别处去了。实际情况是，他们发现在人口稠密的国家谋生十分艰难。在美国种烟草的收入远胜过在莱顿剪羊毛。于是他们便启程去弗吉尼亚，不料却被逆风刮到了马萨诸塞岸边。他们决定在此安营扎寨，不愿再到海上去冒险了。

他们虽然没有葬身于大海，却仍然处在极度的危险之中。这些人大多来自英国内地的小城镇，缺乏开创生活的能力。共产思想被寒冷击得粉碎，集体热情被寒风吹得冰凉。由于没有必需的食物，他们眼睁睁地看着自己的妻子和孩子活活地饿死。只有少数人熬过了3个饥寒交迫的冬天。随后又来了几千新的殖民者。那些后来者全是清教徒。他们把马萨诸塞变成了查尔斯河畔的日

『五月花』号是英国移民驶往北美的第一艘船只，其载重约 180 吨，长 27 米。

“五月花”号抛锚泊岸

内瓦，延续了几个世纪。

在这与世隔绝的小天地中求生存并不是一件容易的事情。在难以想象的艰苦环境中，他们形成了自己怪异的宗教精神。他们坚信，他们遭受的磨难是为了惟一的真正的信仰，并且一厢情愿地认为，只有他们才是正确的，其他任何人都是错误的。谁要是稍稍有点不满情绪，就被痛打一顿，赶到荒野里，或者割去耳朵和舌头，驱逐出境。那些持不同见解的人，只有侥幸逃到瑞典和荷兰的殖民地躲藏起来，才有机会生存下去。

宗教专制的暴力对宗教自由和宽容事业起到了意想不到的作用。在持续了将近两个世纪的教士专制后，涌现出了新的一代。他们对各种形式的教士统治深恶痛绝，对前人把宗教和政治混为一体的搞法十分不满，认为政教分开很有必要。

这个进程很缓慢，直到大不列颠和它的美洲殖民地的战争爆发之前才出现转机。撰写美国宪法的人在这个文件里注入了一些具有现代特色的原则。这些原则对于维护共和国的和平稳定起到了巨大的作用。

在此之前，宽容事业已经在新世界经历了一次出乎意料的发展，而且是在天主教教区内，在马里兰州的一块土地上。

这要归功于卡尔佛特父子。他们的祖籍是佛兰芒。父亲乔治·卡尔佛特早年迁居英国，为斯图亚特王朝效力，担任国王詹姆斯一世的私人秘书兼总管。他们起初是新教徒，后来厌烦了当时神学的无聊争论，又回到了古老的信仰。古老的信仰实实在在，不管是好是坏，还是不好不坏，黑的就是黑的，白的就是白的，不会混淆黑白，颠倒是非，也不会把每一项教义全都交给狗

《新世界的冬天》| 房龙

屁不通的教士去下定论。

乔治·卡尔佛特是个博学多才的人。他的背教（那时是相当严重的罪名）不但没有使他失去皇上的恩宠，反而使他受封为巴尔的摩男爵。他制订了一个计划，要为受迫害的天主教徒建立一小块居住地。皇上对这个计划很赞赏，表示要对他鼎力相助。首先，他选择纽芬兰做试点，结果他送去的居住者全部被赶了出来。于是他又向皇上提出申请，在弗吉尼亚要了几千平方英里土地。但是，弗吉尼亚人是顽固的圣公会教徒，他们不愿与这些持不同见解者做邻居。接着他要求得到弗吉尼亚与荷兰和瑞典领地之间的一片荒野，这个要求还未等到批下来，他就去世了。他的儿子继承了父亲未竟的事业。1633年至1634年，“方舟”号和“鸽子”号两只小船满载着乘客越过大西洋，平安到达切萨皮克海湾。这个新国家名叫马里兰，以法兰西国王亨利四世的女儿玛丽的名字命名。亨利四世计划建立一个欧洲各国联盟。这个计划被一个宗教狂用匕首刺破了，亨利四世被刺身亡。玛丽成为英国国王的妻子，这个国王不久之后也死于清教徒臣民的刀下。

在马里兰这片土地上，印第安人不用担心被消灭，天主教徒和新教徒平等相待，度过了一个又一个艰苦岁月。随后，移民区来了许多圣公会教徒，他们因为忍受不了马萨诸塞清教徒的专横，纷纷逃来这里避难。接着，大批清教徒为了逃避弗吉尼亚圣公会的专横而来到了这个移民区。他们来到这里避难的同时，把他们各自的专横作风也带了进来。各派教徒都想把自己的“正确思想”引入这片土地，完全忘记了自己是来这里避难的。由于马里兰有约法在先，“禁止一切可能引起宗教狂热的争执”，因

《马里兰的基础》| 房龙

此，老移民有资格制止圣公会教徒和新教徒之间的争端，化解双方的矛盾，让大家和睦相处，安然无事过日子。不久之后，英国本土内战爆发，马里兰人为此忧心忡忡。不管哪一方获胜，他们都有可能失去原来的自由。1649年4月，获悉查理一世被处决的消息后，在塞西尔·卡尔佛特的倡议下，通过了著名的《宽容法》。下面这段文字简单明了地概括了该项法令的精神实质：

“鉴于宗教常常凌驾于思想之上而导致诸多不良后果，为了维护本省安定团结的局面，为了保障本地居民和睦相处，安居乐业，任何人不得以宗教信仰为由，对本省信仰耶稣基督的人进行干预、骚扰和迫害。”

在一个耶稣会士占据主导地位的国度里，能够通过这样的法案，充分显示出卡尔佛特家族杰出的政治才能和非凡的勇气。这种宽容精神受到来访者的高度赞扬。之后，一伙外来的清教徒推翻了马里兰政权，废除了《宽容法》，以他们炮制的《关于宗教的法案》取而代之。该法案宣布给予基督徒完全的宗教自由，“天主教和圣公会教徒除外”。

幸运的是，这股逆流没有持续多久。1660年，斯图亚特派重新掌权，马里兰政权又回到了巴尔的摩派手中。

不幸的是，《宽容法》遭到另外一派的攻击。圣公会在本土得胜之后，要让自己的教会占领所有的移民区，使之成为官方宗教。卡尔佛特家族一如既往地为宽容事业而奋斗。但是，时过境迁，他们发现，要使新移民像以往那样生活已经不可能了。

新教徒胜利了。

专横还是占了上风。

《国王的废纸篓》| 房龙

第23章
太阳国王

18世纪通常被视为专制时代。在信仰民主政治的人眼里，专制无论多么开明，也不是理想的政权形式。

路易十四即位时，天主教和新教势均力敌。经过一个世纪的互相残杀，天主教略占上风，两个派别最终达成了和平协议。虽然对方不受欢迎，但又非得做邻居不可，而对方要继续生存下去，那也是没有办法的事情。1598年颁布的“永久不变”的《南特法令》，写明了和解条款，规定天主教为国教，新教徒享有完全的信仰自由，不会因其信仰而遭受迫害。新教徒可以建造自己的教堂，可以担任公职，还可以掌管法国境内200个主要城市和乡镇。

当然，这是不可能的事情。胡格诺派教徒不是天使。把法国200多个繁荣的城市和乡镇交给与政府唱反调的政党，就像我们把芝加哥、旧金山和费城交给民主党，让他们接受共和党的统治，这不是很荒谬吗?

枢机主教黎塞留是个聪明人，他对这个问题看得很清楚。经过长期不懈的努力，他剥夺了新教徒的政治权力，却小心翼翼地不干涉他们的宗教信仰自由。

黎塞留的继任者马萨林遵循了类似的政策。他于1661年去世后，年轻的路易十四开始当政。

不幸的是，这位聪明的国王却落入了一个宗教狂女人的手掌。她是御用文人保罗·斯卡隆的遗孀，人称曼特农侯爵夫人，在宫中担任路易十四和玛奎思·德·蒙泰斯潘的7个私生子的家庭教师。等到国王对那位情妇偶尔表露出厌烦的时候，这位女教师便挺身而出，取代了那位情妇。与国王所有的情妇不一样，她

黎塞留

黎塞留（1585—1642），法国宰相，枢机主教，政治家。

路易十四（1638—1715），自号『太阳王』，是法国波旁王朝著名的国王，他四岁时就登基，在位72年，通过重商和战争缔造了法国封建史上最鼎盛的时期。

《路易十四像》丨法国丨亚森特·里戈

在入住国王的居室之前，巴黎大主教为他们的婚礼举行了隆重的宗教仪式。在以后的20年里，王权落入王位后面的这个女人手中，而这个女人又完全受控于她的忏悔神父。法国的天主教神父们从来没有原谅过黎塞留和马萨林对新教徒的怀柔政策。现在，他们终于有机会毁掉这些政策了。他们肆无忌惮地干了起来，因为他们不仅是王后的官方顾问，而且是国王的银行家。

800多年来，修道院只顾敛财，从不缴税。国家开支与日俱增，国库不断亏空，而天主教会的财富却是越积越多，拥有大量的过剩财产。国王陛下重视荣耀胜于重视信誉。为了重新填满自己的金库，他抓住机会与教会达成默契，允许教会见机行事。教会礼尚往来，允许国王随意向教会借钱，数额不限。

于是，“永不改变”的《南特法令》一项一项地改变了。起初，新教徒的宗教信仰还没有被禁除，但是，胡格诺教徒的日子越来越过不下去了。龙骑兵的人马经常闯进这些人家里胡作非为，大吃大喝，偷走值钱的东西，打桌子砸板凳，调戏年轻女子。主人家忍无可忍，跑到法院去告状，结果却被奚落一番，说他们不识时务，自作自受，自讨苦吃。

有个别人听从劝告，接受了天主教神父的洗礼。但是，绝大多数人不改初衷，坚守自己原来的宗教信仰。最后，他们的教堂一座一座被关闭，他们的教士一个一个被遣送到船上服苦役。他们这才意识到大祸临头了。然而，他们宁为玉碎，不为瓦全，坚决不肯就范。为了生存下去，他们决定逃亡。好不容易跑到边境，他们却得知谁也不许走出国境，越境者一律格杀勿论，知情不报者送去船上终身服苦役。

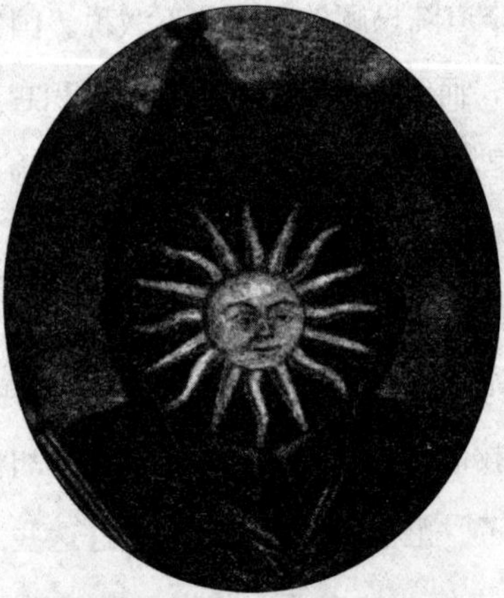

讽刺路易十四的漫画 | 柯内留斯·杜萨特

从法老年代到列宁时期，各国政府都有过“关闭国境”的尝试，却从来没有挡住投奔自由的人。

那些执意要出去的人，不管有多少艰难险阻，他们总会找到一条出路。无数的法国新教徒通过各种途径到达了伦敦、阿姆斯特丹、柏林和巴塞尔。那些逃亡者虽然无依无靠，行囊空空，但是他们很快就在异国他乡站稳了脚跟，兴旺发达起来，因为他们有知识，有技能，诚恳勤劳，信誉很好，而且精力充沛。他们在异国他乡创造的财富本该属于法国。法国政府对新教徒的迫害使法国的经济蒙受了不可估量的损失。

从某种意义上说，《南特法令》的废除拉开了法国大革命的序幕。

法国的政权一旦落入女人和教士手中，法国的前途和命运就可想而知了。签署驱逐胡格诺派教徒法令的那支笔，随后也签署了路易十六的死刑执行令。

腓特烈大帝

第24章
腓特烈大帝

德国王族继承了欧洲最穷困的地方，那里是荒凉的沙地和原始森林，只有一半地方可以住人。30年战争把这个国家搞得国破家亡。他们急需人力和财力来重建生活。只要是有助于国家建设的人，无论来自什么民族，信奉什么宗教，地位如何卑微，都欢迎他们到这里来。

·腓特烈的父亲弗里德里希·威廉一世是个鲁莽的人，言谈举止跟煤矿工人差不多，但是会见外国逃亡者代表团的时候，却是彬彬有礼，和蔼可亲。

腓特烈是个不同凡响的人物。他父亲叫他不要学习拉丁文和法文，可他偏偏要研究这两种语言。他喜欢蒙田的随笔，讨厌路德的诗歌；喜欢哲学家的智慧，讨厌预言家的说教。父亲对《旧约》崇拜得五体投地，希望儿子也跟着他按部就班。为了训练儿子学会服从，父亲采取了种种严酷的手段，甚至下令把儿子最好的朋友斩首于窗前。既便如此，也没能让儿子接受当时被路德派和加尔文派大肆吹捧的犹太理想。腓特烈把一切宗教视为史前恐惧和无知的复苏，那是一小撮自作聪明而又寡廉鲜耻的家伙利用宗教奴化大众。这些家伙借助自己的优势损人利己，把他们的快乐建立在别人的痛苦之上。腓特烈的兴趣不在于宗教形式，而在于基督教义和基督本人。他是根据洛克和索兹尼的观点来看待宗教问题的。因此，在宗教事务方面，他是一个很宽容的人。可以毫不夸张地说，在他的国家里，“每个人都能按照自己的方法寻找拯救灵魂的途径”。

1740年5月，威廉一世去世，腓特烈即王位。他首先禁止在审讯中进行拷打，取消新闻检查，废除宗教歧视，解散威廉一世的庞大卫队。为了充实柏林学院，他召回流亡的德国学者，聘请一些外国科学家前来任教。这位新国王还发表论文《反对权术主义》，其中充满了启蒙运动的理论观点。他认为，只要传播宗教的人是正直的，过着正派的生活，就应当受到保护。所有的宗教信仰必须享有同等的权利，政府不应该干涉宗教，而应该尽到警察的职责，维护各教派之间的和平安宁。政府只能要求臣民遵纪守法，忠于国家，不能强求臣民信仰什么宗教或不信仰什么宗教。

腓特烈大帝的思想观念比他所处的时代超前了两个世纪。他对不同的宗教派别一视同仁，不偏不倚。他力排众议，在首都的中心地段拨出一块土地，让天主教徒建造教堂。耶稣会的人被大多数国家的天主教驱赶出来，他挺身而出，把他们保护起来，全然不顾风言风语。他公开宣称，不可把道德和宗教相提并论。无论是谁，只要缴了税服了兵役，便可自由信奉自己愿意信奉的宗教。人们简直不相信他是一个基督徒了。

腓特烈大帝是一个开明的专制君主。在他当政期间，他让欧洲人第一次感受到了完全的宗教自由。

在欧洲这个偏僻的角落里，新教徒、天主教徒、犹太人、土耳其人和不可知论者第一次享受到平等的权利和平等的待遇。喜欢穿红衣服的人不可以凌驾于喜欢穿绿衣服的人之上；喜欢穿绿衣服的人不可以对喜欢穿红衣服的人横加指责。在这里，没有思想偏见，没有宗教歧视，人人平等，大家和睦相处。

腓特烈对他取得的成果真是感到很欣慰吗？我看未必。在他生命的最后时刻，他让人把他心爱的狗叫到身边。犬类似乎比

暮年的腓特烈大帝

腓特烈大帝（1712—1786）是普鲁士国王、军事家、政治家、作家、作曲家。其在位期间，普鲁士成为德意志的霸主。

“所谓的人类”更使人感到欣慰。

他，又一个生不逢时的马可·奥勒留[1]，去世了，像伟大的先辈一样，给他们的后人留下了一份精神遗产。

1 马可·奥勒留，罗马皇帝，晚期斯多亚学派代表之一。其代表作为《沉思录》。

《伏尔泰留学英国》丨房龙

第25章
伏尔泰

当今时代我们常常听到有人抱怨新闻媒体，指责“宣传”是现代魔鬼的一项发明，用只有魔鬼才想得出的方法吸引人们注意某个人或某件事。如果不带偏见地去观察过去的事情，我们就会清楚地看到，“宣传”并非现代的产物，而是古已有之，由来已久。

《旧约》中的先知们个个都是一流的宣传高手，最善于吸引老百姓的注意力。用时下新闻界的行话来说，整个希腊历史和罗马历史都贯穿着“宣传特技”。有些宣传还算正派体面，但大多数宣传旨在标新立异，哗众取宠。这种粗俗低劣的宣传文章，连如今的百老汇都拒绝刊登。

像路德和加尔文那样的改革家们全都精于宣传之道，非常了解宣传的巨大价值。我们不能责备他们。他们不是害羞的菊花，甘愿默默无闻地生长在山边野外。他们是热情奔放的人物，想让自己的思想广为传播，流芳百世，如果不吸引大量的追随者，如何能够成功?

坎贝斯在一个修道院的角落里安静地生活了80年。这样长期自愿的流放生活，如果及时做好宣传广告，就会引起轰动效应，成为一个很好的卖点。好奇心会驱使人们去阅读关于他一生祈祷和思考的小册子。至于弗朗西斯或罗耀拉之类的人，如果他们急于求成，想在有生之年看到自己努力的实际效果，就必须主动出击，求助于马戏班子或电影新秀惯用的手法了。

基督教特别强调谦虚谨慎，极力赞美那些从不张扬自己的人。但是，赞扬这种谦卑精神的布道总是在最引人注目的场合下进行的。

奋起反抗教会专制的基督徒们强烈谴责西方社会的专制主义，其宣传方式显然来自于《圣经》。

伟大的学者伏尔泰因为善于写文章做宣传而常常受到责难。也许他的手法并不总是非常高明，但是那些因他的宣传而得救的人看法就明显不一样了。

如同检验布丁需要品尝一下，检验伏尔泰这样的人，应该根据他为同胞们做的贡献来评判。着眼点不该放在他所喜欢的衣服或糊墙纸上面。

这位奇特的人有一天心血来潮，自命不凡地说："虽然我没有王冠，但是我有一支笔。"他说得不错，他有一支笔。他是鹅类的天敌，他用过的鹅毛笔比几十个普通作家用的还要多。他属于文学巨匠那一类人，总是独树一帜，即使身处逆境也能写出大量的文章，其数量跟现代作家协会全体作家的写作数量不相上下。他在肮脏的乡间客栈里奋笔疾书。他在孤寂寒冷的村舍里创作了数不胜数的六韵步诗。他在格林威治寄宿的屋子里堆满了稿纸。他把墨水飞溅到普鲁士王家住宅的地毯上。巴士底狱监狱长的私人信笺也成了他写作的稿纸。

他最痛恨愚蠢、狭隘、固执和残忍。他相信知识能够使人更文明更善良。他的影响一直持续到1914年世界大战爆发。

伏尔泰出身于中产阶级家庭。

他的父亲属于开私立信托公司那一类人，为贵族和富豪提供法律和理财服务。因此，年轻的阿鲁埃（这是他们家的姓氏）从小就习惯于接触比自己家境好的阶层。这在日后的生活中给他的文学创作提供了有利的条件。他的母亲是位穷小姐，名叫德·奥玛尔，没给丈夫带来分文嫁妆。但是，她的姓氏前面有一个小小的“德”字（法国姓氏前冠以“德”字，表明是贵族出身），足以令所有的法国中产阶级肃然起敬。她丈夫为自己能够享有如此殊荣而感到十分荣幸。她儿子也为贵族祖辈给他带来的荣耀而自豪。他一开始写作就把带有平民印记的弗朗索瓦-玛丽·阿鲁埃改成有贵族特色的弗朗索瓦-玛丽·德·伏尔泰。他有一个哥哥，一个姐姐。母亲去世后姐姐一直照料他，他很喜欢他的姐姐。他哥哥是詹森派的牧师，忠厚老实，热情正直，但伏尔泰却讨厌他，这也许是他不愿意使用父亲姓氏的原因之一。

父亲阿鲁埃不是傻瓜，他很快就发现这个小儿子是个“逆子”。为此他把儿子送到耶稣会，指望他精通拉丁文和六韵步诗，成为斯巴达式严于律己的人。虔诚的神父们尽职尽责地栽培这株幼苗，但是他们发现，这个两腿细长的学生有某种“怪才”。这种“怪才”已经根深蒂固，要把它彻底拔除是不可能的。他一来到这里就显示出他是一个与众不同的人。

他17岁那年离开了耶稣会。为了迎合父亲，他开始学习法律。但是，一个人不可能整天闭门读书。晚上空闲的时候，伏尔泰为地方报纸写一些风趣的小品，经常在附近的咖啡馆里和朋友们聚会，朗读他的最新作品。两个世纪以前这样过生活是被正统人士瞧不起的。父亲阿鲁埃为了改变儿子的生活，托朋友帮伏尔泰在海牙的法国使馆里找了一份做秘书的工作。那时的海牙和现在一样，生活非常单调。伏尔泰因为太无聊，跟一位才不出众、貌不惊人的女孩子谈上了恋爱。女孩的母亲是社交界的一位记者，性情就像母老虎一样。她希望自己的女儿嫁给一个有地位的

《伏尔泰》丨明信片

伏尔泰（1694—1778），法国启蒙思想家、作家、哲学家。伏尔泰名言：『我不同意你说的话，但我愿意誓死捍卫你说话的权利。』『持久的争论意味着双方都是错的。』

《伏尔泰去巴黎上学》| 房龙

人物，而不是一个穷秘书。为了赶走这个危险的罗密欧，她亲自找到法国大使，请求大使先生不要让丑闻在这个城市出现。大使先生要处理的麻烦事太多，无暇顾及这件突如其来的爱情事故。他索性快刀斩乱麻，干脆把自己的秘书塞进下一趟去巴黎的公共马车。伏尔泰丢掉了工作，只好回到家里受父亲的约束。

阿鲁埃想出了一个调教儿子的妙计。这种妙计只有和法院关系密切的人才想得出来。他通过法院拿到一封“盖有国王封印的信”（命令监禁或流放某人的信），把信放在儿子面前，问他愿意去监狱过闲散的生活还是愿意去法律学校用功学习。儿子说愿意选择后者，并且保证用功读书，勤奋学习。他信守诺言，用功读书，勤奋写作，使全城的人都对他刮目相看。父亲要他学习法律知识，并不是要他去写那些惹是生非的文章。于是阿鲁埃再次行使父亲的权利，把儿子打发到乡下一位朋友家里住一年。

在乡下，每天24小时，时时都有空闲（包括星期天），伏尔泰正好利用这些空闲时间学习文学，并且创作出第一个剧本。12个月的清新空气和单纯的生活使他受益匪浅。他回到灯红酒绿的首都之后，立即写了一系列讽刺摄政王的文章来弥补时间的空白。摄政王不喜欢用这种方式来为他做宣传，而伏尔泰却不知趣，继续不断地写文章为摄政王做类似的广告，最后导致他进了巴士底狱。那时的监狱对伏尔泰这样有名望的人还算客气，虽然囚犯不许擅自离开牢房，但是可以随意做自己想做的事情。这正是伏尔泰求之不得的。巴黎中心的孤寂牢房给他提供了文学创作的理想场所。在巴士底狱蹲了大约一年时间，他创作了好几个剧本，写得非常成功。其中一个剧本持续上演了45个晚上，打破了

18世纪所有剧本上演率的记录。

1725年，伏尔泰与权势显赫的德·罗翰家族发生争吵。罗翰爵士恼羞成怒，非要报复一下不可。当然，一个古老家族的后裔不可能去和一个公证员的儿子决斗。这位爵士便把复仇的事情交给他的仆人们去办理。

一天晚上，伏尔泰陪同父亲的主顾德·萨利公爵共进晚餐。席间，有人在门外求见。他刚刚走到门口，就被罗翰爵士的仆人们按在地上痛打了一顿。这件事第二天在城里传得沸沸扬扬。伏尔泰无论怎样精心打扮，也遮掩不住他的丑态。他被打得鼻青脸肿，头上扎着绷带，比漫画上的小猴子还要丑陋。他一出门亮相，立即成了四五家通俗报刊的笑料。事已至此，只有采取断然措施才能挽回他的声誉，不然就会被滑稽报纸搞得声名狼藉。德·伏尔泰先生请他的见证人到德·罗翰爵士那里下了战书，然后猛吃牛排，攒足精神，苦练剑术，准备迎接一场殊死的决斗。

大战来临的那天早上，伏尔泰发现自己又进了监狱。德·罗翰是个无赖分子，他把这场决斗交给了警察。警察把决斗勇士直接送进监狱，直到给他弄了一张去英国的车票才把他释放。伏尔泰被送出了国门，并且被告知，要想回国，除非是陛下的宪兵去邀请。

伏尔泰在伦敦一带住了4年。不列颠王国虽然说不上是天堂，但是比起法国来，它就像天堂一样。

1649年1月30日是所有身居高位的人牢记在心的日子。那一天，查理王在皇家断头台上被砍下了脑袋。任何一个胆敢把自己置于法律之上的人，查理王就是他的榜样。至于宗教，官方教堂

讽刺伏尔泰的漫画

理所当然会享受一些优厚的待遇，但是并不强求所有的人非要到官方教堂去做礼拜不可。那些喜欢到别处做礼拜的人，不会受到任何干涉。与法国不一样的是，这里的神职人员对国家事务不会产生直接的影响。倒霉的无神论者和不信奉国教的人偶尔也会进监狱蹲几天。但是，对于路易十五的臣民来说，英国自由的社会政治制度真是太优越了。

1729年，伏尔泰回到法国。虽然他被允许住在巴黎，他却很少抛头露面，尽量保持低调姿态。他像一只受惊的动物，处世小心谨慎，一有风吹草动就远远避开，多一事不如少一事。他要争取更多的时间，安下心来从事他的创作。

1730年，他发表悲剧《布鲁图斯》；1731年，他写出关于瑞典国王查理十二的《查理十二史》；1732年，他的《扎伊尔》一剧轰动一时。在《哲学书简》（1734年）中，他斥责笛卡尔的无据空论，宣扬洛克的经验哲学，推崇英国的政治制度、商业和文学，向法国人介绍莎士比亚。这部篇幅不大的著作是思想史上的一个里程碑。它不仅体现了18世纪的哲学，而且为现代思想确定了主要方向。这部秘密印行的反对现行宗教和政治体制的小书立即遭到查禁。伏尔泰面临被投入监牢的危险，于是逃至女友夏特莱夫人在西雷村的庄园。在这期间他写的悲剧《阿尔济勒》（1736）获得巨大成功，列入法兰西喜剧院保留剧目约一个世纪。40岁时，伏尔泰已成为当时最负盛名的作家了。

随后发生的一件事情使他接触到另外一种文明。

在遥远的普鲁士，腓特烈大帝在他那朴实无华的宫殿里打哈欠，陪伴着他的是一群乡巴佬。他真想找几个有趣的人来做伴，陪他聊天，让他长点见识。他久仰伏尔泰的大名，一直想把这位学者请到柏林。但是，对于1750年的法国人来说，移居柏林就好像远赴弗吉尼亚的荒山野岭一样，不是一件轻而易举的事情。腓特烈大帝一再提高待遇条件，三番五次地发出邀请。伏尔泰觉得盛情难却，最终还是接受了邀请。

他一来到柏林，战斗就开始了。普鲁士国王和这位法国剧作家都是天生的个人主义者。常言道，一山不容二虎。这两只猛虎各执己见，天天唇枪舌战，一来一往，互不相让。争斗了两年之后，伏尔泰又回到了他觉得“文明”的地方。

尽管他们不欢而散，伏尔泰却也不虚此行。他与腓特烈大帝的争论使他受益匪浅。普鲁士国王写的法国诗歌的确难以恭维，然而国王陛下对宗教自由的态度是无可指责的。在这方面，他比欧洲任何一位君主都更值得赞扬。

1753年，伏尔泰迁居日内瓦，在离瑞士边境不远的费尔奈购置了地产，一面写作，一面接待各方知名人士，积极参加主要针对教会的社会斗争，并同欧洲各国各阶层人士广泛通信，使费尔奈成为欧洲舆论的中心。

法国南部的图卢兹城有一位店主，名叫让·卡拉斯，是个新教徒。新教徒在这座城市里不许担任公职，不许当医生、律师、书商和助产士，甚至不许在天主教家庭里做用人。每年8月23日至24日，这座城市都要举行隆重的赞美宴会和感恩仪式，庆祝圣巴萨罗缪节大屠杀。

让·卡拉斯为人厚道，和左邻右舍的关系一直都很好。他的一个儿子改信天主教，父子关系依然如故。他对别人说，孩子们有权选择自己喜爱的宗教。

尽管卡拉斯一生谨慎小心，一件意想不到的祸事却悄无声息地闯进了他的家里。他的大儿子马克·安东尼想成为一名律师，这个职业又不许新教徒涉足。马克是个虔诚的加尔文派教徒，不愿意改变自己的信仰。职业与信仰的冲突使他患了忧郁症，一个好端端的年轻人就这样精神失常了。他独自一人东走西逛，跟父母讲话时朗诵哈姆雷特的著名独白，经常和朋友们谈论自杀的事情。

一天晚上，家里有客人来访。这个可怜的孩子悄悄地溜进父亲的储藏室，拿了一根打包的绳子，在门楣上悬梁自尽了。

父亲发现他的时候，一切都已完结。他的外衣和衬衫叠得整整齐齐地放在柜台上面。

在那个年代，自杀者要赤身裸体脸朝下地拖到城里游街示众，然后吊在城门外的绞刑架上，让野鸟把尸体吃光。

卡拉斯是个体面人家，如何承受得了这种奇耻大辱。全家人万分焦急，站在死者身旁围成一圈，商量善后措施。正在这时，一位邻居听到他们商量的事情，跑去报告警察，这件事情迅速传开了。愤怒的人群马上挤满了这条街。他们呼喊着要处死老卡拉斯："他谋杀了自己的儿子，因为他不愿意儿子成为天主教徒。"

18世纪的法国小城市，什么怪事都有可能出现。无聊就像一口漆黑的棺材沉重地压在人们身上，任何荒诞离奇的故事都会有人相信。那仿佛是一扇透气的窗户，它能让人在沉闷的生活中松一口气。

卡拉斯全家人立即被逮捕，连同客人和用人以及最近去过他家的人，统统被押送到镇公所，给他们戴上镣铐，把他们关进为重罪犯人预备的地牢里。第二天对他们进行了审讯，所有的口供都这样说：马克·安东尼不声不响地走进家门，然后又不声不响地离开了房间，大家都以为他像以前一样，独自一人出去散步了，等等。

就在这时，图卢兹城里的教士们赶来参与了这件事。在他们的参与下，耸人听闻的消息传开了：一个胡格诺派教徒杀害了自己的儿子。儿子要皈依天主教，父亲万般阻挠，最后丧尽天良，居然亲手杀死了自己的亲生骨肉。

稍微有点侦破常识的人都会理所当然地认为，官方一定要在事发当天赶赴现场查看。大家都知道，马克·安东尼时年28岁，是个身强力壮的小伙子；父亲时年63岁，是个年迈体衰的老人。父亲把儿子吊死在门楣上，不经过任何搏斗就轻而易举地干完了这件事，这是不合情理的。可是镇上的议员们没有一个人愿意往这方面想。他们正忙着收拾死者的遗体，把死者当成为天主教献身的烈士来宣扬。遗体安放在镇公所的大厅里，人们穿着白色的孝服前来悼念这位殉教者。悼念活动持续了整整3个星期，然后以极为隆重的仪式把死者埋葬了。他们出于不可告人的目的，把一个自杀身亡的加尔文派教徒打扮成一个为天主教捐躯的勇士，用防腐剂护理他的尸体，庄严肃穆地送到大教堂。这种仪式只有主教大人或当地最富贵的资助人才有资格享受。

在这3个星期中，城里的每一个布道坛都在不断地号召人们，检举揭发让·卡拉斯一家人的犯罪行为，提供更多的证据。这个案子经过公众报刊的反复宣传报道，引起了极大的民愤。马克自杀5个月后，审判开始进行。

《卡拉斯》| 房龙

当时有一位法官提议，应该去老人的铺子里看看现场，看看这位老人描述的那种自杀是否属实。这个提议以12票对1票被否决，卡拉斯被宣判以酷刑处死，用车轮使他粉身碎骨。

他们把卡拉斯带到刑讯室吊起来，脚跟离地面一米高，然后使劲地拉扯他的四肢，拉到“脱臼为止”（摘自官方报道）。由于他拒不承认被指控的罪行，便把他放了下来，给他灌水，他的身体很快就膨胀起来，比“原来大了一倍”。他仍然否认自己有罪。于是把他放到囚车上，送到行刑地，让刽子手把他的两条胳膊和两条腿从身上撕扯下来。他万念俱灰地躺在铁砧上，官员们和教士们你一句他一句地问个不停，足足问了两个小时。老人以不可想象的勇气继续申辩自己无罪。主审法官眼见毒招用绝，仍然逼不出口供，气得暴跳如雷，恶狠狠地下令把他搞死算了。

判处了卡拉斯死刑后，民众的怒气已被时间冲淡，不再打算拿他家里人出气了。卡拉斯家里的其他成员侥幸活了下来。他的遗孀被剥夺了所有的财产，在忠心耿耿的女佣陪伴下，过着饥寒交迫的隐居生活。孩子们统统被送进了修道院。只有最小的那个孩子跑到日内瓦去了。哥哥自杀时，他正在尼姆读书。

这个案件轰动一时，引起了广泛的关注。伏尔泰在费尔奈的城堡里（城堡离瑞士边界很近，只有几分钟路程）听说了这个案子。起初，他对此事并不怎么关心。他一直在跟瑞士的加尔文派牧师们闹矛盾。伏尔泰的私人剧院矗立在牧师们的眼皮底下，他们觉得十分碍眼，这简直就是一种挑衅，是撒旦的建筑。伏尔泰认为这个所谓的新教殉难者没有什么值得关注的。道理很简单，如果说天主教徒不好的话，胡格诺派教徒也好不到哪里去。他们都在抵制他的戏剧，伏尔泰对此十分恼火。再说，他认为（许多人也这样认为），那12个法官都是德高望重的司法人员，他们怎么会毫无根据地把一个无辜的人判处死刑呢？

费尔奈城堡的主人十分好客，无论客人来自何方，他都会热情款待。有一天，一位马赛的商人来拜访他。这位商人目睹了图卢兹这个案子审判的全过程，他把真实情况详细地告诉了伏尔泰。伏尔泰开始意识到，那些审判者犯下了多么可怕的罪行！从那时起，他再也放不下这件事情了。不把这桩案子查个水落石出，他誓不罢休。

勇气有许多种类，然而，真正的勇士是那些罕见的人。他们敢于单枪匹马挑战整个社会的无知和偏见，挑战最高法庭不合法的判决。为了维护公平和正义，他们赴汤蹈火也在所不辞。

伏尔泰有勇有谋。他很清楚，控告图卢兹法庭进行司法谋杀，势必会酿成一场大风暴。他像一个职业律师那样，周密地准备好这次诉讼。他访问了卡拉斯家跑到日内瓦的孩子。他给每个可能知道此事内情的人写信。他聘请辩护人来检查和修改他的诉状。一切准备就绪，他便开始投入战斗。

首先，他动员在法国有影响的人写信给国务大臣，要求修正卡拉斯案件。然后，他找到卡拉斯的遗孀，把她送到巴黎，聘请一个最有名望的律师照看她。这个女人已被折磨得精神失常，整天都在痴痴呆呆地为女儿们祈祷，但愿在她的有生之年能够把孩子们从修道院领出来。除此之外，她一无所求。

接着，伏尔泰和卡拉斯家里那位信奉天主教的儿子取得了联系，让他设法逃出学校，到日内瓦找他。最后，他出版了一本小册子，题为《关于卡拉斯家庭的原始材料》。这本小册子收集了悲剧幸存者们的书信，披露了事件始末的所有事实，完全没有涉及到伏尔泰本人。

后来在重审这个案件的整个过程中，伏尔泰一直都未出头露面。他在幕后成功地策划了这场宣传战役。卡拉斯冤案事件很快就成了欧洲所有国家所有家庭关注的事情，成千上万的人（包括英格兰国王和俄罗斯沙皇）都在为受害者捐款，支持他们打赢这场官司。

经过艰苦卓绝的斗争，伏尔泰赢得了胜利。这是他一生中最艰巨的一场战斗。

那时的法国王位被声名不佳的路易十五占据着。好在他的情妇对耶稣会（包括教堂）十分不满，因此站到了伏尔泰这一边。国王只喜欢享乐，不喜欢操心。人们整天喋喋不休地唠叨一个已经死去而又无足轻重的新教徒，这件事搞得国王陛下很不耐烦。要解决这件事情就要国王签字，只要国王不签字批准重审此案，大臣就不敢采取行动；只要大臣不采取行动，图卢兹法庭就会高枕无忧。他们自以为强大无比，不把公众舆论放在眼里，拒绝律师查阅判决的原始文件。

在这惊心动魄的9个月中，伏尔泰坚持不懈地做好宣传工作，展开强大的舆论攻势。1765年3月，大法官责成图卢兹法庭交出有关卡拉斯案件的全部记录，并提议重新审理此案。这一决定公布于众时，让·卡拉斯的遗孀和回到她身边的两个女儿都来到了凡尔赛。重审工作进行了一年，受命调查这次上诉的特别法庭宣布，让·卡拉斯是被一项强加在他身上的罪名处死的。卡拉斯的遗孀和孩子们获得了一笔抚恤金。造成这一冤案的地方官员全部被撤职查办。让·卡拉斯案的重新审理旨在告诉图卢兹人民，这样的事情今后不能再发生了。

虽然卡拉斯的冤案得到了平反，但是在法国，这并不是绝无仅有的一桩冤假错案。还有许许多多像卡拉斯那样清白无辜的人遭受迫害和折磨。

1760年，图卢兹附近的一位新教徒乡绅，因为在家里盛情款待了一位前来拜访的加尔文派牧师而获罪。他被剥夺了财产，并且被押送到船上服苦役。这个人身强力壮，13年的苦役仍没把他折磨致死。有人把他的悲惨遭遇告诉了伏尔泰。伏尔泰挺身而出，把这个不幸的人从船上解救出来，连同他的妻子儿女一起送到瑞士，在那里靠公众救济生活下来。伏尔泰一直照料着他们全家，直到说服政府退还了他们被没收的部分财产，允许他们一家老小回到自己的家园。

另一个是绍蒙的案件。这个受害者因为参加了新教徒的露天集会而遭到逮捕，直接被遣送到船上服终身苦役。后来经过伏尔泰多方调解，他被营救出来。

图卢兹近旁的一个村庄有一位信奉新教的老人。这位老人忠厚老实，名叫瑟文。瑟文有3个女儿，小女儿生来就有点痴呆。1764年3月某日，她离家出走了。父母四处寻找，没有找到她的下落。几天后，教区主教告诉瑟文，他的女儿求见主教，想当修女，现在她已进了女修道院。

瑟文听到女儿的下落，总算松了一口气。他恭恭敬敬地回答说，好人都会有好报的。他听天由命，顺从地接受了命运的安排。

然而，修道院的气氛很快就使这个可怜的小女孩完全失去了理智。修道院把她整治得疯疯癫癫之后，又把她送回了家。她的精神已经完全崩溃，整天战战兢兢，害怕听见各种声音，害怕看见妖魔鬼怪。她的父母忧心忡忡，生怕她有个三长两短。没过多久，她又失踪了。两个星期后，她的尸体从一口古井里被打捞出来。

那时正在审判让·卡拉斯，凡是诋毁新教徒的话都会有人相信。卡拉斯的悲惨遭遇历历在目，瑟文一家不愿重蹈覆辙。他们慌慌张张地逃跑了。穿越阿尔卑斯山时，瑟文的一个小孙子被冻死在艰难的旅途上。他们吃尽了苦头，总算逃到了瑞士。尽管他们已经出逃，审判照样进行（缺席审判）。父母被宣判谋杀亲子罪，处以绞刑；儿女们被判处现场观看处死自己的父母，然后终身流放。

卢梭的一位朋友把这个案件告诉了伏尔泰。伏尔泰把卡拉斯事件处理完毕后，立即着手处理瑟文一家的案子。瑟文的妻子这时已经去世，伏尔泰现在只有为她的丈夫辩护了。这个官司打了整整7年。图卢兹法庭故伎重演，拒绝提供任何资料证据。伏尔泰只好再一次发动宣传攻势，动员普鲁士的腓特烈、俄罗斯的凯瑟琳、波兰的波尼亚托斯基为这场官司捐款，迫使法国国王亲自过问此事。最后，在不断上诉的第8个年头，也就是伏尔泰78岁那年，瑟文一家被宣判无罪，幸存者得以重返家园。

1765年8月，在亚眠附近的阿布维尔镇，有两个矗立在路边的十字架不知被谁毁坏了。3个男孩被怀疑犯了这桩渎神罪，于是下令把他们抓起来。其中一个逃到了普鲁士，另外两个被抓获。被抓获的两个男孩中，年龄大一点的那个名叫德·拉·巴尔，被怀疑是无神论者。在他的书堆里找到一本《哲学辞典》，所有思想自由的带头人全都汇集在这本著名的辞典里。读这种书的人，难道不值得怀疑吗？法官们为了寻找这个年轻人破坏圣物的证据，对他过去的所作所为展开了调查，查来查去，查出他有一次面对路过的宗教队伍既不下跪，也不脱帽。

德·拉·巴尔回答说，那是因为忙着赶乘一辆公共马车，来不及下跪或脱帽，并不是有意冒犯。

在严刑拷打之下，巴尔屈打成招，承认毁坏了一个十字架。他毕竟太年轻，没有老卡拉斯那样的忍受痛苦的顽强耐力。他被判处死刑，罪状是“不虔诚，在圣饼面前故意不下跪、不脱帽，唱亵渎的歌，读无神论的书”，以及其他一些被认为是罪行的罪状。

行刑方式极其野蛮（要用烧红的铁块把他的舌头撕下来，他的右手要被砍掉，然后再把他慢慢烧死。这种野蛮的酷刑在100多年前才使用！）。这一判决激起了民众的强烈反对。就算他犯了起诉书列举的所有罪行，也不至于用这种惨无人道的手段来屠杀一个少年！请愿书频频传送到国王手里，请求缓刑的呼声在大臣们的耳边回响。但是国家动荡不安，为了巩固专制政权，必须采取严酷的手段，绝对不能心慈手软。德·拉·巴尔经受了卡拉斯那样的折磨之后，被送上了断头台（这算是对他格外开恩了）。他的尸体和他的《哲学辞典》以及哲学家培尔的一些书籍，被刽子手当众焚毁。

对于那些害怕索兹尼、斯宾诺莎和笛卡尔思想的人来说，判处巴尔死刑令他们拍手称快。这对那些年轻人是一个警示，追随哲学家的思想就会落得如此下场。

伏尔泰听说这件事后，立即接受了挑战。他快要过80岁生日了，仍然以饱满的热情投入到这个案件中。

巴尔是因为“亵渎”罪被处死的。首先，伏尔泰要找出是否有这样一条法律。可以根据假设的罪状把人处死。他找不到这样一条法律。接着，他到处询问律师朋友们，问他们是否找得出这样一条法律。他们也找不到这样一条法律。这个问题使人们渐渐意识到，那是滥用职权的法官们的邪恶的“发明”。他们办案只需假设，无需取证，想处死谁就处死谁。

处决巴尔这个案子已经闹得满城风雨，伏尔泰发动的宣传攻势又掀起了一场风暴，迫使法官们不得不有所收敛，对第3个年轻人的审判一直未敢轻举妄动。至于巴尔，他一直未能平反昭雪。这个案子一拖再拖，直到伏尔泰去世的时候仍然拖着未办。但是，伏尔泰发动的宣传攻势已经势不可当，有力地打击了腐朽的专制体系。

造谣生事的长舌妇和腐败的法庭不能够再像过去那样明目张胆地害人了。

怀有宗教偏见的法庭再也不敢公开地迫害无辜的异教人士了。伏尔泰发动的宣传攻势是法庭抵挡不住的。

伏尔泰在公众社会这个舞台上拉亮了所有的灯，雇用了庞大的乐队，邀请各界人士来参加，使敌人的丑恶面目无处遮掩，把敌人逼得走投无路。

最终，敌人一筹莫展，束手无策。

政治家有三种人。第一种人认为：“我们这个星球上到处都是愚昧无知的可怜人，他们没有独立思考的能力，一旦遇到需

《百科全书编写者》| 房龙

第26章
百科全书

要自己决策的事情，就会感到头昏脑胀，就会被第一个游说拉票的政客引入歧途。这些‘芸芸众生’由某一个了解他们的人来统治，整个世界就会太平无事。他们也会乐在其中，因为他们不必再去操心议会和投票箱的事情，只管料理好自己的孩子、工棚、廉价汽车和菜园就行了。”

第一种人成了皇帝、苏丹、老板、酋长和大主教，他们并不认为工会是文明的主要部分。他们要努力做的事情是修筑公路，建造营房、教堂和监狱。

第二种人认为：“每一个人都是上帝创造出来的，在上帝面前人人平等，人民可以选出一个委员会来管理国家。但是，委员会在处理国家一些疑难问题时太缓慢，因此，行政事务最好交给几个值得信赖的朋友去打理，免得劳师动众。”

第二种人在逻辑上就是寡头政府、独裁者、第一执政官和贵族保护者。

他们要努力做的事情是修筑公路，建造营房，只是把教堂变成了监狱而已。

第三种人是求真务实的人。他们用科学的眼光实事求是地看待人。他们欣赏人的好品行，也理解人的局限性。经过长期的观察和研究，他们发现，只要不受个人感情和个人利益的影响，每个人都会尽心尽力地做正确的事情。他们头脑很清醒，不会想入非非。他们知道，智慧的增长是一个自然的生长过程，是循序渐进的，不可拔苗助长。他们不注重名利地位，只注重社会实效。他们修筑公路，改造监狱，把剩余的资金投入到文化教育事业上。他们坚信，正确的教育将会逐步消除过去遗留下来的弊病，因此，应该不遗余力地支持文化教育事业。

实现这个理想的步骤之一，就是写一部百科全书。

第一个向西方引进百科全书的是普林尼。他的《博物志》共37卷，涉及了大量的自然科学。

第一部具有百科全书性质的书源于中国。中国的康熙皇帝想用5020卷百科全书来赢得民心。

18世纪上半叶，欧洲启蒙运动的思想浪潮把百科全书的经销商推进了真正的天堂。那时和现在一样，这类书籍通常是一些穷得叮当响的学者在编写。他们每周只有8美元，这点钱用来买纸张和墨水都不够。英国的情况就是这样。所以，在巴黎生活的英国人约翰·米尔斯自然而然地想到了伊弗雷姆·钱伯斯那部成功的《百科辞典》。把这部辞典译成法文，直接卖给法国人，便可轻松赚一笔钱。打好这个如意算盘之后，他与一位德国教授合作，然后跟国王的印刷商勒·勃勒东拉上关系，让他负责出版发行。勒·勃勒东见利忘义，故意欺骗他的合伙人，把米尔斯和那位德国教授打发走了之后，便独揽其事，继续盗印。他把这部即将出版的书冠名为《艺术与科学百科辞典》，发出一系列琳琅满目的书讯，吸引了大量的读者。预订单接踵而至，很快就排满了。

他雇用了法兰西学院的一位教授做主编，又买了大量的纸张，等着坐享其成。

不幸的是，编写一部大百科全书并非勒·勃勒东想象的那样简单。教授只写出了注释，而不是完整的条文。预订者们顿时吵翻了天，一切都乱得不可收拾。

勒·勃勒东被搞得焦头烂额，不知所措。这时他忽然想起了

《普林尼》

普林尼（23—79），古代罗马的百科全书式作家，以其所著《博物志》著称。普林尼在前言中说：这本书是献给提图斯的。

几个月前出版的《医学百科辞典》，这部辞典很受欢迎。他急忙找到这部辞典的编辑，二话不说就聘请了他。于是，一本专科辞典扩展为一部《百科全书》了。这位新任编辑不是别人，正是狄德罗先生。这项艰苦的文字工作成了18世纪对人类社会最重要的贡献之一。

狄德罗那年37岁，他的生活过得很不如意。1713年，他出生于一个富裕的制刀师傅家庭，早年在耶稣会学校受教育，后又被送去学法律。他父亲发现他“不务正业”而热心于数学、语言学、文艺和哲学，便停止了对他的接济。从此，狄德罗过着贫困的生活。过了一阵吃了上顿没下顿的日子后，按照两个人挨饿和一个人挨饿是一回事的逻辑，他和一个虔诚的女子结了婚。婚后才知道，他把一个不可理喻的悍妇娶回了家。这种结合在社会上并不罕见。不管怎么说，他不得不养活她。于是他被迫去做各种各样的杂活，当家庭教师，翻译书籍，卖文为生。1746年，他发表了第一部作品《哲学思想录》。这本书以随感的形式论证天主教关于上帝的存在是荒谬的。巴黎法院很快就判决把这本书销毁。巴黎警察局发现，这个长相并不令人讨厌的年轻作者是一个“极端危险的人”，建立了狄德罗的专门档案。一年后，他写成《怀疑论者的漫步》，宣传无神论思想。这本书也被警察局没收。1749年，他又写了著名的《论盲人书简》，以明确的无神论语言证明上帝是不存在的。政府当局终于忍无可忍，把他送进了万塞纳监狱。蹲了3个月监狱之后，经过各方友人大力营救，他才获得释放。

刚从牢房出来，他就接受了勒·勃勒东的聘请。狄德罗是个

《狄德罗》丨路易－米歇·凡·隆

狄德罗（1713—1784）：18世纪法国唯物主义哲学家、美学家、文学家，百科全书派代表人物，第一部法国《百科全书》主编。

很有见识的人。他知道这个工作前途无量，正好给他的聪明才智提供了用武之地。如果仅仅是改写钱伯斯的旧资料，对这位才子来说未免太掉价了。他要把最新的信息输入到这部百科全书里，要让学术界最有权威的人来写文章。

狄德罗说服了勒·勃勒东，让他全权统筹，并且不限制时间。他不干则已，要干就要干出一件像样的事情来。他列出一份合作人员名单表，然后拿出一张大页纸，开始动笔写起来："A：字母表的第一个字母。"如此等等。

时间一晃就过了20多年，他终于写到了Z，完成了这部《百科全书》的编写工作。很少有人能够像他那样在极其艰难困苦的条件下坚持不懈地工作下去。狄德罗的辛勤笔耕使勒·勃勒东原有的资本不断增长，而勒·勃勒东每年付给编辑的工钱从来没有超过500美元。那些请来帮忙的人，不是说抽不出空，就是说下个月再讲，要不就是不得不下乡去探望老祖母。谁也不愿干这份吃力不讨好的苦差事。唯有狄德罗一人始终不渝地顶住教会和官方的压力，不顾一切地把这项艰巨的工作做了下去。

这部书在一个半世纪前被视为毒草，有人要把它连根拔除，而在今天读起来，却像一本哺育婴儿的手册一样单调无害。但是，对于18世纪保守的教士来说，这部书就像一只号角，它在鼓吹无政府、无神论和无秩序，引导社会走向毁灭。

他们惯用的伎俩是大骂编辑破坏国家和家庭的正常秩序，是社会和宗教的敌人，是不信上帝的恶棍。然而，狄德罗所做的事情是明摆着的。他主张人活着就是为了"一心向善，追求真理"，而且也真正地实践了自己的座右铭。他为所有求知若渴的人敞开了知识的大门，为了人类的进步事业每天工作20个小时。他为社会创造了不可估量的精神财富，而他本人却一贫如洗。除了一张床、一个写字台、一叠纸和一支笔以外，他一无所求。这个思想纯洁、忘我工作的人简直就是美德的化身。他那高尚的人格无从挑剔，无可指责。于是，官方便采取卑劣的手段去干扰他的生活，在他的办公室周围探头探脑，搜查他的住宅，没收他的笔记，经常打断他的工作。

《百科全书》一开始就被保守的教会和政府官员所仇视，不止一次遭到政府的干涉和禁止。狄德罗在种种困难面前始终坚持工作。他不仅是这部全书的组织者，而且自己为该书工艺、哲学、美学、伦理学等方面撰写了无数条目。

《百科全书》的出版从1751年至1772年持续了21年，共出版了28卷。它对封建社会从政治制度到法律机构的整个上层建筑，对贵族阶级从宗教迷信到法权观念等所有的意识形态，都进行了大规模的批判；它宣传政治平等、宗教宽容和思想自由。以《百科全书》的编写和出版为中心，形成了法国启蒙思想运动的高潮。参加《百科全书》编写工作的学者们被称为《百科全书》派，除狄德罗外，主要人物有达朗贝尔、孔狄亚克、爱尔维修、卢梭和霍尔巴赫男爵等。

1776年至1777年又续出了5卷，其中正文4卷，图片1卷。1780年又续出2卷索引。后出的7卷加上原来的28卷，组成35卷大开本《百科全书》的第一版。

这部《百科全书》是当时一切学术活动中各种新思潮学派代表人物的陈列柜。因此，它也成了批判各种传统制度与意识形态的坚强力量。由于保守的教会和政府官员反对，它遭到耶稣会审查与王室镇压，有时还成为宗教和艺术争论的焦点。

当这部《百科全书》的声誉和它所受到的攻击都与日俱增时，它将一些杰出的撰稿人，如经济学家杜尔哥、哲学家伏尔泰、作家马蒙泰尔及财政学家内克等人都吸引过来了。

1782年出版增订版，废弃原先的按字母顺序排列法，命名为《有条理的或按主题排列的百科全书》。编辑出版工作在法国大革命时期也未曾间断，最后于1832年完成。第一卷出版50年后，出版了最后一卷——第166卷。

《百科全书》的影响不在于个别条目，而在于它的启蒙运动思想。它追求政治上和学术上的自由，提倡科学技术，坚信人类物质文明与精神文明不断进步，按照理性主义的理想改造人类社会。

《革命的不宽容》| 房龙

第27章
革命的不宽容

1789年8月一个令人难忘的晚上，法兰西王国这座古老的大厦轰然倒塌。

那个闷热的晚上，国民议会沉浸在平等博爱的狂欢之中。经历了一个星期不断上涨的怒火之后，在这群情激昂的时刻，特权阶层终于交出他们把持了3个世纪的特权，宣布赞成人权理论。人权理论的确立为日后的民主自治政府奠定了基础。

这意味着法国封建制度的结束。社会上最有进取心的人勇敢地担负起了领导者的重任，重塑这个国家的命运。贵族们退出了领导阶层，仅仅在政府部门挂个闲职。他们现在只适合在纽约第五街喝茶或者在第二街开饭店了。

古老的法兰西灭亡了。

是福是祸，我不知道。

它亡了，一个无形的残暴统治与它一同消失。

人类获得了一次前所未有的机会。

虔诚的男女同胞们心中充满了激情。

太平盛世就在眼前，啊，它已经来临。

独裁专制及其种种丑恶的东西在这个美好的星球上不会再有立足之地。

前进吧，同胞们，专制时代已经不复存在！

这种激动人心的语言还有许许多多。

帷幕落下了。社会上许多不公正的事情已被肃清。重新发牌，重新洗牌。“专横”这张王牌又打了出来。它穿着无产阶级的裤子，梳着罗伯斯庇尔式的发型，与检察官并肩而坐，重新开始了“专横”这场牌局。

《革命》| 房龙

10年前，它把持不同意见者送上断头台。

现在，它要把另一种持不同意见的人斩尽杀绝。

多么可怕的玩笑!

这个玩笑的代价是100万旁观者的鲜血。

不幸的是，这种玩笑在人类历史上不是头一回，也不是最后一回。

人类在精神生活方面一直存在着两种不同类型的人。

一种人热爱学习和思考，注重内心世界的改造，悉心领悟人生的哲理，最终超脱人生的烦恼。这种人为数不多。

另一种人是大多数人。他们不满足精神上的“清茶淡饭”，他们要寻找一些强刺激的东西，以刺激他们日渐麻木的感官，使他们陡然间振奋起来。他们并不在乎那“东西”是什么，只要有刺激作用就行，而且多多益善。哪怕那“东西”烫坏舌头，割断食管，他们也心甘情愿。

这样一味地追求感官刺激，追求得越多，就越使人失望。愤怒的民众摧毁了过去的城堡，就马不停蹄地让泥瓦匠把旧城堡的废墟搬运到城市的另一端，建成一座新地牢。它和旧城堡一样，是专横暴虐的产物，是为了镇压和制造恐怖。

一个自尊心极强的民族在摆脱了一个强加在他们头上的“一贯正确的人”之后，跟着又接受了一本“一贯正确的书”。

在旧掌权人乔装打扮成仆人模样，骑着马向边境仓惶出逃的那一天，自由党人堂而皇之地进入被遗弃的宫殿，穿上被丢弃的皇袍，立刻重犯旧掌权人的种种错误，重演旧掌权人的种种暴行。

毫无疑问，那些掀起法国大动乱的直接责任人本来是出于好

《人权宣言》

《人权宣言》是法国大革命时期颁布的纲领性文件。其以美国的《独立宣言》为蓝本，宣布自由、财产、安全和反抗压迫是不可剥夺的天赋人权。

意。《人权宣言》明确规定：不得干预任何公民的观点，“包括宗教观点”，只要不扰乱正常的社会秩序，人人都有权利按照自己的观点选择自己的人生道路。

然而，这并不意味着所有的宗教派别都享有同等的权利。新教从此得到了承认，新教徒不会因为不与天主教徒在同一个教堂里做礼拜而受到侵扰了。但是，天主教仍然是“占统治地位”的国教。

许多贵族和教士后悔他们在8月4日晚上做出的慷慨姿态，宣布了赞成人权理论。于是，他们便采取设置障碍的策略。这样一来，反而给他们的国王主子造成了致命的后果。直到两年后，也就是1791年，所有的宗教派别，包括新教徒和犹太教，才获得了完全平等的地位，在法律面前享有同等的自由。

从那时起，人生舞台上的各种角色开始调换位置了。法国人民的代表给这个前途光明的国家制定了宪法，规定所有的教士都要宣誓效忠新宪法，就像学校教师、邮局职员、灯塔看守人一样，把自己视为国家的公仆。

教皇庇护六世对此非常不满，坚决反对。新宪法对神职人员的规定违背了1516年法国和罗马教廷签订的正式协定。但是，人民代表此时大权在握，不屑于理会先例或条约这类鸡毛蒜皮的事情。教士要么宣誓效忠新宪法，要么就辞职饿死。一些主教和教士接受了看来是不可避免的命运。他们把手指交叉在一起，履行了宣誓手续。但是，绝大多数教士都是心诚志坚的老实人。他们不愿意做违心的事情，宁愿饿死也不肯发假誓。他们得势的时候，一直都在迫害胡格诺派教徒，现在失势了，只好学习胡格诺

《自由的朋友》| 漫画

这幅漫画讽刺了赞成自由的法国贵族。

派教徒被迫害时的榜样，在废弃的马厩里做弥撒，在猪圈里交流心得，在乡下的树篱后面布道，在深更半夜偷偷摸摸地去老教民家走访。

一些精明的神职人员壮着胆子，要求官方承认他们这些拒绝宣誓的“倔强分子”是“有信仰自由的教派”，并给予相应的特权。而这些特权在过去的3个世纪里，他们坚决不给他们的同胞加尔文派教徒。

官方没有采取明确的措施，因为议会很快就被极端的激进分子控制了。国王陛下与外国结盟的愚蠢行为导致了1792年9月2日至7日的一系列大屠杀。拒绝对宪法宣誓的教士和企图逃亡的贵族遭到严厉打击。

从那时起，这场革命注定要堕落为恐怖统治。

当饥饿的民众开始怀疑自己的领导人图谋卖国求荣时，哲学家们改造国家的努力便一点一滴地化为乌有。在大动乱的年代里，国家政权很容易落入冷酷无情的人手里。这种情况在历史上并不少见。

等到法国看清新主人的真正本质时，一切都已无法挽回，就像走上协和广场绞刑架的人一样，说什么都是枉费口舌。

我们已经从政治、经济和社会组织的角度研究了所有的革命。然而，只有等到历史学家变成心理学家，或者心理学家变成历史学家，我们才能真正理解那些摆布苦难民族命运的黑暗力量。

有些人认为人类崇尚真理和正义；另有一些人则认为人类只尊重一样东西，那就是暴力。今后的几百年里，我们也许能够做出选择。然而，有一点似乎可以肯定：在社会试验室里，最伟大的一次试验是法国大革命，它把暴力神圣化了。

一些人试图通过理智来使世界更加人性化，但这些人已经死去。在暴力压倒一切的时候，即便他们还活着，也不可能有立足之地。伏尔泰、狄德罗、杜尔哥、孔多塞这些人离开了人世，无知的新至善论者成了国家命运的主人。

新主人统治的第一阶段，宗教的敌人大获全胜。这些人在教士专权的日子里忍气吞声，饱受痛苦的折磨。他们对基督教恨之入骨，一看到教士穿的黑袍就怒从心头起，一闻到香火味就恶向胆边生。只要是象征基督教的东西在他们面前出现，新仇旧恨便汹涌而来。有的人认为，可以用数学和化学证明上帝根本就不存在。他们携起手来，同仇敌忾，开始摧毁教会的一切。这种事情做起来只会劳民伤财，毫无实际价值。然而，革命就是要改天换地，这是革命心理的一个主要特征。正常的事情变得不正常了，不可能发生的事情天天都在发生。于是，一纸法令废除了基督教的旧历，废除了万圣节，废除了圣诞节和复活节，废除了星期和月份，把一年分成10天一段计时，每10天有一个休息日。接着又是一纸声明，宣布废除上帝，留下一个没有主人的世界。

至于圣母，多少个世纪以来，她一直站在祭坛上用理解和宽容的目光温柔地注视着心灵受到伤害的人们。这时她也消失了。眼看着她就要被送进石灰窑化成灰浆，一双怜爱的手把她藏了起来。她的位置被自由女神像取代了。这是一个业余雕塑家的得意之作，是用白石膏匆匆忙忙赶制出来的。巴黎圣母院的唱诗厅中央，用四根柱子搭起一个屋顶，象征着“哲学圣殿”，燃起“真理的火炬”，意在照亮整个世界，直到最后的时刻。

《罗伯斯庇尔》| 房龙

“最后的时刻”不到6个月就来临了。

1793年5月7日早晨，法国人民被正式通知，上帝已经重新确立，灵魂不朽再次成为信条。6月8日，新的超人正式粉墨登场，向狂热的信徒们致意。

罗伯斯庇尔穿着自己设计的奇装异服站在讲坛上高谈阔论，信誓旦旦地保证，从今以后他领导的国家将会永享太平。他，一个三流城市里默默无闻的法律执事，摇身一变，变成了法国革命的高级教士，走上了他人生的顶峰。

为了确保他的太平生活，两天后他通过了一项法律，凡是被怀疑犯有叛国罪和异教罪的人（像从前的宗教法庭一样把叛国和异教混为一谈），格杀勿论。这项措施行之有效，在这条法律颁布后的6个星期中，就有1400多人被“国家剃刀”（即断头台）割下了脑袋。

法国成了一个屠宰场。成千上万的人因为叛国罪，或者因为缺乏爱国热情受到指控而被处死，致使法国濒临人口灭绝的边缘。

恐怖的统治渐渐失去了控制，以至于革命开始“吞灭自己的儿女”。在不断的权力斗争中，革命领袖一个接着一个被送上了断头台。国民公会有几名成员眼看着自身难保，便急中生智，来个先下手为强，把罗伯斯庇尔拖上了断头台。

革命力量终于耗尽了。法国人民开始采用承认不同教派的宪法，给予不同教派平等的权利和相应的特权，共和国官方不再干预宗教事务了。

从那时起，法国的天主教徒和新教徒开始平起平坐，相安无事。

《莱辛》| 房龙

第28章
莱辛

1792年9月28日，一场激烈的战斗打响了。交战双方是法国革命军和君主联盟军。联盟军发誓要扑灭这场可怕的叛乱。

这是一场辉煌的胜利，但胜方不是联盟军。瓦尔米村的山坡滑溜溜的，步兵派不上用场，于是双方便用炮火猛烈轰击对方。叛军的炮火比盟军更加猛烈，迫使盟军撤离了战场。歌德陪伴魏玛公爵参加了这次入侵法兰西的不幸战役。

几年后，歌德出版了有关这一天的《回忆录》。那时他站在烂泥浆里预言，这场炮战将会改变世界的模样。他说对了。这是永远值得纪念的一天，神授君权被猛烈的炮火抛进了垃圾场。人权运动的战士们并非如想象的那样不堪一击，像小鸡一样四处逃窜。他们紧握手中的钢枪，穿过山谷，越过高山，把“自由、平等、博爱”的思想带到了欧洲最偏远的角落，把他们的战马拴在欧洲大陆的每一座城堡和教堂里。

如今，我们可以轻松自如地说起这些事情。这场革命的领袖人物在100多年前已经死去。我们可以笑谈他们，还可以感谢他们为这个世界做了好事。

但是，在那个年代备受煎熬的男女同胞们，就不会像我们这些事不关己的人一样看待那场动乱了。昨天早晨，他们还在树荫下唱歌跳舞；今天下午，他们就像城市下水道里的耗子一样被追得无路可逃。他们狼狈不堪地从地窖里和阁楼顶爬出来，掸掉他们假发上的蜘蛛网，想一想该用什么方法来预防这种可怕的灾难再次发生。

想来想去，最好的办法就是埋葬那些“蛊惑人心”的书籍。他们把伏尔泰先生的书抛弃到阁楼顶上，把狄德罗先生的书卖给

歌德

歌德（1749—1832）：德国最伟大的作家，狂飙突进运动的主要参与者。他的主要作品有《葛兹·冯·伯里欣根》、《少年维特之烦恼》、《普罗米修斯》和《浮士德》。

收破烂的，把引人深思的小册子扔进煤箱里。但是，他们忽略了一件比书籍更要紧的事情，那就是戏剧。

18世纪后半期，有一位深受民众欢迎的剧作家，他的名字叫莱辛，是个德国人，1729年1月22日生于撒克逊的卡门茨。父亲是教堂主持牧师，母亲也出身于牧师家庭。莱辛很有天分，12岁就被推荐到迈森著名的圣阿芙拉公爵学校。他勤奋好学，希腊文、希伯来文和拉丁文均有造诣。

1746年秋，他进莱比锡大学攻读神学，而他真正的兴趣则是文学、哲学和艺术。莱比锡的剧院对他很有吸引力。才华横溢的女演员诺伊贝尔夫人发现了聪明的莱辛。1748年，诺伊贝尔夫人剧团上演了他的喜剧《年轻的学者》，获得成功。从此他立志要做“德国的莫里哀”。后来他又开始学医，但很快就陷入了困境。诺伊贝尔夫人剧团破产了，莱辛作为担保人无力替演员偿还债务，被迫逃离莱比锡，避居维滕贝格。

1748年11月，他来到柏林。他父母因他“不务正业”停止对他资助，而他又不肯乞求官方或贵族的施舍，于是他成了德国文学史上靠写作维持生活的第一个职业作家。此后12年内，他不断来往于柏林、维滕贝格和莱比锡之间，为生计奔忙。后来他给一位大款朋友做私人秘书，这位朋友打算和他一起去环球旅行。他们刚刚启程，7年战争就爆发了。这位朋友只好回到自己的军团，坐上第一辆马车打道回府，撇下莱辛一个人孤零零的。

好在莱辛善于交际，他很快又结识了一位新朋友。这位朋友名叫克莱斯特。他白天做官，晚上写诗，是个多愁善感的人。不幸的是，克莱斯特在库勒斯道夫战役中中弹身亡。莱辛再次流落

《莱辛画像》| 老 J.H. 梯许比安

江湖，为报刊专栏写稿谋生。

1760年10月至1765年，莱辛在布雷斯劳城堡担任普鲁士将军陶恩钦的秘书。驻防生活十分沉闷无聊，他找来斯宾诺莎的著作反复推敲，以此作为消遣。斯宾诺莎去世将近100年之后，这些哲学著作才流传到国外。

光阴似箭，日月如梭。转眼之间莱辛就要步入不惑之年了。他想有个自己的家，需要一位妻子来照料他的生活。朋友们建议他去皇家图书馆当馆员，这样就可以有固定的收入了。

然而，多年以前发生的一件事情成了后遗症，使莱辛成为不受普鲁士宫廷欢迎的人。莱辛第一次访问柏林时，结识了伏尔泰先生。这位大名鼎鼎的法国哲学家慷慨大方，为人随和，没有一点架子，把将要出版的《路易十四时代》手稿借给了莱辛。不幸的是，莱辛匆匆忙忙离开柏林时，把这部手稿塞进了自己的行李箱。伏尔泰本来就对普鲁士宫廷的劣质咖啡和硬邦邦的床铺十分反感，正好借着这件事情把火气发泄出来。他怒气冲冲地大叫大嚷，说他最重要的手稿被盗窃了，警方务必要严密监视边界，截住那个偷走手稿的德国盗贼。几天之后，邮递员把这部手稿送到伏尔泰手中。邮件里还附有莱辛的一封信，信中坦率地陈述了对这部手稿的看法。

莱辛在柏林求职碰了钉子，随后应邀到汉堡任民族剧院顾问和评论员。剧院不到一年就倒闭了。莱辛穷困潦倒，只好到不伦瑞克公爵的沃尔芬比特尔图书馆，接受了报酬低微的管理员职务。沃尔芬比特尔这座城市算不上大城市，而大公爵的图书馆却是德国最好的图书馆之一。馆内藏有10000多部手稿，其中一些手稿是宗教改革运动最珍贵的原始文献。

无聊是诽谤和流言的根源。莱辛刚到沃尔芬比特尔不久，就遭到了非难。一个艺术批评家、报刊专栏作者和戏剧小品文作者，不知为什么，总会让人觉得是个不安本分的人。有传闻说，莱辛出版了一系列攻击路德派正统神学观念的文章。

其实，这些文章是汉堡一位前任教长撰写的。但是，不伦瑞克公爵深怕在他的领地引发宗教论战，便告诫他的图书馆员不要写文章参与争论，多一事不如少一事。莱辛顺从了主人的意愿。当时的人对文章形式十分敏感，因为文章有很直接的思想针对性。于是，莱辛就通过戏剧形式来表达自己的观点。

戏剧《智者纳旦》在这个小城镇的娱乐室诞生了。该剧的主题非常古老，喜欢古典文学的人在薄伽丘的《十日谈》中也能读到，而在这本书里叫做《3枚戒指的悲哀》。故事情节如下：从前，有一位王子想要谋取一位臣民的钱财。他又没有正当理由剥夺这个人的财产，便想出一条诡计，使这个人说错话而定他的罪。他传令把这个人带来，对这个人的学识智慧夸奖了一番，然后问他，土耳其教、犹太教和基督教这3种流行最广的宗教，哪一种最好？这位聪明的老人没有直接回答王子的问题，而是间接地讲了一个故事："从前，一位富翁有一枚华丽的戒指。他立下遗嘱，等他百年之后，哪个儿子戴着这枚戒指，就是他全部财产的继承人。他的儿子效法父亲也立了同样的遗嘱，儿子的儿子也是如此。几百年过去了，戒指一代一代地传了下来，世世代代都过得顺顺利利。后来，事情发生了变化。戒指的主人有3个儿子，他不知道该把这枚戒指传给哪个儿子才好，因为他非常喜欢这3个儿子，喜欢的程度分不出高下。于是，他找到一位金匠，让金匠模仿他手上的戒指打造了两枚一模一样的戒指。他临终的时候把3枚戒指分别传给了3个儿子。父亲的葬礼一结束，3个儿子同时宣称自己是父业的继承人，因为他们每个人手上都有一枚象征财产继承权的戒指。他们争执不下，闹到法官那里。因为3个戒指一模一样，法官也无法判断真假。于是这个案子就拖了下来，一拖再拖，看来非要拖到世界末日不可。阿门。”

莱辛用这个古老的民间故事说明他的观点：没有一种宗教是唯一正确的真理。因此，人人都该彼此相爱，和睦相处。任何人都无权高高在上，把自己当成完美的偶像让别人崇拜。任何人都无权说“我是最好的那个人，因为真理在我一人手里”。

《智者纳旦》（1779）是一部反对宗教偏见的诗剧。故事发生在12世纪第三次十字军东征时的耶路撒冷，那是基督教、伊斯兰教和犹太教聚居的地方。剧本中心人物是犹太商人纳旦。他聪明理智，高尚侠义。剧中“圣殿骑士”随十字军来到耶路撒冷，在战争中被苏丹萨拉丁俘虏，只因他长得像萨拉丁失踪的哥哥，才未被处死。在一次火灾中，他救出了纳旦的养女蕾霞，两人产生了爱情。他想娶蕾霞为妻，碍于她在犹太教家庭长大，便去请教耶路撒冷的基督教会长老，得到的回答是：把抚养蕾霞的犹太人烧死，因为他没有用基督教教义去教育孩子。

萨拉丁为了解决财政困难，要向犹太富商纳旦借钱，怕他不借，便想用问题难倒他。萨拉丁问：伊斯兰教、犹太教、基督教，哪一个才是真正的宗教？纳旦以3枚戒指的故事说明3个宗教同样有价值。3枚戒指的故事来源于薄伽丘的《十日谈》。莱辛

《进攻耶路撒冷》 | 手卷插图

对原故事稍加改造，以3枚戒指比喻3种宗教，说明它们应该互相容忍，互相尊重。关键不在哪一种宗教信仰，而在于它们在实践中发挥的作用。

后来，纳旦解开了蕾霞出生的秘密，原来她和圣殿骑士是兄妹，而且是萨拉丁的侄辈亲戚，都是一家人。纳旦的故事使萨拉丁和圣殿骑士深受感动。3人尽管宗教信仰不同，终于成了朋友。莱辛借此剧批判了正统教的偏见，宣扬了启蒙运动的宽容和博爱思想。

《爱米丽雅·伽洛蒂》是莱辛最成功的悲剧。该剧写一个公爵想诱骗爱米丽雅，在爱米丽雅举行婚礼那天，雇人杀死她的未婚夫，企图霸占她。爱米丽雅的父亲为了保护女儿的贞操，亲手将她杀死。这出戏虽以文艺复兴时期的意大利为背景，却真实地反映了18世纪德国的现实。歌德称这出戏为“激起对暴虐的专制统治反抗的决定性的一步”，是德国文学中一部杰出的市民悲剧。

《明娜·封·巴尔赫姆》是莱辛三大名剧之一。作品以德国七年战争为背景，描写普鲁士军人台尔海姆在战争中负了伤，战后却被解职，有人还污蔑他贪污。他在生活无着、名誉败坏的情况下，出于自尊和对他人幸福的考虑，想解除与撒克逊少女明娜在战时订下的婚约。明娜了解到他的处境和心理，在女仆的帮助下，他们的爱情终于得到圆满的结局。虽然全剧以普王承认台尔海姆清白无罪，答应恢复他的军职告终，但真正解决戏剧冲突的契机是男女主人公高尚的品格和纯洁的爱情。剧本的副标题叫《军人之福》，其实是对普鲁士在战后大批解职军人的同情，对普王弗里德里希二世专制的嘲讽。这出戏还表达了政治上四分五裂的德意志民族是一家人的观点。歌德称它为“第一个从重要生活中摄取素材，具有特定时代内容的剧作”。它的出现像划破黑暗的“光芒四射的流星”，对歌德等人产生了很大的影响。该剧至今仍是德国剧场的保留节目。

莱辛初期创作的喜剧，具有社会批评内容。他的第一出戏《年轻的学者》讽刺死读书的学习风气。1749年，他创作了《犹太人》和《信仰自由者》。前者第一次让犹太人作为正面人物出现在德国舞台上，显示了作者反对歧视犹太人的观点；后者表达了作者的宽容思想，即不同信仰和不同见解的人应该互相理解，和睦相处。这在后来的《智者纳旦》中得到了充分发挥。宽容思想贯串着莱辛生命的始终。

莱辛收入微薄，生活窘迫，经济的拮据迫使他一再推迟婚期，直到47岁才结婚。婚后一年多，妻子在分娩中丧生，儿子仅仅活了24个小时。莱辛在孤独与贫困中度过了最后几年，1781年在不伦瑞克死于中风，由公费安葬在穷人墓地。

莱辛的生活和创作表明，他是个坚强的战士。他敢于向一切阻碍社会进步的旧势力宣战，而且也具备了战胜黑暗的知识力量。莱辛的戏剧创作是18世纪后半期的一盏明灯，照亮了求知者前进的道路。

《托马斯·潘恩》| 房龙

第29章
潘恩

17世纪上半叶，美洲大陆北部的居民对《旧约》理想的疯狂崇拜，让人觉得他们不是基督的信徒，倒是摩西的追随者了。这些远离欧洲大陆的开拓者们建立了一种恐怖的精神统治。

17世纪可怕的镇压，导致了思想自由主义者的强烈反抗。

这种反抗要是对付一个统一的国家，也许不会如此成功。然而，美洲北部是一个多元化的殖民地，情况比较错综复杂。这里有瑞士的路德派教徒，有法国的胡格诺派教徒，有荷兰的阿明尼乌派教徒，还有英国各个教派的教徒。他们都想在自己新开拓的土地上建立自己的小天堂。

这种情况有利于各种教派共存，却让靠别人的争吵发财致富的绅士们大伤脑筋。他们一直都在拼命维护旧的正统思想。

思想的传播快捷方便。一只小小的双桅航船就能把新的思想观念带到这里来，传遍整个北美大陆。18世纪的美国殖民主义者没有雕塑，没有大钢琴，但他们并不缺乏书籍。那时的书商就是他们的先知。13个移民区的有识之士开始意识到，这个世界正在发生巨大的变化，而这些信息在星期日的布道中是听不到的。虽然他们没有正式脱离原来的教会，表面上生活方式也没有什么变化，但是，到了必须为国家的未来制定具体的政治和社会纲领的关键时刻，这些勇敢的爱国者就把自己的思想写到了文件中，公诸于众。公众舆论是最高法庭。

政治家托马斯·杰弗逊是一个思想自由主义者。他说宗教只能用道理和说服来管理，而不能使用强权或暴力；任何人都有同等权利依照自己的良知自由地从事宗教活动。其实，他说的这些话，只是在重复伊拉斯谟、斯宾诺莎、培尔和伏尔泰的思想而已。

杰弗逊（1743—1826），第三任美国总统。他的墓碑上刻着：『美国《独立宣言》和弗吉尼亚宗教自由法的执笔人，弗吉尼亚大学之父托马斯·杰弗逊安葬于此。』

杰弗逊

富兰克林（1706—1790），18世纪美国最伟大的科学家，著名的政治家和文学家。《独立宣言》和美国宪法的起草人之一。他积极主张废除奴隶制度，深受美国人民的崇敬。

《富兰克林》| 雕像

接着，人们又听说“在美国谋求任何公职都不需要以宗教信仰作为条件”，“国会不可以用法律来干涉宗教，或禁止宗教信仰自由”。美国的反叛者们默认了这种说法。

于是，美国成为第一个宗教和政治明确分离的国家，成为第一个谋求公职无须出示主日学校毕业证的国家，成为第一个法律允许公民自由信仰或不信仰宗教的国家。

但是，像奥地利或其他类似的地方一样，这里的普通人却远远落后于领袖人物。领袖们稍微有点偏离过去的路线，他们就跟不上了。许多州继续刁难不属于主流教派的平民百姓。纽约、波士顿和费城一直不宽容那些持不同意见者。他们好像从未读过本国宪法一样。托马斯·潘恩的遭遇就是最好的例子。

潘恩为美国的事业做出了巨大的贡献。

他是美国革命的宣传员。

论出身他是英国人，论职业他是水手，论天性他是个叛逆者。他13岁就开始自谋生计，做过多种工作。他在做税务员的时候，认为终止贪污的唯一办法就是提高工资。这个观点于1772年发表后他就被开除，因而失业。这时他在伦敦遇见了本杰明·富兰克林。富兰克林建议他到美国谋生，并为他写了介绍信。1774年10月，他来到了费城，协助富兰克林的女婿编辑《宾夕法尼亚杂志》。

当时，英国与殖民地人民的冲突进入了高潮。潘恩认为美洲人民的事业不仅仅是反对征税，主要在于争取独立。他把这种意见写在50页的小册子《常识》中，于1776年1月出版，数月内销售超过50万册，为当年7月一致通过的《独立宣言》铺平了道路。

《独立宣言》是英属北美殖民地人民宣布独立的纲领性文件，在 1776 年 7 月 4 日召开的第 2 届大陆会议上通过。该宣言第一次以政治纲领的形式确立了人权原则。

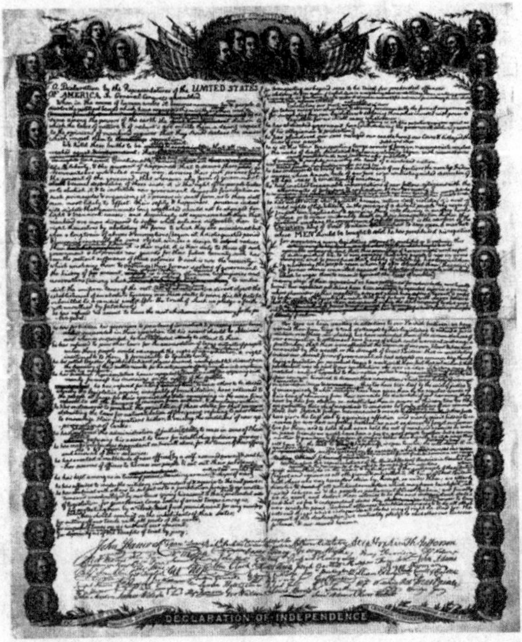
A Declaration by the Representatives of the UNITED STATES OF AMERICA

DECLARATION OF INDEPENDENCE

《独立宣言》

战争爆发后，他发表《美国危机，第一号》。当时美国军队濒于崩溃边缘，华盛顿下令向部队宣读这篇文章，大大鼓舞了士兵的斗志。

美国革命胜利结束后，潘恩仍然一贫如洗。尽管他的爱国著作销售了成千上万册，但他拒绝从中牟利。在华盛顿的支持下，他曾向国会提出经济援助的呼吁，因国会中反对他的议员作梗，此事不了了之。所幸宾夕法尼亚州赠给他500英镑，纽约州送给他一座农庄，使他得以专心从事科学发明，试制无墩铁桥和无烟烛。

1787年，他去欧洲继续研究独拱桥，到英国后注意力转向法国大革命。英国政治家埃德蒙·伯克对法国大革命怀有敌意，发表《关于法国革命的感想》。潘恩针锋相对地发表了《人的权利》猛烈回击，立即引起轰动，一年再版了7次。接着他又发表了《人的权利》第二部。他研究法国革命的根源，认为欧洲社会令人不满的原因在于：政府专制、贫困、无知、失业和战争。他提出以共和制度代替君主政体。英国政府把这些主张称为“血淋淋的革命”。他的书被禁，出版者被捕，他本人也以叛国罪被控。

潘恩在逮捕令下达之前出走法国。他的法国崇拜者选他进入国会。潘恩对法语一窍不通，却是个乐观主义者，接受了这项荣誉。1793年，罗伯斯庇尔执政时他被捕入狱，因为他曾经企图拯救路易十六的生命。潘恩知道自己随时都有可能被砍头，抓紧时间完成了关于人生哲学的一本书，书名是《理性的时代》。1794年，罗伯斯庇尔下台后，他才获释。

潘恩认为，真正的宗教是“人性的宗教”。它有两个敌人：

托马斯·潘恩

一个是无神论，一个是盲信主义。尽管他自称是自然神论者，信仰上帝，只是反对宗教组织，但是《理性的时代》这部著作却使他在正统宗教中得了无神论的恶名，受到大家的攻击。1802年，他回到美国，人们对他冷漠无情，甚至非常仇视。“肮脏可鄙的无神论者”这顶黑帽子一直扣在他头上，压得他抬不起头来。他去世100多年以后，人们对他的评价才有所改变。

他没出什么事，这倒是真的。他没有被绞死或烧死，也没有被刑车分尸。然而，所有的邻居都远远地避开他。他一走出家门，就有人怂恿小孩子向他伸舌头。

官方的不宽容刚刚发泄完愤怒，个人的不宽容又开始了。

这是近2000年来反复发生的事情。

房龙自画像 | 漫画

第30章
最后100年

12年前写这样一本书会容易一些，那时“不宽容”这个词在大多数人的头脑中几乎等同于“宗教的不宽容”。如果历史学家写“某人是为宽容而奋斗的勇士”，通常会被理解为这个人毕生都在反对教会的弊端和职业教士的专横。

后来战争爆发了。

世界发生了很大的变化。

一种不宽容变成了一打不宽容。

一种虐待同胞的方式变成了100种。

社会才摆脱宗教的偏执，却又陷入种族歧视的痛苦之中。社会上出现了许多形形色色的不宽容，人们在10年前连想都没有想过。

许多善良的人一直生活在美好的幻想之中。他们以为发展是一架自动时钟，无须上发条就能走到他们向往的地方。

等到幻想破灭之后，他们悲伤地摇着头，叹息道：“虚空，虚空，一切都是虚空！”人们一直在受苦受难，却又总是拒绝吸取教训。

等到万念俱灰之后，他们纷纷加入精神失败者的行列，依附于某个宗教协会，把自己的包袱转移到别人身上，悲哀地宣布自己不适应社会生活，从此不再参与社会活动。

我不喜欢这样的人。

他们是懦夫，而且不仅于此。

他们是人类进步事业的逃兵。

我们不能自欺欺人。

我们要坦诚地面对世界。

我们要坦诚地面对自己。

人们总是急于求成，做什么事情都想立竿见影，满以为借助一两个数学公式、医药方子或国会的法案，就能快捷方便地解决地球上所有的困难。等到事与愿违的时候，他们就茫然不知所措了。然而，我们这些用发展的眼光看待世界的人，知道文明不会因为20世纪的到来就开始兴盛不衰，也不会因为20世纪的到来就丧失殆尽。但是，只要我们活下去，希望总是会有的。

我们常常听到一些悲观失望的论调："人类总是那样子"，"人类永远是那个样子"，"世界从来就没有变化"。事实并非如此。

这是一种错觉。

前进的道路常常被阻隔，但是，只要我们不抱偏见去看待两万年来的历史（这段历史或多或少还有些史料可言），我们就会客观地看到：人类社会一直在进步，这是毋庸置疑的，尽管进展缓慢，却是坚定不移地从野蛮残忍状态向着高尚美好前行。即使是世界大战这个巨型恶魔，也无法阻挡人类社会前进的步伐。这是有目共睹的事实。

人类具有无限的生命力。

它会超越神学。

它会超越工业主义。

它经历了霍乱和瘟疫，经历了残酷迫害和清规戒律。

它知道怎样战胜扰乱现代人的种种精神罪恶。

以古为镜，可以知兴衰。

以人为镜，可以知得失。

百年大计，教育为本。

这话一听起来就像是老生常谈。“教育”这个词在最近这100年间，我们听得耳朵都起茧了。我们真想回到过去那个不用读书、不用写字的年代，在闲暇的时候静下心来思考我们自己该思考的事情。

我这里说的“教育”强调的不是死记硬背。我要强调的是，我们对现实生活的真正理解，有赖于对过去历史的真正了解。

在这本书里我已经说过，不宽容是群体自我保护的一种本能冲动。

一群狼不会容忍一只与众不同的狼。这只狼让群狼看在眼里烦在心上，不除掉它心里就不安然。

一个野蛮人的部落不会容忍一个与众不同的人。这个不循规蹈矩的人很可能会触怒众神，把天灾带给整个村庄。为了部落的安全，必须毫不留情地把这个人驱赶到荒山野岭。

即使在文明程度较高的希腊城邦，也不能容忍那些敢于对当权者提出质疑的人。那位喋喋不休地问这问那的哲学家，就判处他喝毒酒，让他快点死去。

罗马共和国为了稳定统治地位，违背了建国之初的本意去做不宽容的事情，与其传统的自由政策相背离。

教会是这个古老帝国的精神继承者，为了维护其统治地位，不惜采取一切高压手段压制所有的臣民，致使许多人宁愿忍耐异教的残忍，也不愿接受基督教的仁慈。

反对神职人员横行霸道的战士们左冲右突，始终没有冲出不宽容这团迷雾。他们为了巩固自己的“改革”成果，为了保住自己的阵地，不宽容任何新的思想或科学实验。他们刚刚把敌人打倒，立即就开始重犯敌人的错误。敌人正是犯了这样的错误才被打倒的。

生命本该是一个光荣的历程，却变成了一场恐惧的遭遇。为什么会是这样？因为人们从来就没有走出恐惧的阴影。

不宽容是恐惧造成的。

任何迫害行为都来源于恐惧。

人，只要走出恐惧的阴影，就会向往公正和正义。

迄今为止，人类仍然笼罩在恐惧的阴影之中，难得有机会实践公正和正义。

人类的进步是一个循序渐进的过程，这是自然规律。人类毕竟才初出茅庐，不免显得幼稚可笑，常常会做出一些荒唐的事情。我们大可不必心急。

心急会扭曲我们的观点。

在我们应该忍耐的时候，它却让我们愤怒。

在我们应该深表同情的时候，它让我们说出刻薄的言语。

这本书在写到最后几章的时候，不知不觉就想要充当先知的角色，想要说教了。

千万不能说教！

生命短暂，说教起来就会没完没了。

用100个单词还不能把话说清，这话还是不说为好。

我们的历史学家犯了一个严重的错误。他们谈论了史前的历史，谈论了希腊和罗马的黄金时代；他们以设想的黑暗时期来衬托我们的时代，颂扬我们的荣光。

如果这些博学的先生们在头脑稍微清醒点的时候发现，实际情况跟他们的构想有很大的出入，他们仍然会一厢情愿地认为，那些不宽容的东西是黑暗时代遗留下来的，随着时光的流逝会自动消失，就像公共马车让位于火车一样。

这话虽然好听，事实却不是这样。

只要这个世界依然笼罩在恐惧的阴影之中，谈论黄金时代，谈论现代社会的进步和发展，就是白费口舌，浪费时间。

只要不宽容依然是自我保护的一种手段，要求宽容就是一种罪过。

只有等到屠杀无辜的牺牲者、烧死无助的寡妇、盲目崇拜和偏听偏信这些事情成为遥远的传说时，只有等到人类征服了自身的恐惧心理时，宽容的时代才会到来。

那一天，也许不久就会到来，也许还要等上十万八千年。

但是，那一天一定会到来。

我们之所以活着，就是为了等到那一天。

1925年7月19日于康州韦斯特波特

附：论良知的自由

（法国）蒙田 著

我们常常看到，一个良好的意愿，若是失去了理智的调控，往往会导致十分邪恶的后果。当今的法国内战，正是由宗教争端引发的。如若谨守原来的宗教观点和国家体制，也不会有那么多的麻烦了。然而，在一些热心人当中（我说的不是那些装腔作势的人，也不是那些公报私仇或发国难财的人，更不是那些钻营向上爬的人；我说的是那些一腔热血维护自己的宗教信仰和国家安定的人），也不乏眼光短浅的人，也不免会被卷进偏激的漩涡，为无知和不义甚至强暴所左右。

我们的宗教一旦在法律上确立了其权威之后，我们的狂热教徒便迫不及待地抵制所有的异教书籍，给文化界造成了空前的损失。这种疯狂行为对文化的摧残，比野蛮人焚烧书籍有过之而无不及。科内利乌斯·塔西陀便是最好的证人；塔西陀皇帝是他的亲戚。尽管皇帝明令可以出售各类图书，但是，只要在一本书中找出五六个被认为是与我们的宗教相抵触的句子，该书便被列为禁书。没有一本书能够逃脱被禁的命运，因为捕风捉影的检查者大有人在。

我们对书籍如此，对皇帝也是如此。做皇帝的，不管这个皇帝做得如何，只要是对我们的宗教表示支持，我们便会肉麻地吹捧这个皇帝。如果皇帝对异教有一丝一毫宽容的痕迹，就会遭到众人唾骂。尤里安就是这样一个皇帝，被戴上了叛教者的帽子。平心而论，他是一个罕见的伟人，是一个实事求是的哲人。他公开宣称，他治理国家，以哲学原理为准则，不为思想偏见所左右。的确，他可以说是美德的化身，他的行为无一不闪现出美德的光辉。他的一生纯洁正直，绝不逊色于亚历山大和西庇阿。试举一例为证：在他的战俘中，有众多颇有姿色的女子，他连正眼都未曾看过一眼。要知道，当时正是他的花季年龄；他被帕提亚人杀死的时候，年仅31岁。他司法公正，一丝不苟，虽然不免也会问及涉案人的身份和宗教信仰，但他绝不持任何宗教偏见。他制定了几项利民法规，把前任皇帝向人民征收的赋税减少了半数以上。

我们有两位虔诚的史学家，是尤里安行为的见证人。一位是马切利努斯。他在史书中多次抨击尤里安颁布的一项法令，该法令为保障学校的正常学习秩序，禁止基督教修辞学家和语法家在学校执教。他还说，尤里安认为此事没有争论的必要，不值一提。是的，他不会事事迁就我们，有时甚至会违逆我们，于我们不利。但是，他不会忽略有损于我们的事情，因为他毕竟是一个富有同情心的人。他的确对我们很严厉，然而，他绝对不是一个残忍的敌人。我们的人曾经亲口讲过这样一个故事，有一天，卡尔西登市的主教马里斯散步时，大骂尤里安是基督教的敌人，是不虔诚的罪人。尤里安只是平和地回答说："去吧，可怜的人，你那双目失明的眼睛确实让人痛心。"主教却充满敌意地回答道："感谢耶稣基督带走了我的视力，免得我看见你那张不虔诚的嘴脸。"讲到这里，他们无不动情地说，从尤里安当时的表现，的确让人看到了一个哲学家的沉静。尤里安的行为表明，他并不是传言所说的那种残忍无情的人。另一位见证人欧特罗庇厄斯说："他是基督教的敌人，但他的手从不沾血腥。"要说尤里安有什么可指责的，就是他在即位之初，对前任皇帝君士坦提乌斯的追随者过于严厉了一些。他生活简朴，过着士兵一样的生活。他总是节衣缩食，粗茶淡饭，随时都在准备适应战争的艰难环境。他熬夜的功夫非同一般。他把一夜分成三四段，用于睡觉那段时间最少，其余各段用于巡视部队和警卫人员，用于读书学习。在他非凡的品质中，博学多才更显得他优秀杰出。据说亚历山大大帝躺在床上的时候，怕瞌睡不知不觉地悄悄袭来，中断自己的学习和思考，便在床前置一铜盆，手握一铜球。要是瞌睡袭来，手中的铜球便会滑落于铜盆上，即刻就会把他惊醒。但是，尤里安则不必如此。他有非凡的自控能力，只要他想做的事，他都会全神贯注地去实施，很少受到其他干扰。况且，他饮食节制，又不饮酒。他的军事才能，无论从哪方面讲，都不愧为一个伟大的统帅。他生命的大部分时光都是在战场上度过的，在法兰西，在德意志，在法兰克。我们难以想象，有谁像他经历过那么多危险，有谁像他那样无私无畏，大智大勇。

他的死有点类似于伊巴浓密达。他身上中了一箭，他想把箭拔出来，手却被箭刃划伤，无力拔出。战斗正在激烈进行，他不顾一切地叫人抬着他冲入战场，激励士气。战斗一直进行到天黑，双方各自收兵回营。他的哲学思想使他置生死于度外，使他超越于任何俗事之上。他坚信，精神不死。

在宗教方面，他自始至终都受到冤屈。我们给他扣上叛教者的帽子，那是因为我们认为他放弃了我们的宗教。其实，他从来就没有信奉过基督教，只是为了迁就我们才没有言明，直到他当了罗马皇帝。他对自己的信仰却很痴迷，痴迷得连他自己的同道都嘲笑他，笑他也许有一天，当他彻底征服帕提亚人的时候，他会把全世界的牛都杀光，用来祭祀他的信仰。此外，他对占卜术也有很浓厚的兴趣，并且特许各种各样的占卜师自行其是。在他临终之时，他说，他感恩于神灵，感谢他们没有对他突然袭击，而是预先让他知道他死去的时间和地点，又不至于像那些病得要死不活的人，经过漫长的痛苦的折磨，耗得灯干油尽才慢慢地死去，死得像个卑贱的小人，没有男子汉的骨气。他感谢神灵让他死在胜利的途中，死在他人生的极盛时期，死得辉煌壮丽。他有过马库斯·布鲁图一样的幻觉，这幻觉先后在高卢和波斯出现过。有人说，在他伤势恶化的时候，他喃喃自语道“你赢了，拿撒勒人”；另外有人说是“你满意了，拿撒勒人”；这样的话不可能被忽略，我的史学家证人当时就在军中。尤里安临死之前的一举一动，一言一语，都会被记录下来，怎能不记下这样的言辞？有关他的许多传闻都是道听途说，难以置信。

回到宗教这个话题，马切利努斯说，尤里安早就存心扶持异教，只是因为他军中的士兵都是基督教徒，他才不敢轻举妄动。后来，他权势日隆，不再有所顾忌，便大张旗鼓地建筑异教庙宇，极尽所能地鼓励偶像崇拜。他在君士坦丁堡见民众闹分裂，基督教的主教们闹意见，闹得互不相让，彼此不和，就把他们召集起来，诚恳地劝导他们平息纷争，不要干涉别人的信仰，人人都可自由选择自己的信仰，无忧无虑地信奉自己的宗教。他这样做的目的，无非就是为了增加派别，扩大分裂，使人民不能重新团结一致，以免大家同心协力来对付他一人。他还举出一些基督教徒的残忍暴行，说这个世界上没有比人更可怕的动物，他的言下之意也就可想而知了。

这一点尤其值得注意：尤里安皇帝让人们接受宗教自由的观

点，让人们各行其是而不团结，这正是我们的国王不能容忍的。有些人说，让人们任意保留各自的观点，等于是在播撒不和的种子，扩大人民的分裂，从而失去了约束和规范人民的法律依据；另外有人说，让人们保留各自的观点，可以因宽容忍让而缓解人与人之间的矛盾，去其唯我独尊、不容异己的锋芒，因为如果只有一家之言，一旦有新的观点出现，要接受它是很困难的。我以为，最好还是尊重我们国王的意愿，因为一国之君，无论如何总要全盘考虑整个国家和全体人民，即便他做不到他想要做的，他也会做出样子来让人瞧瞧。